Tout dans le monde contient du yang et porte du yin.
Tous deux interagissent pour maintenir l'harmonie.

— Laozi (老子)

Discovery Publisher

Titre original : *The Power of Yi*
©2014, Discovery Publisher
All rights reserved.

Pour l'édition française :
©2020, Discovery Publisher
Tous droits réservés.

Aucune partie de ce livre ne peut être reproduite ou utilisée sous aucune forme ou par quelque procédé que ce soit, électronique ou mécanique, y compris des photocopies et des rapports ou par aucun moyen de mise en mémoire d'information et de système de récupération sans la permission écrite de l'éditeur.

Auteur : Dejun Xue (薛德钧)
Traduction : Florian Lamassiaude, Alexandre Singbo
Œuvre à l'encre de Chine : Huang Pingping (黄萍萍 - 广东珠海市)
Calligraphie chinoise : Zhang Chuanxu (张川旭 - 云南大理市古城)

616 Corporate Way
Valley Cottage, New York
www.discoverypublisher.com
editors@discoverypublisher.com
Fièrement pas sur Facebook ou Twitter

New York • Paris • Dublin • Tokyo • Hong Kong

TABLE DES MATIÈRES

Préface	2
Origine et interprétation	3
Chapitre 1 : Jouir d'un mariage épanoui	5
1 Huit Images	5
0—La terre	6
1—La montagne	7
2—L'eau	7
3—Le vent	8
4—Le tonnerre	8
5—Le feu	9
6—Le lac	9
7—Le ciel	9
2 Sujet et objet	10
3 Texte du Yi King	10
4 Suivez l'exemple	12
Chapitre 2 : Le Yi King appliqué aux affaires	14
Chapitre 3 : Le yin et le yang	21
1 Les occurrences du yin et du yang	21
2 Le yin et le yang sont des compléments naturels	22
3 Définition du yin et du yang	22
4 La nature du yin et du yang	23
5 La règle de l'harmonie	24
6 Devenir un pacifiste	25
Chapitre 4 : Les trigrammes	27
1 Un cadran solaire primitif	27
2 L'image des trigrammes	27
1—Le tonnerre	27
2—Le feu	28
3—Le lac	28

4—Le ciel	28
5—Le vent	28
6—L'eau	28
7—La montagne	29
8—La terre	29
③ La valeur des trigrammes	29
④ Le cycle saisonnier	32
⑤ Les changements saisonniers dans la réalité	33
⑥ Sélectionner un trigramme	36

Chapitre 5 : La signification des « trois lignes » du trigramme — 37

① La ligne inférieure : l'action	37
② La ligne intermédiaire : l'essence	38
③ La ligne supérieure : l'attitude	40
④ Les trigrammes personnels dans la réalité	42

Chapitre 6 : Les hexagrammes — 44

① Trigrammes sujet et trigrammes objet	44
② Le titre des hexagrammes	46
③ L'importance du numéro d'identité des hexagrammes	47
④ Conversion des numéros d'identité en numéro de série dans le Zhou Yi	48

Chapitre 7 : Analyse de la structure des hexagrammes — 50

① Les hexagrammes spéciaux	50
1—Hexagrammes 5:2 et 2:5	51
2—Hexagrammes 7:Ø et Ø:7	52
3—Hexagrammes 1:6 et 6:1	52
4—Hexagrammes 4:3 et 3:4	53
② Les lignes complémentaires	53
③ Le positionnement correct	54
④ Les lignes intermédiaires correctes et complémentaires	55
⑤ Soutenir ou supprimer	55
⑥ L'analyse des hexagrammes pour une relation	56

Chapitre 8 : Les changements — 58

① Le changement favorable	58
② Le changement réalisable	60
③ Le changement naturel	61
④ Établir la bonne stratégie	63

Chapitre 9 : Texte du Yi King — 66

- [1] Titre — 66
- [2] Texte général — 67
- [3] Texte des lignes — 67
- [4] Voir les changements possibles — 69
- [5] Traduction littérale — 71

Fin de la première partie — 72

COMMENTAIRE SUR LE TEXTE DU YI KING — 74

Chapitre 10 : Lorsque la terre est le sujet — 76

- [1] L'hexagramme 0:0, la terre (hexagramme 2) — 76
- [2] L'hexagramme 0:1, la privation (hexagramme 23) — 79
- [3] L'hexagramme 0:2, la proximité (hexagramme 8) — 82
- [4] L'hexagramme 0:3, l'observation (hexagramme 20) — 85
- [5] L'hexagramme 0:4, le plaisir (hexagramme 16) — 87
- [6] L'hexagramme 0:5, la promotion (hexagramme 35) — 90
- [7] L'hexagramme 0:6, le rassemblement (hexagramme 45) — 93
- [8] L'hexagramme 0:7, le déni (hexagramme 12) — 96

Chapitre 11 : Lorsque la montagne est le sujet — 99

- [1] L'hexagramme 1:0, la modestie (hexagramme 15) — 99
- [2] L'hexagramme 1:1, arrêter (hexagramme 52) — 101
- [3] L'hexagramme 1:2, mauvais (hexagramme 39) — 104
- [4] L'hexagramme 1:3, graduel (hexagramme 53) — 106
- [5] L'hexagramme 1:4, la tolérance (hexagramme 62) — 109
- [6] L'hexagramme 1:5, le voyage (hexagramme 56) — 112
- [7] L'hexagramme 1:6, agréable (hexagramme 31) — 115
- [8] L'hexagramme 1:7, fuir (hexagramme 33) — 117

Chapitre 12 : Lorsque l'eau est le sujet — 121

- [1] Hexagramme 2:0 l'armée (hexagramme 7) — 121
- [2] Hexagramme 2:1 : l'ignorance (hexagramme 4) — 124
- [3] Hexagramme 2:2 le piège (hexagramme 29) — 127
- [4] Hexagramme 2:3, l'inondation (hexagramme 59) — 129
- [5] Hexagramme 2:4 la solution (hexagramme 40) — 132

- 6 Hexagramme 2:5, l'imperfection (hexagramme 64) 135
- 7 Hexagramme 2:6, l'adversité (hexagramme 47) 137
- 8 Hexagramme 2:7, poursuivre (hexagramme 6) 140

Chapitre 13 : Lorsque le vent est le sujet ☴ 144

- 1 hexagramme 3:0 l'évolution (hexagramme 46) 144
- 2 Hexagramme 3:1, l'obstacle (hexagramme 18) 146
- 3 Hexagramme 3:2, le puits (hexagramme 48) 149
- 4 Hexagramme 3:3, la soumission (hexagramme 57) 151
- 5 Hexagramme 3:4, la persistance (hexagramme 32) 154
- 6 Hexagramme 3:5, le chaudron (hexagramme 50) 156
- 7 Hexagramme 3:6, la surcharge (hexagramme 28) 159
- 8 Hexagramme 3:7, la rencontre (hexagramme 44) 162

Chapitre 14 : Lorsque le tonnerre est le sujet ☳ 165

- 1 Hexagramme 4:0, le retour (hexagramme 24) 165
- 2 Hexagramme 4:1, l'attention (hexagramme 27) 168
- 3 Hexagramme 4:2, la perspective (hexagramme 3) 170
- 4 Hexagramme 4:3, le gain (hexagramme 42) 173
- 5 Hexagramme 4:4, le choc (hexagramme 51) 175
- 6 Hexagramme 4:5, la morsure (hexagramme 21) 178
- 7 Hexagramme 4:6, suivre (hexagramme 17) 180
- 8 Hexagramme 4:7, l'innocence (hexagramme 25) 182

Chapitre 15 : Lorsque le feu est le sujet ☲ 186

- 1 Hexagramme 5:0, la douleur (hexagramme 36) 186
- 2 Hexagramme 5:1, la parure (hexagramme 22) 189
- 3 Hexagramme 5:2, la perfection (hexagramme 63) 191
- 4 Hexagramme 5:3, la matriarche (hexagramme 37) 194
- 5 Hexagramme 5:4, la globalité (hexagramme 55) 196
- 6 Hexagramme 5:5, l'éclat (hexagramme 30) 199
- 7 Hexagramme 5:6, le changement (hexagramme 49) 202
- 8 Hexagramme 5:7, la coalition (hexagramme 13) 205

Chapitre 16 : Lorsque le lac est le sujet ☱ 208

- 1 Hexagramme 6:0, l'approche (hexagramme 19) 208

2	Hexagramme 6:1, la défaite (hexagramme 41)	210
3	Hexagramme 6:2, la limite (hexagramme 60)	213
4	Hexagramme 6:3, la sincérité (hexagramme 61)	215
5	Hexagramme 6:4, se marier (hexagramme 54)	217
6	Hexagramme 6:5, fixer (hexagramme 38)	219
7	Hexagramme 6:6, le plaisir (hexagramme 58)	222
8	Hexagramme 6:7, marcher (hexagramme 10)	224

Chapitre 17 : Lorsque le ciel est le sujet — 228

1	Hexagramme 7:0, la paix (hexagramme 11)	228
2	Hexagramme 7:1, accumuler (hexagramme 26)	231
3	Hexagramme 7:2, l'attente (hexagramme 5)	233
4	Hexagramme 7:3, l'accumulation (hexagramme 9)	236
5	Hexagramme 7:4, sans défense (hexagramme 34)	239
6	Hexagramme 7:5, l'acquisition (hexagramme 14)	242
7	Hexagramme 7:6, la menace (hexagramme 43)	244
8	Hexagramme 7:7, le ciel (hexagramme 1)	247

ANNEXES — 253

Traduction littérale des textes : classiques du Yi Jing — 254

Hexagramme Ø:Ø • Terre — 254

Hexagramme Ø:1 • Privation — 254

Hexagramme Ø:2 • Rapprochement — 255

Hexagramme Ø:3 • Regarder — 255

Hexagramme Ø:4 • La réjouissance — 256

Hexagramme Ø:5 • La promotion — 256

Hexagramme Ø:6 • Rassembler — 257

Hexagramme Ø:7 • La dénégation — 257

Hexagramme 1:Ø • La modestie — 258

Hexagramme 1:1 • Arrêter — 258

Hexagramme 1:2 • Boiteux — 259

Hexagramme 1:3 • Progressif — 259

Hexagramme 1:4 • Tolérance — 260

Hexagramme 1:5 • Le voyage — 260

Hexagramme 1:6 • Agréable — 261

Hexagramme 1:7 • Fuir — 261

Hexagramme 2:0 • L'armée — 262

Hexagramme 2:1 • L'Ignorance — 262

Hexagramme 2:2 • Le piège — 263

Hexagramme 2:3 • L'inondation — 263

Hexagramme 2:4 • La solution — 264

Hexagramme 2:5 • imparfait — 264

Hexagramme 2:6 • Abandonné — 265

Hexagramme 2:7 • Poursuivre en justice — 265

Hexagramme 3:0 • La croissance — 266

Hexagramme 3:1 • Les fautes — 266

Hexagramme 3:2 • Le puits — 267

Hexagramme 3:3 • Céder — 267

Hexagramme 3:4 • La persistance — 268

Hexagramme 3:5 • Le chaudron — 268

Hexagramme 3:6 • Surcharger — 269

Hexagramme 3:7 • Rencontrer — 269

Hexagramme 4:0 • Le retour — 270

Hexagramme 4:1 • L'attention — 270

Hexagramme 4:2 • Perspective — 271

Hexagramme 4:3 • Gagner — 271

Hexagramme 4:4 • Le choc — 272

Hexagramme 4:5 • Mordre — 272

Hexagramme 4:6 • Le jaune — 273

Hexagramme 4:7 • L'innocence — 273

Hexagramme 5:0 • Blessure — 274

Hexagramme 5:1 • Ornement   274
Hexagramme 5:2 • Parfait   275
Hexagramme 5:3 • La Matrone   275
Hexagramme 5:4 • La totalité   276
Hexagramme 5:5 • La luminosité   276
Hexagramme 5:6 • Le changement   277
Hexagramme 5:7 • La coalition   277
Hexagramme 6:Ø • L'approche   278
Hexagramme 6:1 • La perte   278
Hexagramme 6:2 • La limitation   279
Hexagramme 6:3 • La sincérité   279
Hexagramme 6:4 • Se marier   280
Hexagramme 6:5 • Observer   280
Hexagramme 6:6 • Le plaisir   281
Hexagramme 6:7 • Fouler   281
Hexagramme 7:Ø • La paix   282
Hexagramme 7:1 • Construire   282
Hexagramme 7:2 • L'espérance   283
Hexagramme 7:3 • L'accumulation   283
Hexagramme 7:4 • Téméraire   284
Hexagramme 7:5 • L'acquisition   284
Hexagramme 7:6 • La menace   285
Hexagramme 7:7 • Le ciel   285

Comprendre les numéros binaires   286

PREMIÈRE PARTIE
Introduction au Yi King

Préface

Le Yi King – du chinois 易经 (Yì Jīng) – signifie « changement. » La philosophie du Yi King fut créée il y a 6 500 ans, lorsque la langue écrite n'existait pas encore. Complètement abstraite, elle est basée sur le « Yin » et le « Yang » ; huit trigrammes, et soixante-quatre hexagrammes. Ceux-ci sont entièrement élucidés dans ce livre.

La partie I présente le Yi King. La première partie présente le Yi King, tandis que la deuxième partie explique les textes associés aux hexagrammes.

Les personnes souhaitant immédiatement consulter le Yi King mettront moins d'une heure à lire le premier chapitre (à propos des histoires d'amour, environ 13 pages) ou le second chapitre (à propos du travail, environ 10 pages.) Ils sélectionneront un hexagramme, puis chercheront le texte associé dans la partie II « Commentaires des textes Yi King » afin de prendre connaissance des conseils qui leur sont donnés.

Les personnes souhaitant connaître la façon de penser du Yi King, ou la culture chinoise, devront simplement lire la première partie. Les lecteurs portant un grand intérêt au Yi King et souhaitant approfondir leur connaissance pourront lire le livre en totalité.

Origine et interprétation

Comme indiqué dans le *Zhou Li* (en 1100 av. J.-C.), il existe trois versions du Yi King : le *Gui Cang* (归藏易), le *Lian Shan Yi* (连山易) et le *Zhou Yi* (周易). Ces trois versions présentent huit trigrammes, et soixante-quatre hexagrammes.

En 500 av. J.-C., Confucius et ses disciples établirent dix commentaires (十翼) sur le Zhou Yi, l'un des textes classiques chinois les plus anciens. Ces commentaires soulignent l'importance du confucianisme, et expliquent comment interpréter cinquante petits traits qui mèneront à une lecture divine. En 200 après J.-C., le Zhou Yi et les commentaires furent combinés pour former ce que l'on nomme aujourd'hui le Yi King.

Se basant sur cinquante années d'expérience en sciences et grâce à des recherches sur les classiques chinois, le maitre Dejun Xue révèle la vraie nature du Yi King et explique comment l'utiliser pour vivre en harmonie avec les autres, et faire soi-même les bons choix.

CHAPITRE 1
Jouir d'un mariage épanoui

Vous connaissez certainement au moins un couple comme celui de Élie et Roger qui, au bout de huit années de mariage, commence à se désagréger.

Élie est musicienne et aime lire des romans pendant son temps libre. Roger est médecin, et son travail est astreignant. Pendant leurs premières années de mariage, ils sortaient fréquemment, que ce soit pour aller au restaurant, au cinéma, danser ou voir un concert. Progressivement, Roger a changé cette habitude : il était fatigué et préférait profiter du calme de leur foyer, lisait des revues médicales et écrivait des articles universitaires. Il a demandé à Élie de quitter son travail, de s'occuper de leurs enfants et de cuisiner les repas.

Au début, Élie a accepté le changement, mais l'amertume qu'elle éprouvait pour sa perte de liberté et d'indépendance a grandi. Elle voyait son futur : un cycle interminable de cuisine et de ménage, et aucun sujet de discussion lors du diner à part le sport des enfants et le travail de son mari.

Maintenant, Élie n'est pas certaine des options qui s'offrent à elles. Puisqu'ils ne sortent plus ensemble, elle a le sentiment qu'elle et Roger ont peu de choses en commun. Elle comprend qu'il a très peu de temps libre et que sa vie professionnelle l'accapare, mais elle trouve ça injuste de sa part de vouloir qu'elle abandonne ses propres centres d'intérêt et ses loisirs.

Dans les mois qui suivent, elle lutte pour être le genre d'épouse que son mari semble vouloir, mais elle ne peut s'empêcher de se sentir négligée et troublée.

Son comportement perturbe Roger. Lui a le sentiment de travailler très dur tous les jours. En rentrant chez lui, il veut que ce soit paisible et chaleureux. Il est incapable de comprendre ce qui est venu gangréner leur bonheur. Il commence à passer de moins en moins de temps avec Élie, se plonge dans ses recherches aussi vite que possible après le diner pour ne pas avoir à penser à ce qui peut tourmenter sa femme.

Pour trouver une issue, Élie cherche de l'aide dans le Yi King.

1 Huit Images

Alors qu'elle fait la vaisselle seule dans la cuisine, Élie se demande pourquoi elle reçoit si peu en retour de tous les sacrifices qu'elle a faits. Elle se sent comme l'eau qu'on a emprisonnée dans une bouteille.

L'eau est une des huit images associées aux Huit Trigrammes.

Un trigramme est un ensemble de trois lignes, les unes par-dessus les autres, chacune pouvant être continue ▬ ou brisée ▬▬. Vous pouvez voir que les huit trigrammes, présentés dans le diagramme ci-dessous, représentent toutes les combinaisons possibles de trois lignes continues ou brisées. Il ne pourra jamais y avoir plus de trigrammes, car il n'y a pas d'autres manières possibles de construire un autre motif de trois lignes avec seulement deux types de lignes. Traditionnellement, en Chine, les huit trigrammes associent les images : du tonnerre, du feu, du lac, du ciel, du vent, de l'eau, de la montagne et de la terre, comme le montre le diagramme.

La plupart des choses ont deux faces. Les Chinois les appellent yin et yang. Dans nos trigrammes, la ligne brisée s'appelle la ligne yin et la ligne continue s'appelle ligne yang. Vous en verrez l'importance dans les chapitres suivants.

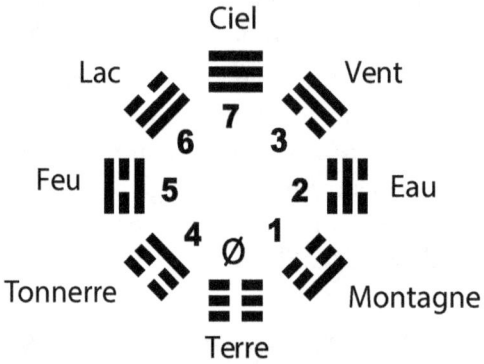

Figure 1.1 : les huit trigrammes

Dans le diagramme précédent, chaque trigramme est dessiné avec son image. Tous les Chinois sont habitués au cercle des trigrammes, et vous aussi, si vous avez passé du temps en Chine ou dans les magasins chinois dans d'autres villes. La ligne inférieure du trigramme est celle située le plus près du centre du cercle et la ligne supérieure est celle à l'extérieur. Donc chaque trigramme a une ligne inférieure, une ligne intermédiaire et une ligne supérieure. En plus de leur image, chaque trigramme dans ce diagramme s'est vu associer un numéro d'identité de 4, 5, 6, 7, 3, 2, 1 et 0. Prenons le numéro 4, le tonnerre. Sa ligne inférieure est continue, ou yang, et ses lignes intermédiaires et supérieures sont toutes deux brisées, ou yin.

Maintenant, examinons ces huit images une à une.

0 — La terre

La terre est immobile. Elle reçoit l'énergie du ciel, ainsi que sa lumière, sa chaleur et sa pluie. Tout ce qui appartient au vivant sur la terre s'adapte aux changements imposés par le ciel. La terre est nourricière : elle alimente les êtres vivants, telle une mère s'occupant de ses enfants. La terre est en position inférieure. Si l'on considère que le ciel est au-dessus, nous voyons la terre comme en dessous.

On assignerait l'image de la terre à quelqu'un s'il était dans les cas suivants :

- Étudiant ou personne dont le potentiel n'est pas pleinement réalisé
- Sans-emploi, sans occupation, ne bouge pas (immobile), reçoit des bénéfices (se nourrir) de la société
- Divorcé, libéré des contraintes conjugales
- Arrêté par la police, subordonné, céder
- Personnes âgées, troisième âge, immobile, reçoit de l'aide extérieure, peu de réclamations

- Dans un lieu inconnu, marché inconnu, pays inconnu, groupe inconnu
- Essaye de rester calme et attends qu'une occasion se présente
- Calme, goute à la paix
- Est impliqué dans un commerce qui a mis la clé sous la porte
- Met fin à une relation

Parmi ces huit images, l'eau est la seule à pouvoir représenter la situation de Élie. Elle a sélectionné le trigramme numéro 2 pour elle-même.

Ensuite, elle se met à analyser la situation de Roger, et force est d'admettre qu'il ne s'est pas activement efforcé à améliorer leur relation. Il est comme la montagne rocheuse : là, immobile, sans se soucier de la situation de Élie et lui rendant difficile la tâche de jouir de leur mariage. L'image de la montagne est celle qui correspond le mieux à la situation de Roger. Elle a sélectionné le trigramme numéro 1 pour son mari.

1—La montagne

Les montagnes sont grandes et arrêtent tout ce qui s'approche d'elles. Elles sont stables, immobiles. Les régions montagneuses offrent souvent un paysage magnifique, mais leur ascension est éprouvante. Les montagnes ont l'air impressionnantes, mais en général, elles ne se montrent pas éminemment destructrices ou menaçantes pour la vie humaine, exception faite des volcans, des éboulements rocheux et des effondrements de corniche.

On assignerait l'image de la montagne à quelqu'un s'il était dans les cas suivants :
- À la retraite, a fini de travailler
- Campe sur ses positions, refuse les négociations
- Refuse de communiquer avec les autres
- Rupture dans une relation
- Est un dictateur
- Défend résolument une place forte
- S'isole
- Est têtu
- Fait faillite, ne peut pas payer ses dettes
- Essaye d'arrêter une action présente

2—L'eau

L'eau existe partout dans le monde, et à l'intérieur de chaque être vivant. L'eau ne coule que vers le bas ; jamais, d'elle-même, elle ne coule vers le haut. Elle peut être contenue dans un lac, prisonnière des rives d'une rivière, retenue par un barrage, ou même gardée dans une bouteille ou une tasse.

On assignerait l'image de l'eau à quelqu'un s'il était dans les cas suivants :
- Proche de l'âge de la retraite, capacité de travail limitée
- Souffre de pertes dans les affaires et ne trouve pas de solution pour améliorer la situation

- Est malade
- Rencontre des difficultés à prendre une bonne décision
- Fait face à une situation dangereuse
- Est lié par contrat ou par accord, a sa liberté limitée
- Est dans une situation de bataille et n'est pas capable de s'en sortir
- N'est pas capable de décider d'un plan d'action
- Perte d'argent, affaire en congé, marché défavorable
- Conflit avec les autres dans une relation

3—Le vent

Le vent souffle partout. Il peut s'infiltrer partout où une ouverture se présente, même si ce n'est qu'une minuscule brèche. Si un obstacle lui barre la route, il passe à côté, au-dessus ou en dessous. Le vent agit avec une véritable puissance, procure une sensation de frais ou de froid, et peut même causer de graves dommages.

On assignerait l'image du vent à quelqu'un s'il était dans les cas suivants :
- Dans la force de l'âge, après trente ans
- Suit, soutient, ou flatte l'égo des autres pour son propre bénéfice, peu importe que les autres aient raison ou non
- Pas de succès en affaires, mais essaye d'utiliser les réductions, le financement, la publicité… etc. pour rester à flots
- A du pouvoir, mais essaye de cacher des malversations sous des preuves frauduleuses, ment
- Très fatigué après avoir travaillé dur
- Démissionne et essaye de faire autre chose
- Lave après une soirée au moment où les invités s'en vont
- Essaye de faire ce qui est facile et faisable, choisit la solution de facilité

4—Le tonnerre

De manière générale, le tonnerre arrive abruptement et à grand fracas. Il est effrayant. On dirait une énorme détonation, choquante et vibrante, souvent messager d'une pluie torrentielle. Même l'orage grondant faiblement dans le ciel, au loin, lors d'un jour d'été dégagé, trouble la tranquillité et fait peser la menace de la pluie. Le tonnerre a un impact sur la vie, mais, en soi, ne cause que peu de dommages et aucune conséquence sérieuse immédiate n'en résulte directement.

On assignerait l'image du tonnerre à quelqu'un s'il était dans les cas suivants :
- Nouveau-né
- Nouvel employé
- Premier rendez-vous galant
- Rival
- Créateur
- Lance une nouvelle affaire

- Se lance dans une aventure
- Lance une nouvelle action offensive
- En colère

5—Le feu

Le feu est brillant et chaud. Son centre, où l'air est absent, est plus froid et pâle. Ses flammes vont toujours vers le haut, mais elles s'agrippent aux matières inflammables et consument l'oxygène.

On assignerait l'image du feu à quelqu'un s'il était dans les cas suivants :
- Adolescent
- Employé récemment promu
- Inventeur
- Sur l'offensive, et fait des progrès
- Personne intelligente
- Beau, à la mode ou aguichant
- Dirige une bonne affaire avec de fortes ventes
- Prétentieux
- Tombe amoureux, essaye de connaitre son ou sa partenaire

6—Le lac

Ce symbole désigne une zone géographique qui abonde de rivières et de lacs. Ces zones sont riches en poissons et en céréales. Le paysage est magnifique et plaisant.

On assignerait l'image du lac à quelqu'un s'il était dans les cas suivants :
- Jeune adulte
- Joyeux et agréable
- Riche
- À du succès
- Mature émotionnellement
- Fait de hauts bénéfices
- Sain
- Profite du bonheur ou de la paix d'esprit
- Dans une relation tendre

7—Le ciel

Le ciel est un donneur. Il donne énergie, lumière, chaleur et pluie à la terre. Sa puissance est formidable et incontrôlable. Le ciel flotte au-dessus de tout, domine tout ; on ne peut l'atteindre ni le toucher.

On assignerait l'image du ciel à quelqu'un s'il était dans les cas suivants :
- Adulte mature, dans la trentaine
- Puissant
- Dominateur

- Meneur, officier, PDG, cadre, superviseur, policier
- Contrôle d'un monopole, en position dominante ou a beaucoup de succès
- Dirige un commerce avec les meilleurs produits
- Champion
- Essaye de contrôler, de manipuler, ou d'utiliser les autres
- Enseignant
- Se marie (au point culminant du cycle de l'amour)

2 Sujet et objet

Élie place le trigramme numéro 1 au-dessus du numéro 2, ce qui donne l'hexagramme 2:1.

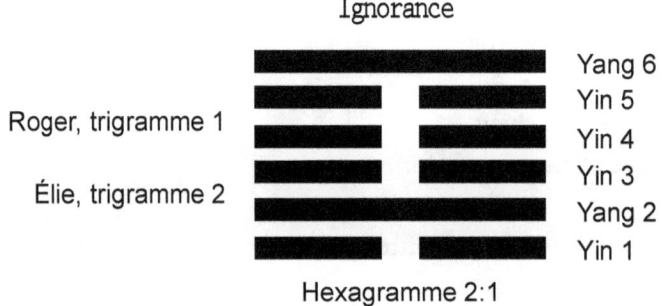

Figure 1.2 : hexagramme 2:1, Ignorance

2:1 est le numéro d'identité de l'hexagramme qu'a fait Élie et indique que le trigramme qui la représente est le 2, et celui représentant Roger est le 1. Car l'analyse est basée sur le point de vue de Élie, c'est elle qui est le sujet, et Roger l'objet. Le trigramme représentant le sujet est un trigramme sujet, et celui qui représente l'objet est un trigramme objet. Dans un hexagramme, le trigramme sujet est en dessous et le trigramme objet est au-dessus.

Les lignes d'un hexagramme se comptent du bas vers le haut. Le nom des lignes est issu de l'addition de leur nature, yin ou yang, et du numéro de la ligne.

3 Texte du Yi King

Dans la deuxième partie de ce livre, il y a le texte de soixante-quatre hexagrammes. Pour chaque hexagramme, le texte se divise en trois parties :

1. *Titre*
2. *Texte général*, qui explique les relations entres les parties de l'hexagramme
3. *Texte des lignes*, un texte pour chacun d'elles

Dans la deuxième partie de ce livre, le titre de l'hexagramme 2:1 est Ignorance, ce qui donne immédiatement à Élie l'idée qu'elle et Roger ont beaucoup à apprendre sur une relation harmonieuse. Elle peut à présent lire le texte général de l'hexagramme 2:1 :

Tout se passe bien.

Le professeur dit :

  « *Ce n'est pas moi qui cherche les élèves,*

Mais les élèves m'en prient.
La question n'aura de réponse que la première fois.
Les questions répétées,
Celles qui ne se montrent pas pertinentes,
N'auront pas de réponses. »
Il est bénéfique de rester sur le chemin actuel.

Ce texte suggère à Élie que rester avec son mari est bénéfique, mais qu'elle ne devrait pas être trop docile face à ses demandes abusives : « La question n'aura de réponse que la première fois. Les questions répétées, celles qui ne se montrent pas pertinentes, n'auront pas de réponses. »

Puis elle poursuit la lecture des textes pour chacune des lignes de l'hexagramme Ignorance.

Yin 1

Le professeur montre le modèle à l'ignorant
Qui ressent la liberté gagnée par l'apprentissage ;
Comme se débarrasser d'entraves et de menottes.
Demander trop aux élèves est malveillant.

Le texte suggère que Élie devrait faire un effort pour son mari, même s'il ne devait être que limité. Comme un professeur montrant à l'élève ignorant « le modèle, qui ressent la liberté gagnée par l'apprentissage ; comme se débarrasser d'entraves et de menottes. » Puis ce sera à son mari d'apprendre de cet exemple ; Élie ne devrait pas pousser son mari trop fermement : « Demander trop aux élèves est malveillant. »

Yang 2

S'occuper d'une personne ignorante est favorable.
Se marier à une femme est favorable.
La femme pourrait donner naissance à un fils
Qui grandira et deviendra propriétaire.

Le texte suggère que Élie fasse quelque chose pour son mari : « S'occuper d'une personne ignorante est favorable. » Bien que son mari soit têtu et ne soit pas coopératif, s'occuper de lui pourrait s'avérer profitable : en vous mariant à une femme ignorante, elle n'est peut-être pas intelligente, mais son enfant pourrait bien se montrer capable de devenir propriétaire.

Yin 3

Ne vous mariez pas à une femme
Qui cherche un homme riche,
Et perd sa propre possession.
Ce n'est pas bénéfique.

Le texte suggère que Élie ne devrait pas être trop humble et consentante si son mari ne poursuit uniquement que son propre but. « Ne vous mariez pas à une femme qui cherche un homme riche, et perd sa propre possession. » Si Élie se comporte trop humblement et avec trop de consentement, « ce n'est pas bénéfique. »

Yin 4
Faire face à l'ignorance lasse
Est malveillant.

Le texte dit à Élie que son mari est tel l'étudiant fatigué et ignorant qui ne demande qu'à dormir ou à quitter le cours. Élie doit faire des compromis. Si Élie tente de vaincre cette mollesse, elle aura l'air malveillante.

Yin 5
Apprendre à l'ignorance juvénile
Est favorable.

Le texte dit à Élie que son mari est en position de faiblesse, comme quiconque montre les signes de « l'ignorance juvénile. » Il a besoin de l'aide de Élie. Pendant que Élie aide son mari, elle y gagne aussi. Cela lui est favorable.

Yang 6
Enseigner à l'ignorance violente
Qu'il est bénéfique de ne pas être un voleur,
Mais un défenseur contre les voleurs.

Le texte suggère que son mari est sous l'emprise de « l'ignorance violente. » Élie devrait aider son mari à changer cette attitude dure et faire ressortir le meilleur de lui-même, en lui enseignant « qu'il est bénéfique de ne pas être un voleur, mais un défenseur contre les voleurs. »

Premièrement, Élie a appris de ces textes qu'elle devait parler avec son mari comme une professeure, une tutrice et une élève. Après avoir parlé à Roger, il comprend que rester chez eux tous les soirs la trouble et l'ennuie. Deuxièmement, elle a appris qu'elle devait s'occuper de son mari comme d'une « personne ignorante. » Elle commence à discuter avec son mari et ils décident d'engager une nounou pour sortir le weekend suivant.

Élie et Roger ont hâte de pouvoir jouir des nombreuses autres années d'un mariage épanoui en suivant le changement qu'ils ont été suffisamment chanceux de redécouvrir.

4 Suivez l'exemple

Vous avez surement envie de suivre l'exemple ci-dessus, de sélectionner deux images pour vous et pour les autres, de faire un hexagramme et lire les textes qui leur sont associés dans la Partie II de ce livre.

Vous devez d'abord prendre le temps de vous familiariser avec les huit trigrammes présentés ci-dessus afin de commencer à comprendre le procédé utilisé pour évaluer une relation et une prise de décision. Une fois cette familiarisation devenue une seconde nature, il est très facile de considérer une personne ou une situation selon les caractéristiques d'un des trigrammes. Mais vous n'avez pas besoin d'être un expert pour mettre à profit cette information. Ce livre vous fournit l'expertise et finalement, vous découvrirez que vous n'aurez plus besoin de vous y référer si souvent. Plus loin dans le livre, les qualités fondamentales de chacun des trigrammes seront abordées avec plus de détails.

Si d'ores et déjà vous désirez utiliser le Yi King, sans approfondir votre connaissance de son fonctionnement interne, vous pouvez sauter les chapitres suivants. Si vous préférez en savoir plus sur le Yi King, continuez à lire.

Pour jouir d'un mariage épanoui, souvenez-vous : s'il y a le moindre problème, suivez les trois étapes suivantes :

- Sélectionnez deux images : une pour vous et une pour votre conjoint.
- Faites un hexagramme, votre trigramme en dessous, celui de votre conjoint au-dessus.
- Trouvez le texte correspondant à l'hexagramme.

CHAPITRE 2
Le Yi King appliqué aux affaires

Vicki et carole sont en train de diner à Frendly's. Vicki demande à Carole, « Tu as des plans pour ce weekend ? »

— Je compte aller à Passy.

— Moi je vais aller à Printemps répond Vicki. Les vêtements y sont moins chers.

— Je faisais du shopping à Printemps avant. Mais j'ai changé pour Passy. Nous, consommateurs, sommes comme le vent, soufflant dans toutes les directions. Nous aimons aller là où la qualité de la marchandise ou du service est la meilleure, ou bien où le prix est le plus intéressant.

— Je suis d'accord, les consommateurs sont comme le vent.

— C'est le trigramme numéro 3, répond Carole.

— Comment ?

— Le trigramme numéro 3 du Yi King. L'image du vent lui est associée. »

Un trigramme est un symbole composé de trois lignes. Elles peuvent être continues ou brisées ; la ligne continue symbolise le yang et la ligne brisée symbolise le yin. Le yang et le yin sont les concepts de la philosophie chinoise. En général, le yang ressemble intimement à la nature du ciel alors que le yin ressemble intimement à la nature de la terre.

Il y a huit combinaisons possibles de trois lignes de deux types ; par conséquent, trois lignes de deux types, le yang et le yin forment huit trigrammes. Ces huit trigrammes associés à huit images sont représentés ci-dessous :

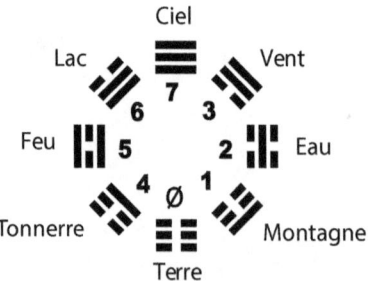

Figure 2.1 : les huit trigrammes

Les trois lignes du trigramme associé au vent sont le yin, le yang et le yang. Si l'on remplace les lignes du yang par un 1 et celle du yin par 0, ce trigramme devient 011, un nombre à trois chiffres du système de numération binaire. La valeur du nombre binaire 011 est 3. « 3 » est la valeur numérique de ce trigramme, unique aux huit autres, et lui sert de numéro d'identité. C'est pourquoi Carole a dit que la nature des consommateurs peut être représentée par le trigramme numéro 3.

— Quel trigramme représente Passy ? demande Vicki.

— Les affaires vont bon train pour eux.

– Que doivent faire les commerces pour réussir ?
– Ils doivent agir comme le trigramme numéro 4, comme le tonnerre.
– Pourquoi cela ?

Pour choisir la meilleure stratégie commerciale, l'entreprise doit bien s'adapter à son marché. Si nous avons un trigramme représentant ses clients, il nous faut choisir un trigramme pour représenter l'entreprise. De son point de vue, elle est le sujet, tandis que le client est l'objet. Le trigramme représentant le sujet est un trigramme sujet, et celui représentant l'objet est un trigramme objet. Deux trigrammes, le sujet en dessous de l'objet, forment un hexagramme. Le numéro d'identité de l'hexagramme ainsi formé est la combinaison du numéro d'identité des deux trigrammes avec « : » intercalé, comme 4:3 (soyez conscient que ce n'est pas un ratio, mais juste un numéro d'identité). Chaque hexagramme a un titre unique.

Puisqu'il y a huit trigrammes, lorsque le trigramme objet est le numéro 3, huit options sont disponibles pour sélectionner un trigramme sujet et former un hexagramme.

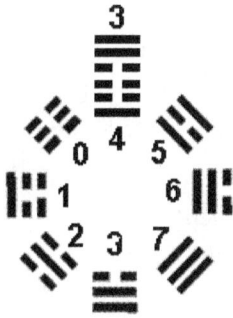

Figure 2.2 : options pour un trigramme sujet

Les numéros d'identité et les titres des hexagrammes ainsi formés sont :

    0:3   l'observation
    1:3   graduel
    2:3   l'inondation
    3:3   le rendement
    4:3   le gain
    5:3   la matriarche
    6:3   la sincérité
    7:3   l'accumulation

Parmi les huit titres ci-dessus, nous voyons que l'hexagramme 4:3 est le meilleur choix à faire. Il s'intitule Gain, ce qui signifie que l'entreprise tirera profit de sa relation client. Les trois lignes du trigramme numéro 4, représentant l'entreprise, sont yang, yin et yin, alors que les trois lignes du trigramme numéro 3, représentant les clients, sont yin, yang et yang. Chacune de leurs lignes sont soit une association yang et yin, soit yin et yang. Autrement dit, toutes les lignes de cet hexagramme sont complémentaires, dans la plus grande harmonie. Dans le monde, tout tend naturellement vers l'harmonie. L'harmonie est favorable alors que la dissonance est défavorable. Comme en musique, les sons harmonieux sont agréables et nous aident à nous sentir mieux tandis que les sons dissonants ont l'effet opposé.

Vous en avez peut-être conscience, la somme des numéros d'identité des deux trigrammes formant l'hexagramme 4:3 donne 7. Si la somme des numéros de deux trigrammes formant un hexagramme est 7, alors ils sont complémentaires. En général, si leur somme donne 7, l'hexagramme pourra être favorable au sujet ; cependant, ce n'est pas le seul critère de favorabilité d'un hexagramme, comme nous l'observerons plus loin dans le livre. Par conséquent, si le trigramme objet est connu, vous pourriez sélectionner un trigramme complémentaire comme un trigramme sujet et élaborer une stratégie en vous comportant comme l'image associée au trigramme sujet.

Dans le Yi King, un hexagramme est associé à un texte (le texte du Yi King) qui donne un commentaire sur l'hexagramme. Ci-dessous, le texte pour l'hexagramme 4:3.

Texte général : (commentaire sur l'hexagramme en entier)
Il est bénéfique d'aller plus loin.
Il est bénéfique de traverser un grand fleuve.

Texte des lignes (commentaire sur chacune des lignes de l'hexagramme, Yang 1 et Yin 2, etc. correspondant au nom des lignes, yang et yin décrivant la nature des lignes, et 1 et 2, etc. donnant la localisation des lignes, en comptant de bas en haut):

Yang 1
Cette situation promet un excellent travail,
Elle est favorable et irréprochable.

Yin 2
Il est impossible de refuser la contribution
D'une tortue valant dix paires de coquillages.
Il est favorable de rester à jamais sur ce chemin.
Le roi préside à un rituel
Et prie ses ancêtres pour une faveur.
Cela est favorable.

Yin 3
Recevoir de l'aide dans un moment difficile
Est irréprochable.
Tenir une tablette en jade et
Parler librement,
Comme marcher au milieu d'une route,
On conseille le seigneur.

Yin 4
Comme marcher au milieu d'une route,
On parle prudemment au seigneur.
Le seigneur accepte le conseil.

En fonction de cela,
La capitale est déplacée.

Yang 5
Grâce à la sincérité, les gens se sentent mieux.
Elle est certainement très favorable.
La sincérité me donne l'envie d'être plus vertueux.

Yang 6
N'aidez pas
Mais frappez.
Ne pas être constamment vertueux
N'est pas favorable.

Le texte décrit pourquoi la situation est favorable à l'entreprise. Le texte des lignes 3 et 4 conseille à la compagnie de fournir le meilleur service aux clients, comme un serviteur tenant une tablette de jade ; les serviteurs de l'empereur les utilisaient comme un symbole de sincérité et de loyauté envers lui. Leurs paroles comme leurs actions sont délibérées, comme s'ils choisissaient de marcher prudemment au milieu d'une route. Les clients sont comme un « seigneur » suivant les conseils d'un de ses serviteurs et déplaçant la capitale du pays.

Le texte de la ligne 5 insiste sur la sincérité dans les services que propose l'entreprise.

Le texte de la ligne 6 donne des conseils à l'entreprise sur la manière de faire avec le client, lequel n'est pas sincère, mais grossier et autoritaire.

— Est-ce que Passy agit comme le tonnerre ? demande Vicki.

— Oui. Passy agit souvent comme un gros impact, comme l'explosion bruyante du tonnerre, répond Carole.

— Comment ?

— Je reçois des bons de réduction de Passy presque tous les mois. Certains coupons offrent une remise de 20%, d'autres de 20€ à partir de 50€ d'achat. J'ai acheté deux chemisiers pour 45€, puis j'ai ajouté un pantalon à 5,25€. On ne m'a facturé que 30,25€ plus taxe, pour deux chemisiers et un pantalon. Je reçois des pubs de Passy une semaine sur deux et j'y trouve des articles intéressants. Récemment, j'ai acheté un manteau en fourrure de castor.

— Ça doit être tellement chaud un manteau en castor, affirme Vicki.

— C'est ce que je crois. J'ai vu des castors pendant ma randonnée à Denali. Pour s'installer, ces vifs animaux construisent leurs huttes sur la surface des lacs. Comme ils vivent dans une région aussi froide, leur fourrure doit être très chaude. Ils nagent et plongent dans l'eau pour rentrer dans leurs huttes, donc leur fourrure et leur peau doivent être fortes. Je pense que la fourrure de castor est une bonne fourrure, alors je voulais un manteau en castor.

— Eh bien, pourquoi ne pas acheter un tel manteau venant d'Alaska ?

— J'ai essayé. J'ai trouvé un site web, www.denalifur.com, où il y avait beaucoup de photos de manteaux en fourrure de castor. Mais lorsque j'ai cliqué sur celui qui m'intéressait, on m'a demandé de faire une offre de prix. Je ne sais pas pourquoi ils n'aiment pas afficher leurs prix. Puis j'ai envoyé un courriel, où j'ai expliqué que je voulais un manteau pour femme, long de 1,10 mètre, en fourrure de castor avec un chapeau, taille L, et j'ai demandé leur prix. N'ayant pas reçu de réponse le jour même, j'ai appelé l'entreprise le soir suivant, et une femme m'a confirmé qu'ils avaient bien reçu mon courriel. Elle m'a demandé « combien souhaitez-vous dépenser ? » Tu sais, je déteste ce genre de question.

– Moi aussi, intervient Vicki. Pourquoi leur exposer ce qui est privé ?

– J'ai demandé, continue Carole, combien eux voulaient. Elle m'a répondu, entre 7000 et 8000€. J'ai répondu « d'accord, veuillez m'envoyer des photos montrant les options pour le manteau que je veux. » Elle a promis de le faire, mais il a fallu une semaine avant que je ne les reçoive.

– Ça, ce n'est pas correct.

– Cette après-midi-là, j'ai reçu un appel téléphonique ; ils m'ont dit qu'ils voudraient me faire un manteau long en fourrure de castor sur mesure avec chapeau pour 3800€, frais de port offerts.

– Ils l'ont vraiment bradé !

– Oui, répond Carole. C'était un bon prix. Mais leur offre est arrivée trop tard. J'avais déjà acheté un manteau. Comprends-tu à quoi cette entreprise ressemble ?

– Leur prestation n'est pas comme le tonnerre.

– Dans le mille. Ils sont comme une montagne. Lorsque nous, le vent, leur soufflons dessus, ils restent debout, immobiles, sans broncher, et vont jusqu'à nous bloquer.

– As-tu acheté ce manteau à Passy ?

– Pas le Passy de Marseille, mais à celui de Paris.

– Comment as-tu su que celui de Paris avait le manteau en castor que tu voulais ?

– Lorsque j'ai été à celui de Marseille, j'ai été très déçue. Tous les manteaux de fourrure là-bas étaient en vison. Mais la vendeuse a été tellement remarquable. Elle m'a réconforté et a passé quelques appels pour moi. Elle a fini par trouver que le Passy à Paris, leur plus grande enseigne, avait des manteaux en fourrure de castor. Elle a dit qu'elle pouvait m'en commander un et me le faire livrer chez moi gratuitement. Cependant, j'ai préféré aller au Passy de Marseille et essayer le manteau avant de l'acheter. Alors j'y suis allée, et tu sais quoi ?

– Quoi ?

– J'y ai trouvé un manteau en castor qui m'allait parfaitement. Il m'arrive en dessous des genoux et est très bien ajusté au niveau des épaules, de la poitrine et des manches. Le chapeau, une capuche, repose sur mes épaules, comme un col châle. Et la cerise sur le gâteau : il est dans ma couleur favorite.

– Eh bien, tant mieux pour toi.

– Le prix était excellent en plus. Avec une réduction de 50% sur le prix initial, qui était de 5995€, et encore 20% grâce à mon coupon, je n'ai payé que 2608,85€.

– C'est même moins cher que l'offre que t'avait faite l'entreprise de fourrure en Alaska.

— Il y a tellement d'occasions intéressantes avec Passy. Leur prestation est comme le tonnerre. Et c'est ce que je crois : pour réussir dans les affaires, l'entreprise doit agir comme le tonnerre.

— Ça a du sens, approuva Vicki. Apple aussi est un succès. Les Macs, les iPhones, les iPads, et j'en passe, sont tellement d'explosions assourdissantes du tonnerre de la part d'Apple.

— Il y a tellement de fabricants d'ordinateurs dans le monde ; ils fabriquent tous des ordinateurs portables ressemblant à des boites noires, mais seul Apple a réussi à se démarquer des autres, explique Carolee. Leurs Macs sont tellement délicats, même leur prise d'alimentation est magnétique, ce qui aide les utilisateurs à brancher leur ordinateur portable sur secteur.

— Mon fils est entrepreneur, lui répond Vicki. Je lui dirai que la meilleure stratégie pour faire tourner un commerce, c'est d'être comme le tonnerre.

— Le tonnerre n'est pas la seule option, puisqu'il y en a huit. Les autres options ne sont certainement pas mauvaises, mais elles demandent quelques améliorations. Par exemple, l'hexagramme 6:3 est une autre option. Il est intitulé Sincérité. Cela implique que l'entreprise doit être plus sincère dans ses relations avec sa clientèle. Même si elle se comporte comme la montagne, l'hexagramme qui y correspond est le 1:3, intitulé graduel, la situation de l'entreprise n'est pas trop mal. Le texte général de l'hexagramme 1:3 dit :

Le mariage est favorable à la dame.

Rester sur le chemin actuel est bénéfique.

Dans le texte, « dame » représente l'entreprise. Elle tirera peut-être toujours des bénéfices, mais la progression sera peut-être très lente ; elle doit « rester sur le chemin actuel ».

— Alors, dit Vicki, être comme le tonnerre est la meilleure option pour l'entreprise, en servant les clients avec plus d'explorations, de découvertes et de créations.

— Oui. C'est vrai. Cependant, cela va avec la condition prédéfinie que la clientèle est comme le vent.

— Comment s'en assurer ?

— Par le marketing. En cherchant à savoir ce que les gens veulent et en s'assurant qu'ils viendront acheter comme un vent violent lors d'un orage, et non comme une brise.

— Ça a du sens, approuva Vicki. Mais j'ai une question. Lorsqu'on utilise le trigramme numéro 3 pour les clients et le numéro 4 pour l'entreprise, ils peuvent former deux hexagrammes. Si on place le trigramme numéro 3 sous le numéro 4, nous obtenons l'hexagramme 3:4. Qu'est-ce qu'il donne celui-là ?

— C'est la situation du point de vue de la clientèle, explique Carole. Dans ce cas-là, la clientèle est sujet alors que la compagnie est objet. L'hexagramme montre comment la clientèle doit se comporter vis-à-vis de l'entreprise.

— Intéressant.

— Le titre de l'hexagramme 3:4 est Persistance. Cela signifie que si l'entreprise est comme le tonnerre, toujours à nous stimuler avec de bons produits ou un bon service, alors nous devrions faire affaire avec elle de façon continuelle.

Pour utiliser le Yi King comme un outil pour élaborer des stratégies de vie, rappelez-vous de suivre ces trois étapes.

- Trouvez le trigramme associé à l'image qui correspond le mieux à la situation de l'autre.
- Sélectionnez un trigramme complémentaire pour vous-même.
- Empilez les deux trigrammes, le vôtre en dessous, celui de l'autre au-dessus. Suivez les instructions de son titre et de son texte.

CHAPITRE 3
Le yin et le yang

Lorsque mon ami Carl a crié rageusement sur sa femme, Linda, elle a gardé à la fois le silence et son calme. Une fois sa colère passée, il s'est excusé auprès de sa femme : « je suis désolé de m'être mis en colère. Je t'aime. »

Linda avait attendu ce moment pour demander à Carl : « Pourquoi as tu as fait cela ? »

Bien qu'elle n'ait jamais eu vent du Yi King, Linda a naturellement usé de la règle de l'harmonie du yin et du yang pour garder la stabilité de son mariage. Lorsque son mari l'a agressée verbalement, elle est restée silencieuse. Elle a utilisé le yin pour faire face au yang. Lorsque Carl s'est excusé auprès d'elle, il était sur la défensive et battait en retraite ; alors, elle a agi avec le yang en lui demandant la raison de sa colère pour mettre leur situation au clair.

1 Les occurrences du yin et du yang

Comprendre le yin et le yang est le portail menant à la compréhension du Yi King et à son usage. En comprenant le yin et le yang, vous trouverez que notre monde, complexe et déconcertant, est au fond assez simple.

Il n'existe pas de traduction exacte en français pour yin ou yang. Les mots devraient être directement importés du chinois ; autrement, nous risquons de perdre le sens de leur nature abstraite et universelle.

Les Chinois n'ont aucune difficulté à comprendre et utiliser les concepts de yin et de yang dans leur vie quotidienne. En chinois, le versant éclairé d'une montagne s'appelle le « shan yang », et son versant ombragé le « shan yin ». Le calendrier solaire s'appelle le « yang li », et le calendrier lunaire le « yin li ». Quelqu'un d'introverti pourrait être décrit comme « très yin », quelqu'un d'extraverti est « yang ».

Mais le concept de yin et de yang est déroutant pour les Occidentaux. On les a traduits par obscurité et lumière, chancelant et stable, douceur et dureté, femelle et mâle, mal et bien. Ce n'est pas suffisant. L'obscurité, la douceur, la féminité et le mal sont des occurrences particulières du yin, mais elles n'expriment pas entièrement son sens. La lumière, la dureté, la masculinité et le bien peuvent être des aspects du yang, mais ils n'en sont pas synonymes.

Souvent, les gens essayent d'expliquer le yin et le yang comme deux opposés : nuit et jour, hiver et été, froid et chaud, femelle et mâle, défensif et offensif, software et hardware, conformiste et créatif, bas et haut, mal et bien, fermé et ouvert, intérieur et extérieur, négatif et positif, aller et retour, éteint et allumé, non et oui, moins et plus, etc. Ces paires sont des occurrences du yin et du yang, mais leur exclusivité mutuelle peut être trompeuse. Si le yin et le yang sont opposés, cela implique que les deux qualités sont en conflit l'une avec l'autre, alors qu'ils sont complémentaires.

Dans une famille par exemple, le mari est yang et la femme est yin. S'ils sont opposés, toujours en conflit, comment peuvent-ils être heureux ensemble ?

2 Le yin et le yang sont des compléments naturels

Le yin peut être utilisé pour représenter une page blanche alors que le yang représente les caractères sur ladite feuille. C'est ensemble qu'ils permettent à un texte d'apparaitre. Lorsque vous prenez une douche, l'eau chaude est yang et l'eau froide est yin. Vous ajustez les deux robinets pour vous assurer que l'eau est à une température agréable. Dans une salle de classe, l'enseignant est yang et les étudiants sont yin : c'est parce que l'enseignant donne et les élèves reçoivent de façon complémentaire que l'enseignement est possible.

Vous avez peut-être entendu que le yang est positif et que le yin est négatif, mais ce serait simplifier à l'excès. La modestie, la gentillesse, la grâce et la souplesse sont des traits positifs, et ils sont des occurrences du yin. Et nous voyons l'arrogance, la rudesse, la brutalité et l'entêtement comme des traits négatifs, mais ils représentent le yang.

La plupart des gens se révèlent être une combinaison de traits de personnalité associés au yin ou au yang et qui peuvent être aussi bien positifs que négatifs. Si vous embauchez un nouvel employé, vous devez choisir parmi tous les postulants. Disons que le premier a peu d'expérience, mais est modeste et a la volonté d'apprendre. L'inexpérience est une valeur négative et peut être représentée par le yin ; la modestie est une valeur positive et on peut aussi la considérer comme yin. Le second candidat est bien qualifié, mais est arrogant. L'excellence dans son métier, une qualité positive, est yang, alors que l'arrogance, négative, est aussi yang. Dans ce cas, le meilleur choix (yin ou yang) dépend des particularités du métier.

Une incompréhension très commune est la présupposition que le yin est associé à la femme et le yang à l'homme. Ce n'est que partiellement correct. On peut associer une femme au yin lorsqu'elle donne naissance à un enfant et l'élève ; mais lorsqu'un conducteur soul se fait arrêter par une policière, vous ne pouvez pas dire que le chauffard est yang et que la policière est yin. Dans ce scénario, c'est l'inverse : la policière est yang, car elle est en position de force tandis que le conducteur ivre est yin, car il doit obéir aux ordres de l'officier de police.

3 Définition du yin et du yang

De toutes les philosophies que nous, humains, avons élaborées pour saisir notre existence, seul le Yi King utilise le yin et le yang en les exprimant à travers des trigrammes. La Bible commence avec le ciel et la terre. Cela démontre que les anciennes populations occidentales les reconnaissaient aussi en tant qu'éléments fondamentaux de leur monde fluctuant.

Plus tard, les penseurs occidentaux, de Platon à Hegel, parlèrent en termes d'opposés et développèrent des dialectiques pour décrire l'état de « être » et de « non-être ». Ils mentionnèrent aussi le « devenir », l'état intermédiaire entre « être » et « non-être », mais de manière très vague. Seul le Yi King élabore et décrit ce plan d'existence intermédiaire où la plupart d'entre nous conduisent nos vies.

Les anciens avaient remarqué qu'entre l'été et l'hiver, entre le jour et la nuit, des étapes intéressantes et importantes se déroulaient, telles que l'automne ou l'aube. En cherchant des moyens de marier les symboles du yin et du yang de manière qu'ils décrivent aussi ces étapes intermédiaires vitales, ils conçurent les trigrammes et les hexagrammes du Yi King.

La ligne brisée ▬ ▬ est un symbole du yin. La ligne continue ▬ est un symbole du yang.

Yin est défini par le trigramme Ø ☷, qui définit le yin comme étant la nature de la terre (Ø signifie qu'il n'y a pas de ligne yang dans ce trigramme). Ce trigramme est un symbole de yin pur, constitué de trois lignes yin. Son nom est terre, ou « Kun » en chinois. Nous pouvons comprendre que le yin est un concept général abstrait et représente la nature de la terre. Puisqu'une mère nourrit son bébé, de la même façon que la terre nourrit tous les êtres vivants, la nature féminine est yin.

L'hexagramme Ø:Ø ☷☷, construit en associant deux trigrammes Ø, s'appelle aussi « Kun ». Le texte du Yi King pour cet hexagramme dit : « Il est mieux de rester sur le chemin actuel comme une jument docile. » Il est utile de garder à l'esprit l'image de la jument paisible lorsqu'on se figure la nature d'un yin pur : telle la terre nourricière pour les êtres vivants, telle la mère prenant soin de son enfant, attentionnée et délicate.

Yang est défini par le trigramme 7 ☰ ; il est constitué de trois lignes yang (sept étant la plus grande quantité de yang possible). Le nom de ce trigramme est ciel, « tian » en chinois ; l'hexagramme 7:7 ☰☰, construit en unissant deux trigrammes de yang pur, porte aussi ce nom.

Le signe du « tian » apparait deux fois dans le texte du Yi King pour l'hexagramme 7:7, où il est écrit : « le gentilhomme est tian tian toute la journée », ce qui suggère que le gentilhomme lutte au quotidien, de la même manière que le ciel qui tourne autour de la terre, de manière incessante et permanente. Le texte utilise à de nombreuses reprises l'image du dragon pour décrire la nature du yang, en commençant par « un dragon qui se cache » et « un dragon qui apparait dans un champ », puis « un dragon sortant des abysses » et finalement « un dragon volant dans le ciel ». Lorsque vous pensez au yang pur comme la nature du ciel, imaginez un dragon, expression de puissance, de force et de mobilité.

4 La nature du yin et du yang

Vous vous rendez probablement compte à présent que les concepts complémentaires de yin et yang représentent un équilibre naturel ; ce que les anciens voyaient comme l'interaction éternelle entre le ciel et la terre. Cette force vitale, parfois créatrice et parfois destructrice, était si cruciale à leur survie qu'ils utilisaient le yin et le yang pour décrire les éléments nécessaires pour atteindre l'harmonie, la résolution et la paix. Même aujourd'hui, la façon la plus claire d'éprouver la vraie nature du yin et du yang est de les voir comme la terre et le ciel.

Les anciens peuples chinois cherchèrent à expliquer la manière dont leur monde changeait. Grâce au cadran solaire, ils observèrent le raccourcissement et l'allongement des jours, et ils identifièrent des cycles mensuels et annuels. Par l'étude de cette interaction constante entre ciel et terre, ils conclurent que le yang symbolisait les caractéristiques du ciel et le yin les aspects de la terre. Ils décidèrent que le ciel est le pourvoyeur d'énergie et de force, en mouvement et actif. La terre est la réceptrice d'énergie, la nourrice de toute vie, douce, immobile et passive.

On peut appliquer ces concepts de yin et de yang à tout, de la nature à la condition humaine. Par exemple, le jour est yang, car le ciel est lumineux, et la nuit est yin, car la terre n'émet pas de lumière. La richesse est yang et la pauvreté est yin, car le ciel est riche en énergie et la terre ne peut recevoir l'énergie que du ciel. L'arrogance est yang et l'humilité est yin, car du point de vue des anciens peuples, le ciel était en position supérieure et la terre en position inférieure.

Le ciel était important pour ces peuples pour des raisons évidentes : il donnait de la lumière, de l'eau et de l'air. La terre était également importante ; elle était la source de la nourriture. Le ciel et la terre étaient les deux conditions suprêmes de leur survie. Par l'observation et l'expérience, les anciens peuples établirent des parallèles entre les cycles célestes et terrestres et les changements dans leur propre vie.

En observant le lever et le coucher du Soleil et les étoiles, ils virent le ciel en mouvement autour de la terre. En se basant sur cette relation, ils en conclurent que le ciel est dynamique et la terre statique. Puisque le ciel donne la lumière et la terre la reçoit, le yang donne et le yin prend. Le yang est actif et le yin est passif.

Voyez-vous ce contraste entre l'activité du yang et la passivité du yin dans la vie de tous les jours ? Bien sûr que oui. Essayer de forger une amitié ou la développer est yang ; essayer de se retirer d'une relation ou éloigner un ami est yin. La communication active est yang ; l'isolement est yin. Une attitude créative est yang alors qu'une attitude conformiste est yin. L'aventure est yang, et la prudence est yin. La révolution est yang ; la préservation est yin. Questionner, rechercher et se renseigner sont yang ; attendre et méditer sont yin.

On peut établir une autre différence définitoire entre le yin et le yang : la position. En regardant le ciel, un être humain supposera que le ciel est plus haut que la terre. Donc, dans la société, être en haut est yang, et être en bas est yin. Le patron est yang ; le subalterne est yin. Une valeur ou un nombre élevé est yang ; une valeur ou un nombre bas est yin. L'arrogance est yang ; l'humilité est yin. La force et la domination sont yang ; être souple et succomber sont yin. La tête est yang ; les pieds sont yin.

Il existe une autre différence basique entre le ciel et la terre qui vous aidera à catégoriser les éléments de votre vie comme yin ou comme yang. Les cieux étaient un mystère pour les peuples préhistoriques. La lumière du jour, les nuages, les vastes étendues, le Soleil, la Lune et les étoiles, tous étaient si éloignés, personne ne pouvait les toucher ou les mesurer. La terre leur était plus tangible. Les montagnes, les lacs, les champs, les rivières, les bois, les animaux et toute chose terrestre pouvaient être ressentis directement et mesurés. Par conséquent, le yang décrit les aspects abstraits de la vie, et le yin s'applique au concret. Les émotions, les pensées et les rêves sont yang ; les sensations, les conversations et les expériences sont yin. Admirer un oiseau voleter dans le ciel est yang ; avoir un oiseau perché sur son doigt est yin.

5 La règle de l'harmonie

Jusque-là, vous avez appris à définir les concepts de yin et de yang. Mais comment reconnaitre ces forces lorsqu'elles sont à l'œuvre dans des situations de la vie réelle ? C'est la clé de tout ce que vous apprendrez dans le reste de ce livre. Une fois que savez conceptualiser des situations avec le yin et le yang, vous serez capable d'atteindre l'harmonie. Voici quelques exemples :

Lorsque les bananes étaient en solde, Bob en a acheté 1,5 kg. Maintenant que les bananes coutent 1,70€ le kilo, il n'en achète plus que 250 grammes. Faire baisser les prix est yin, les augmenter est yang. Bob a profité des prix bas pour acheter plus (yang), et a moins acheté (yin) lorsque le prix des bananes a augmenté. Il a répondu au yin par le yang, puis au yang par le yin, faisant l'harmonie avec sa situation.

Lorsque le public était assis en silence (yin), Phyllis a fait un discours pour expliquer son opinion. Lorsque quelqu'un a levé la main (yang), elle a arrêté de parler et a écouté attentivement la question. Cet équilibre entre yin et yang a permis à l'oratrice et à son public d'être en harmonie.

On a longtemps considéré le yin et le yang comme très puissants et mystérieux ; on les a incorrectement représentés dans les légendes comme deux forces ou esprits polaires épiques, ou deux principes cosmiques primaux qui déterminent le sort et le destin. Le yin et le yang jouent certainement leur rôle dans les grands mythes, mais ils sont aussi à l'œuvre quotidiennement dans les plus petits détails de la vie. Leur pouvoir vient de leur tendance à toujours arriver à l'harmonie, l'équilibre entre le yin et le yang. L'harmonie apporte le bonheur ; la dissonance mène au désastre.

Dans le Dao de Jing, Lao Tseu dit : « Rien au monde n'est plus doux et faible que l'eau, mais, pour attaquer ce qui est dur et fort, rien ne la vaut ! Car rien ne peut prendre sa place. Que le faible vainque le fort, que le doux vainque le dur ; tout le monde le sait, mais personne ne l'applique. »

Consciemment ou non, nous appliquons (ou échouons en essayant) cette règle de l'harmonie dans chaque aspect de notre existence. Lorsque le professeur est strict quand il donne des devoirs (yang), l'étudiant est avisé d'écouter attentivement et d'obéir (yin). Après s'être fait licencié, l'employé recherchant immédiatement un autre travail utilise l'action du yang pour contrer l'inactivité du yin.

Dans l'Art de la Guerre, Sun Tzu (400-320 avant J.-C.) suggéra : « Lorsque l'ennemi avance, je bats en retraite ; et lorsque l'ennemi bat en retraite, j'avance. » Cette théorie considère la guerre comme une relation particulière entre deux camps, « je » et « l'ennemi », et suggère d'utiliser le yin (battre en retraite) pour faire face au yang (avancer), et inversement.

Les concepts de yin et de yang et la règle de l'harmonie s'appliquent à toutes les relations, de la guerre à l'amour, du bureau à la maison. Il est nécessaire de pleinement comprendre une relation du point de vue des deux camps et de laisser le yin et le yang en harmonie. C'est le rôle du pacifiste, et le Yi King est son guide essentiel.

6 Devenir un pacifiste

Même lorsque les forces du yin et du yang coexistent en harmonie, vous ne vivez pas dans un monde parfait. Harmoniser ces forces avec succès signifie que votre vie peut suivre le courant jusqu'à une résolution pacifique, alors que la dissonance dicte que les difficultés vous attendent sur le chemin et que tous les problèmes que vous avez empireront nécessairement. Cette règle du changement est la fondation du texte du Yi King; il vous explique comment être un pacificateur, et non un fauteur de troubles, dans des situations complexes.

Vous savez que n'importe quelle famille ou équipe fonctionne mieux lorsque tous les membres sont en harmonie, le yin et le yang en équilibre. Dans la vraie vie, cependant, pour apaiser les problèmes dans une relation, vous êtes souvent un membre de la famille ou de l'équipe plutôt que quelqu'un d'extérieur. En tant que pacificateur, il vous faut appliquer la règle de l'harmonie depuis le sein de la relation, en utilisant le yang pour le yin et le yin pour le yang.

Parmi les deux camps impliqués dans une relation, l'un des deux (ou les deux) pourrait être le pacificateur et créer ou restaurer l'harmonie. Dans une situation où aucun des deux camps ne peut gagner, la règle de l'harmonie est favorable au pacificateur. Linda était une pacificatrice. Son mari s'est rendu compte que ce qu'il avait fait était mal et s'est excusé auprès d'elle.

La situation de Carl est moins claire. Il peut être, comme il pourrait ne pas l'être, mieux dans l'harmonie, que Linda a réussi à restaurer dans leur mariage. Et si l'objectif de cette dispute avec Linda n'était pour Carl qu'un prétexte pour avoir une relation extraconjugale? Alors il était en fait un fauteur de troubles qui a échoué dans ses desseins.

Pris au milieu d'une tempête, tout le monde n'est pas capable d'être naturellement un pacificateur comme Linda. Dans le chapitre suivant, vous apprendrez à comprendre le changement selon les symboles universels du Yi King. Cela vous aidera à atteindre la perspective d'un observateur extérieur, d'un pacificateur, même lorsque vous vous trouvez dans l'œil du cyclone.

Souvenez-vous, soyez un pacificateur :

- Le yang pour le yin, et le yin pour le yang.

CHAPITRE 4
Les trigrammes

Lorsque nous avons rencontré Henri pour la première fois, il était sans-emploi. Son entreprise de technologie l'avait licencié lorsqu'elle avait fait faillite. Puis il a trouvé un travail à SFR, une société de logiciels. Sa carrière lui réussissait et il a reçu une promotion. Cependant, dix ans plus tard, il a démissionné de chez SFR et est redevenu sans-emploi. Ce cycle est un changement régulier qui peut être représenté par les huit trigrammes.

1 Un cadran solaire primitif

En chinois, le mot pour « trigramme », 卦 [guà], est un symbole d'un cadran solaire primitif, fabriqué avec une baguette plantée dans le sol. La partie gauche représente un tas de terre, 圭 [guī], composé de deux signes signifiant terre, 土 [tǔ], l'un empilé sur l'autre. La partie droite symbolise la baguette et son ombre, 卜 [bǔ].

Du temps de Fuxi (~4500 avant J.-C.), les anciens peuples utilisaient ces cadrans solaires simples pour suivre l'ombre de la baguette qui se déplaçait au même rythme que la course du Soleil dans le ciel. Ces observations leur permirent de mesurer les changements de la durée du jour au fil de l'année. Ils constatèrent un changement cyclique et prévisible : les jours en hiver sont plus courts, ceux en été sont plus longs. Ils créèrent ces Huit Trigrammes pour représenter cette vérité basique.

2 L'image des trigrammes

Le chapitre 1 offrait une introduction à la sélection des trigrammes en réfléchissant aux images (c'est-à-dire le tonnerre, le feu, le lac… etc.) qui leur sont associées. Chacune a ses propres caractéristiques. Elles sont, dans l'ordre :

1—Le tonnerre

Une caractéristique typique du tonnerre est le mouvement. Cela ne désigne pas un genre de mouvement en particulier, tel que courir, voler ou lancer, mais plutôt à l'impulsion même du mouvement. Commencer, initier ou partir accomplir quelque chose. L'image du tonnerre souligne le choc et la vibration de l'impact de cette force sur les autres, et implique aussi une faiblesse qui lui est associée, comme celle d'un nouveau-né, d'une nouvelle force émergente.

De manière générale, le tonnerre arrive abruptement et à grand fracas. Il est effrayant. On dirait une énorme détonation, choquante et vibrante, souvent messagère d'une pluie torrentielle. Même l'orage grondant faiblement dans le ciel, au loin, lors d'un jour d'été dégagé, trouble la tranquillité et fait peser la menace de la pluie. Le tonnerre a un impact sur la vie, mais, en soi, ne cause que peu de dommages et aucune conséquence sérieuse et immédiate n'en résulte directement.

2—Le feu

Les caractéristiques typiques du feu sont sa luminosité et sa tendance à s'accrocher. Les attributs positifs incluent l'intelligence, le talent et une faculté à briller et à réussir ; les attributs négatifs peuvent être la rage, l'imprudence ou la rudesse. Le feu est brillant et chaud. Les anciens peuples l'utilisaient pour cuire leur nourriture, éclairer les sombres cavernes où ils vivaient, illuminer un chemin difficile la nuit, se réchauffer pendant les saisons froides, chasser les animaux dangereux, se défendre et communiquer les uns avec les autres. Parfois, les incendies brulaient des bois, blessaient ou tuaient des gens. Le feu est brillant en surface, mais son centre est plus froid et pâle et n'abrite pas d'air. Il s'agrippe aux matières inflammables et consume l'oxygène. Ses flammes, grâce à l'action du yang, vont toujours vers le haut.

3—Le lac

La caractéristique typique du lac est le plaisir. Cela ne décrit pas qu'une sensation générale, mais aussi la joie qui découle d'une aventure exaltante, d'une mission réussie et d'une perspective optimiste ainsi qu'un comportement gracieux, souple et modeste. Le symbole désigne une zone géographique abondante en rivières et en lacs. On peut imaginer le plaisir qu'éprouvaient les anciens peuples lorsqu'ils descendaient d'une montagne rocheuse et escarpée et trouvaient une prairie plate près du lac, où ils pouvaient trouver de petits animaux faciles à chasser et de l'eau à boire. Le lac attire les gens et leur donne une sensation de plaisir.

4—Le ciel

La caractéristique typique du ciel est la force. Pas seulement la force physique, mais aussi la créativité, l'agressivité, l'action offensive et aussi l'imprudence, l'arrogance ou une attitude rude. Le ciel est un donneur. Il donne énergie, lumière, chaleur et pluie à la terre. Sa puissance est grande et incontrôlable. Le ciel flotte au-dessus de tout, domine tout ; on ne peut l'atteindre ni le toucher.

5—Le vent

La caractéristique typique du vent est la souplesse. Cela peut signifier être adaptable ou accepter de céder, mais peut aussi signifier un souffle menaçant et une grande puissance. Le vent souffle partout. Il peut s'infiltrer partout où une ouverture se présente, même si ce n'est qu'une minuscule brèche. Si un obstacle lui barre la route, il passe à côté, au-dessus ou en dessous. Le vent agit avec une véritable puissance, procure une sensation de frais ou de froid, et peut même causer de graves dommages.

6—L'eau

Les caractéristiques typiques de l'eau sont le danger et la difficulté. Cela peut être le danger ou la difficulté auquel on fait face ou qu'on impose aux autres. L'eau existe partout dans le monde, et à l'intérieur de chaque être vivant. Dans le temps, les rivières représentaient des obstacles immenses pour qui voyageait à pied. Les inondations charrient le désastre, et tomber dans l'eau peut mener à la noyade. Elle ne coule que vers le bas ; jamais, d'elle-même, elle ne coule vers le haut. Elle peut être contenue dans un lac, prisonnière des rives d'une rivière, retenue par un barrage, ou même gardée dans une bouteille ou une tasse.

7—La montagne

Les caractéristiques typiques de la montagne sont d'arrêter et de bloquer. Les montagnes sont grandes et arrêtent tout ce qui s'approche d'elles. Elles sont stables, immobiles. Les régions montagneuses offrent souvent un paysage magnifique, mais leur ascension est éprouvante. Les montagnes ont l'air impressionnantes, mais en général, elles ne se montrent pas éminemment destructrices ou menaçantes pour la vie humaine, exception faite des volcans, des éboulements rocheux et des effondrements de corniche.

8—La terre

La caractéristique typique de la terre est l'adaptabilité. Cela signifie répondre aux autres sans résistance, force ou rudesse ; répondre doucement, docilement et paisiblement. La terre est immobile. Les anciens peuples croyaient qu'elle ne bougeait pas. La terre est une réceptrice. Elle reçoit l'énergie du ciel, ainsi que sa lumière, sa chaleur et sa pluie. Tout ce qui appartient au vivant sur la terre s'adapte aux changements imposés par le ciel. La terre est nourricière : elle alimente les êtres vivants, telle une mère s'occupant de ses enfants. Elle est en position inférieure. Si l'on considère que le ciel est au-dessus, nous voyons la terre comme en dessous.

Une compréhension profonde des caractéristiques des Huit Images vous aidera à sélectionner le trigramme qui correspond le mieux à une situation réelle. Elle vous aidera de même à comprendre et interpréter la signification des trigrammes que vous avez sélectionnés. Utilisez ces images pour vérifier que le trigramme que vous avez sélectionné ou construit ligne par ligne reflète précisément la réalité.

3 La valeur des trigrammes

Confucius et ses disciples décrivent comment le Yi King a été développé : « Le Yi King a le Tai Chi. Le Tai Chi produit deux formes. Les deux formes produisent quatre images. Les quatre images produisent les huit trigrammes. »

En se basant sur cette description, le célèbre savant Shao Yong (1011–1077 apr. J.-C.) a dessiné cette formation :

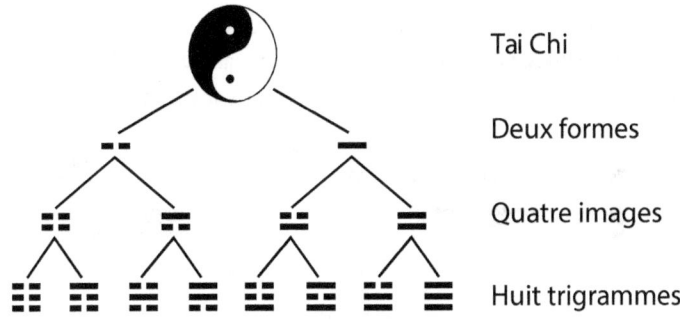

Figure 4.1 : du Tai Chi au huit trigrammes

Avant que le yin et le yang ne soit représentés par des lignes brisées et continues, on décrivait les trigrammes avec des nombres anciens : pair pour le yin et impair pour le yang. Si l'on utilise Ø pour le yin et 1 pour le yang, on voit que les huit trigrammes sont huit nombres. Un nombre qui n'est exprimé que par les chiffres, Ø et 1, porte le nom de nombre binaire. Les nombres binaires sont très fréquemment utilisés dans les sciences et dans les technologies ; par exemple, une lumière éteinte ou allumée peut être indiquée par un Ø ou un 1.

Donc, à la première étape, un yin et un yang, le Tai Chi se divise en deux formes : 0 et 1. Les nombres binaires évoluent à partir de là :

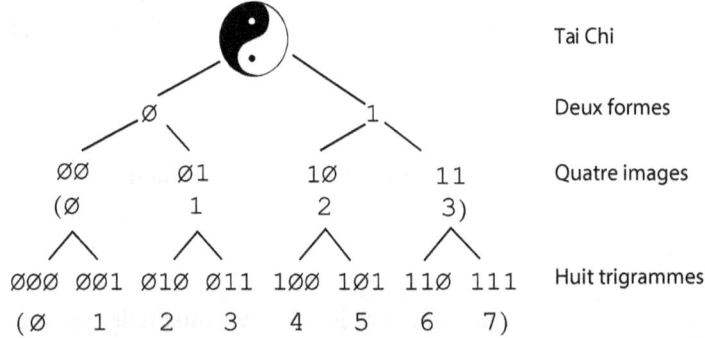

Figure 4.2 : Le Tai Chi se divise en huit nombres binaires

Après avoir lu ce chapitre, vous serez capables de regarder un trigramme et d'en connaitre le nom immédiatement.

Dans une des sections précédentes, vous avez vu les Huit Trigrammes arrangés autour d'un cercle. Si à la place vous les mettez sur une ligne droite, avec un yin pur à une extrémité et un yang pur à l'autre, la séquence ressemble à ça :

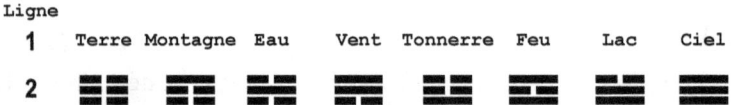

Figure 4.3 : la séquence de huit trigrammes en une ligne

Vous pouvez voir qu'en partant de n'importe laquelle des deux extrémités, les trigrammes d'un yin ou d'un yang pur se dirigent vers un point central, pivot entre images opposées (comparez la terre au ciel, la montagne au lac, l'eau au feu et le vent au tonnerre). Dans ce mouvement vers le centre, les lignes supérieures semblent alterner entre yin et yang, les lignes intermédiaires semblent alterner par paires (deux yin, deux yang, ou deux yang, deux yin), et les lignes inférieures restent les mêmes, yin ou yang :

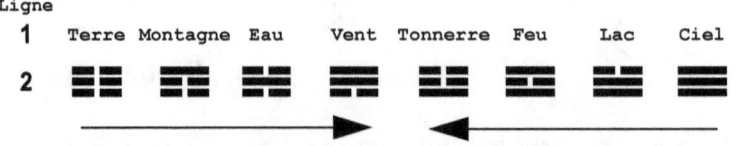

Figure 4.4 : changer le yin et le yang en une ligne de huit trigrammes

Maintenant, tournez ces trigrammes dans le sens des aiguilles d'une montre et positionnez-les comme une rangée de trois symboles :

Ligne
1 Terre Montagne Eau Vent Tonnerre Feu Lac Ciel
2
3

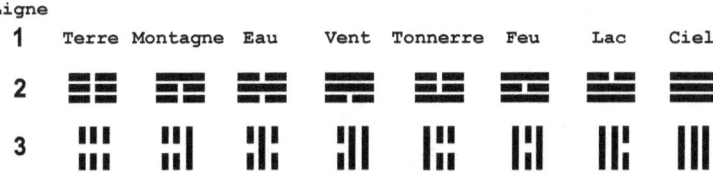

Figure 4.5 : mettre les trigrammes à la verticale

En substituant le zéro (Ø) au yin et le un (1) au yang, vous obtenez la série de nombres binaires :

Ligne
1 Terre Montagne Eau Vent Tonnerre Feu Lac Ciel
2
3
4 ØØØ ØØ1 Ø1Ø Ø11 1ØØ 1Ø1 11Ø 111

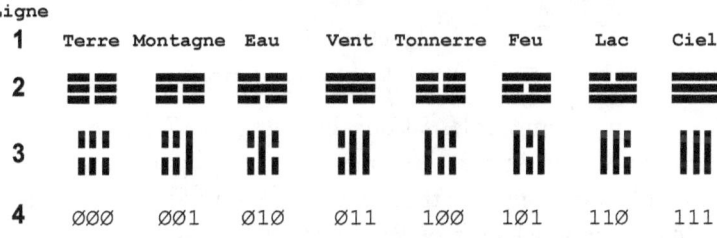

Figure 4.6 : la ligne yin devient Ø, la ligne yang devient 1

Si compter avec des Ø ou des 1 vous semble déroutant, ne vous inquiétez pas : vous pouvez convertir ces nombres binaires dans les chiffres arabes que nous utilisons normalement, comme illustrés dans la cinquième rangée, en partant de Ø et en augmentant de 1 de gauche à droite :

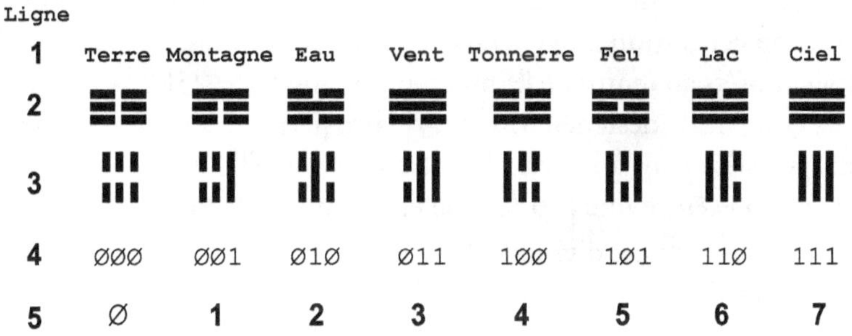

Ligne
1 Terre Montagne Eau Vent Tonnerre Feu Lac Ciel
2
3
4 ØØØ ØØ1 Ø1Ø Ø11 1ØØ 1Ø1 11Ø 111
5 Ø 1 2 3 4 5 6 7

Figure 4.7 : la valeur des trigrammes

Ces nombres, allant de Ø à 7, identifient de manière unique chaque trigramme et peuvent être utilisés pour leur donner des numéros d'identité. Ci-dessous, le numéro d'identité et le nombre binaire de chaque trigramme.

Ø 1 2 3 4 5 6 7
ØØØ ØØ1 Ø1Ø Ø11 1ØØ 1Ø1 11Ø 111
Terre Montagne Eau Vent Tonnerre Feu Lac Ciel

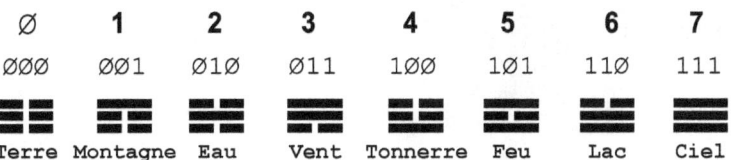

Figure 4.8 : les numéros d'identité sont la valeur des trigrammes

Pouvez-vous deviner la forme d'un trigramme à partir de son numéro d'identité ? Pour trouver le symbole du Trigramme 4, son nombre binaire est 1, Ø, Ø ou un, zéro, zéro.

Puisque 1 est yang et Ø est yin, la structure du trigramme 4 – <u>qui se construit toujours du bas vers le haut</u> – est yang, yin, yin. Vous pouvez utiliser cette même procédure pour n'importe lequel des huit trigrammes.

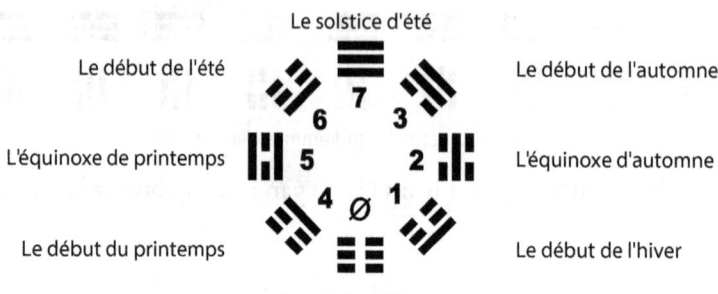

Figure 4.9 : les huit trigrammes et les saisons

Regardez les huit trigrammes et les saisons. Le trigramme 7 ☰, au sommet de la roue calendaire, est fait d'un yang pur, car composé de trois lignes yang. Il symbolise l'été, où les jours sont les plus longs. Le trigramme Ø ☷ est fait d'un yin pur, car composé trois lignes yin et symbolise l'hiver, où les jours sont les plus courts. Les trois trigrammes sur la gauche, 4 ☷, 5 ☵ and 6 ☶, représentent la durée croissante des jours entre l'hiver et l'été. Les trois sur la droite 3 ☴, 2 ☲ et 1 ☱, représentent le raccourcissement des jours entre l'été et l'hiver.

4 Le cycle saisonnier

Après avoir observé les mouvements du Soleil, de la Lune et des étoiles et passé ces informations de génération en génération pendant des milliers d'années, les anciens peuples étaient prêts au temps de l'Empereur Huang (env. 2500 av. J.-C.) à mettre au point un calendrier. Ils désignèrent vingt-quatre périodes solaires en une année, correspondant grossièrement à la période entre une nouvelle lune et une pleine lune, et à une autre période entre une pleine lune et une nouvelle lune.

Ci-dessous, une liste de ces divisions dans le calendrier chinois. Le Nouvel An chinois commence aux environs de fin janvier. Puis :

Début du printemps	3 février – 5 février
Eau de pluie	18 février – 20 février
Réveil des insectes	5 mars – 7 mars
Équinoxe de printemps	20 mars – 21 mars
Pure luminosité	4 avril – 6 avril
Pluie pour le grain	19 avril – 21 avril
Début de l'été	5 mai – 7 mai
Grain abondant	20 mai – 22 mai
Grain en épis	5 juin – 7 juin
Solstice d'été	21 juin – 22 juin
Légère chaleur	6 juillet – 8 juillet
Forte chaleur	22 juillet – 24 juillet

Début de l'automne	7 aout – 9 aout
Fin de la chaleur	22 aout – 24 aout
Rosée blanche	7 septembre – 9 septembre
Équinoxe d'automne	22 septembre – 24 septembre
Rosée froide	8 octobre – 9 octobre
Descente du givre	23 octobre – 24 octobre
Début de l'hiver	7 novembre – 8 novembre
Légère neige	22 novembre – 23 novembre
Forte neige	6 décembre – 8 décembre
Solstice d'hiver	21 décembre – 23 décembre
Léger froid	5 janvier – 7 janvier
Grand froid	20 janvier – 21 janvier

Le Yi King révèle quatre phases communes dans la nature en se basant sur les observations des fluctuations des jours et des saisons. On peut voir ces quatre mêmes étapes dans toutes les formes de la nature : dans la germination, la croissance, la floraison et le retour à l'état de graine des plantes annuelles ; la naissance, la croissance, la maturité et la mort des animaux ; le début, le développement, l'apogée et le déclin de toute chose. Ainsi, tout changement se passe en spirale.

Par conséquent, les trigrammes représentent un cycle dans cette spirale, en partant du trigramme 4 ☳, en passant par les trigrammes 5 ☲, 6 ☱, 7 ☰, 3 ☴, 2 ☵, 1 ☶, et en finissant par le trigramme Ø ☷. Dans ce cycle, chaque trigramme marque une étape longue de trois périodes solaires.

Il y a deux points clé: le premier est entre le trigramme Ø et le trigramme 4, lorsque la valeur passe du Ø ☷ au 4 ☳ ; cela révèle une naissance. Le deuxième est entre le trigramme 7 ☰ et le trigramme 3 ☴, lorsque la valeur tombe au 3, cela révèle le déclin après l'apogée.

5 Les changements saisonniers dans la réalité

Pour mieux comprendre comment cette séquence saisonnière peut correspondre aux étapes naturelles de notre vie, prenons Henri et les changements dans sa carrière.

Lorsque Henri a été licencié, la vie ressemble au solstice d'hiver, période où les jours sont les plus courts et où le futur semble si limité qu'il en est déprimant. Le trigramme Ø ☷, la terre, correspond à cet intervalle de trois périodes solaires :

Légère neige	22 novembre – 23 novembre
Forte neige	6 décembre – 8 décembre
Solstice d'hiver	21 décembre – 23 décembre

Après un entretien réussi, Henri commence son nouveau travail chez SFR, une société de logiciels, et cela marque le début d'un nouveau cycle pour lui. On peut maintenant représenter sa situation avec le trigramme 4 ☳, le tonnerre, car son nouveau départ est comparable aux changements entre hiver et printemps, comme la première des vingt-quatre périodes :

Léger froid	5 janvier – 7 janvier

| Grand froid | 20 janvier – 21 janvier |
| Début du printemps | 3 février – 5 février |

Après les quelques premières semaines de travail, Henri commence à se sentir à l'aise dans son environnement, comme une plante qui profite d'une pluie de début de printemps. Il est captivé et excité, tel le papillon émergeant de son cocon au moment du « réveil des insectes ».

À mesure que Henri apprend ce qu'on attend de lui à SFR et commence à coopérer avec ses collègues, son patron et ses collègues reconnaissent ses connaissances, son talent et ses capacités. Cette période est comme de nouvelles feuilles, d'un vert éclatant, bourgeonnant dans un champ immense à l'équinoxe de printemps. On peut maintenant représenter sa situation avec le prochain trigramme, celui juste avant le ciel : le trigramme 5 ☲, le feu :

Eau de pluie	18 février – 20 février
Réveil des insectes	5 mars – 7 mars
Équinoxe de printemps	20 mars – 21 mars

Les bonnes performances qu'il est capable d'accomplir après s'être familiarisé avec son nouveau travail correspondent à « pure luminosité », et Henri est convaincu qu'SFR est la société qu'il lui faut. Avec la reconnaissance qu'on lui témoigne et les tâches prisées qu'on lui donne, il commence à se sentir comme la plante qui pousse et s'épanouit grâce aux averses des « pluies pour le grain ».

Au bout de quelques années, Henri obtient une promotion gratifiante et supervise une équipe d'ingénieurs logiciels. En conséquence, il entre dans le « début de l'été », où la chaleur reste agréable. On peut représenter sa situation par le trigramme 6 ☱, le lac :

Pure luminosité	4 avril – 6 avril
Pluie pour le grain	19 avril – 21 avril
Début de l'été	5 mai – 7 mai

Avec Henri à sa tête, l'équipe bat un record de productivité, comme le « grain abondant ». Cette réussite se raconte dans toute la société, et Henri acquiert force et pouvoir, comme le grain qui révèle des épis pointus.

Henri est nommé directeur de son département et remplace le patron qui l'avait engagé et encouragé. Ce succès a pour lui l'effet du « solstice d'été », où les jours sont les plus longs et les plus riches, comme le représente le trigramme 7 ☰, le ciel :

Grain abondant	20 mai – 22 mai
Grain en épis	5 juin – 7 juin
Solstice d'été	21 juin – 22 juin

À cause du poids des attentes de toute la société qui pèse sur lui, Henri commence à se sentir mal à l'aise, comme en temps de « légères chaleurs ». Il découvre qu'il n'est pas un leadeur naturel qui aime prendre des risques, mais un ingénieur compétent qui préfère la facilité et la sureté. Comme le département de Henri travaille sous la pression de plus grands objectifs de performance, sa situation ressemble au moment des « fortes chaleurs », lorsque les gens cherchent à s'abriter de la brulure des rayons du Soleil. Henri apprend que lorsqu'on découvre des erreurs, c'est lui qui doit assumer le blâme pour la seule raison que le directeur de département occupe un poste à hautes responsabilités.

Il reste en retrait et fournit moins d'effort dans son travail. Cette période de cynisme correspond au « début de l'automne », lorsque les températures commencent à chuter et les plantes arrêtent de faire de nouvelles feuilles. Ce moment où la croissance ralentit ou s'arrête est représenté par le trigramme 3 ☴, le vent :

Légère chaleur	6 juillet – 8 juillet
Forte chaleur	22 juillet – 24 juillet
Début de l'automne	7 aout – 9 aout

C'est au tour de la « fin de la chaleur », lorsque le travail de Henri lui parait répétitif et ennuyeux. L'insatisfaction s'installe. Les longs trajets entre chez lui et son bureau l'épuisent, et les avantages offerts par SFR sont moins attrayants que ceux offerts par d'autres sociétés. Cela ressemble à la période de la « rosée blanche », lorsque l'humidité perle sur l'herbe au petit matin et peut faire glisser les pieds. Bien que Henri continue à travailler, il envisage tout de même de partir d'SFR.

La prise de conscience que son travail ne l'enthousiasme plus ni ne le comble vient à la manière de « l'équinoxe d'automne », lorsque les jours et les nuits sont également longs. On peut représenter le refroidissement de son comportement avec le trigramme 2 ☵, l'eau :

Fin de la chaleur	22 aout – 24 aout
Rosée blanche	7 septembre – 9 septembre
Équinoxe d'automne	22 septembre – 24 septembre

Passée cette période, il travaille avec moins d'enthousiasme, comme l'herbe recouverte de « rosée froide ». Quand il donne sa démission, il sent la « descente du givre », lorsque la navigation sur une mer lisse est derrière lui et que la route devant lui se couvre de blocs de glace.

Lorsque le processus de négociation de sa démission commence, tout le monde à SFR apprend que Henri va partir. Nombre de ses collègues l'évitent. Cela ressemble au « début de l'hiver », lorsque le monde devient froid ; il est représenté par le trigramme 1 ☶, la montagne :

Rosée froide	8 octobre – 9 octobre
Descente du givre	23 octobre – 24 octobre
Début de l'hiver	7 novembre – 8 novembre

Les derniers jours de Henri à SFR sont comme au temps de la « légère neige », lorsque l'on doit fermer toutes les portes et fenêtres. Une fois parti de la société, il entre dans les « fortes neiges », lorsque les congères envahissent les routes, que la vision est assombrie et que conduire devient difficile. À mesure que Henri reste chez lui sans travail, il replonge dans le « solstice d'hiver », lorsque les jours sont courts et les nuits sont longues. On peut de nouveau représenter sa situation avec le trigramme Ø ☷, la terre :

Légère neige	22 novembre – 23 novembre
Forte neige	6 décembre – 8 décembre
Solstice d'hiver	21 décembre – 23 décembre

Bien que Henri puisse se sentir comme si son monde s'était arrêté brutalement, il ne fait que traverser un processus naturel qui continuera son évolution avec ou sans son intervention.

6 Sélectionner un trigramme

Choisir un trigramme qui correspond à une situation humaine spécifique est le moyen le plus rapide de consulter le Yi King et est plus adapté aux circonstances dans lesquelles le sujet et l'objet sont dans des phases identifiables de l'ordre naturel. On pourrait prendre en exemple le début d'une liaison amoureuse, trigramme 4 ☳, le tonnerre ; ou alors une amitié qui devient plus distante, trigramme 2 ☵, l'eau.

Quant à une situation particulière, comme le travail de Henri chez SFR, seul un trigramme représente chaque phase particulière du processus de changement. Pour déterminer quel trigramme est le plus approprié, il vous faut prendre en compte le processus de développement dans son ensemble puis déterminer le trigramme qui décrit le mieux la phase du développement à un moment T.

Vous pourriez vous entraîner à cette méthode en comparant votre propre carrière à celle de Henri. Quel trigramme correspond le mieux au point que vous avez atteint dans votre travail ? Vous sentez-vous comme au début du printemps, embarquant vers un nouveau projet ou une nouvelle tâche ? Ou sentez-vous le froid s'installer après avoir pris conscience qu'on vous a refusé une promotion trop de fois ? La première situation est le mieux caractérisée par le trigramme 4 ☳, le tonnerre ; la seconde correspond au trigramme 1 ☶, la montagne.

Par exemple, Henri fait ce travail depuis longtemps, donc ses performances sont en adéquation avec son expérience. Le changement ne l'intéresse que moyennement. Quel trigramme décrit le mieux cette situation ? Puisqu'il fait très bien son travail grâce à son expérience, mais ne se contente que de faire ce qu'on lui demande, de suivre et de produire, mais sans chercher activement le changement, le trigramme qui capture le mieux sa réalité est celui du vent ☴.

C'est le trigramme 3, Il correspond également au « début de l'automne » ; de cette manière, vous voyez que sélectionner un trigramme avec une méthode permet de vérifier une sélection avec l'autre méthode.

Quelle est la position de votre carrière ? En ascension ou en déclin ? Quelles sont les perspectives ? Souvenez-vous, pour évaluer votre situation actuelle, vous pouvez utiliser ces deux méthodes faciles :

- Comparez les caractéristiques avec les huit images visuelles.
- Déterminez la phase dans un cycle saisonnier.

CHAPITRE 5
La signification des « trois lignes » du trigramme

CLAIRE VEUT SAVOIR CE QU'ELLE devrait faire avec Georges, un homme marié qui s'intéresse à elle. Elle est jeune, tout juste sortie de l'université, et commence sa carrière dans une entreprise où Georges est cadre supérieur. Pour trouver une réponse, elle doit d'abord construire un trigramme pour définir sa situation dans la relation, puis en construire un autre pour Georges.

Dans le langage profond et systématique du Yi King, chaque ligne de chaque trigramme a une signification spéciale qui représente un aspect particulier de votre vie et le relie au cycle du changement du monde. Vous verrez que le processus d'apprentissage de construction des trigrammes afin de définir votre propre situation dans une relation vous aidera à comprendre votre rôle par rapport aux autres.

1 La ligne inférieure : l'action

Examinons la signification de chaque ligne dans un trigramme, correspondant à un point spécifique dans le cycle du changement des saisons. Si l'on tourne l'illustration des huit trigrammes d'un demi-espace dans le sens contraire des aiguilles d'une montre, que l'on courbe en forme d'arche les lignes droites, puis que l'on colore les lignes yang en noir et les lignes yin en gris, on obtient l'illustration suivante :

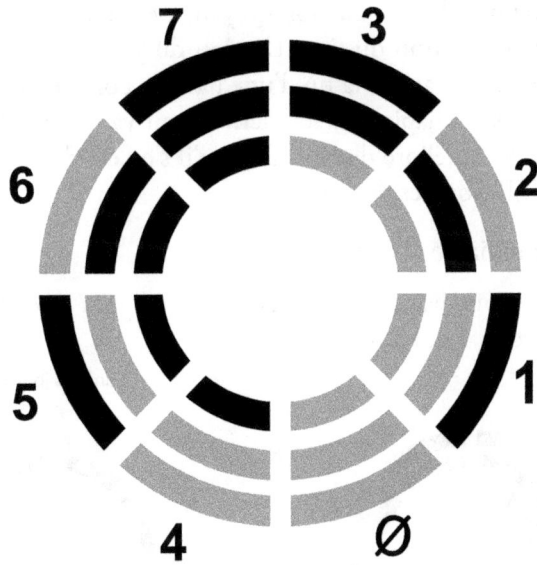

Figure 5.1 : les lignes dans les huit trigrammes

En regardant la séquence de cette manière, l'anneau intérieur représente la ligne inférieure des trigrammes. Concentrons-nous sur cet anneau pendant un instant. Sur le côté gauche, vous voyez toutes les lignes yang ▬ et sur le côté droit les lignes yin ▬▬.

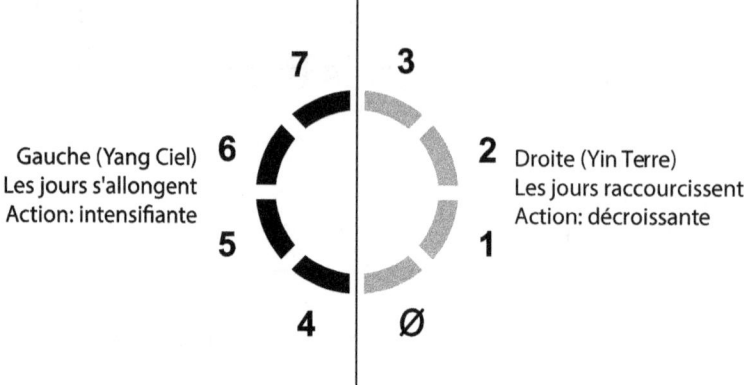

Figure 5.2 : la signification des lignes inférieures

Dans un reflet net du cadran solaire simple que les anciens peuples de Chine ont créé, les lignes yang sur la gauche reflètent les jours s'allongeant et les lignes yin les jours raccourcissant. Ces lignes inférieures n'identifient pas littéralement la longueur exacte du jour, mais symbolisent une action : son allongement ou son raccourcissement.

Une ligne yang en position inférieure représente l'action du ciel. Puisque le ciel donne de l'énergie à la terre et, comme les anciens peuples le percevaient, gravite autour de la terre, les caractéristiques d'une action du yang peuvent être actives, offensives, agressives, progressives, expansives, vigoureuses ou énergiques. Puisque la terre reçoit l'énergie du ciel et qu'on la croyait immobile, une action du yin, représentée par une ligne yin en position inférieure, peut être passive, défensive, fuyante, à l'arrêt, au repos ou en train de se contracter.

Dans le contexte d'une relation, l'action du yang peut représenter l'initiation, le développement ou l'amélioration du lien. L'action du yin peut représenter la défense, l'attente, l'hésitation, le retrait ou la fin d'une liaison. Lorsque nous avons parlé de la carrière de Henri dans le chapitre 4, son action était yang quand il a commencé un nouveau travail et s'est amélioré dedans. Lorsqu'il s'en est désintéressé puis a démissionné et a quitté SFR, son action était yin.

2 La ligne intermédiaire : l'essence

Maintenant, concentrons-nous uniquement sur les lignes intermédiaires, qui comprennent l'anneau central des huit trigrammes.

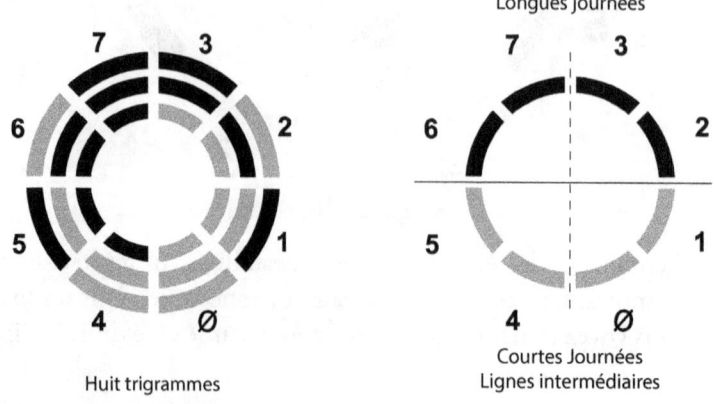

Figure 5.3 : l'image miroir des lignes intermédiaires

Les lignes sur la gauche de l'axe vertical sont une image miroir des lignes sur la droite, mais celles de chacun des côtés de l'axe horizontal sont en opposition. Dans les trigrammes 6, 7, 3, et 2, toutes les lignes intermédiaires sont des lignes yang ; elles représentent la période de l'année où les jours sont longs. Dans les trigrammes 1, Ø, 4, et 5, toutes les lignes intermédiaires sont yin ; elles représentent la période de l'année où les jours sont courts. Une ligne yang en position intermédiaire dans un trigramme représente un jour long, une ligne yin un jour court.

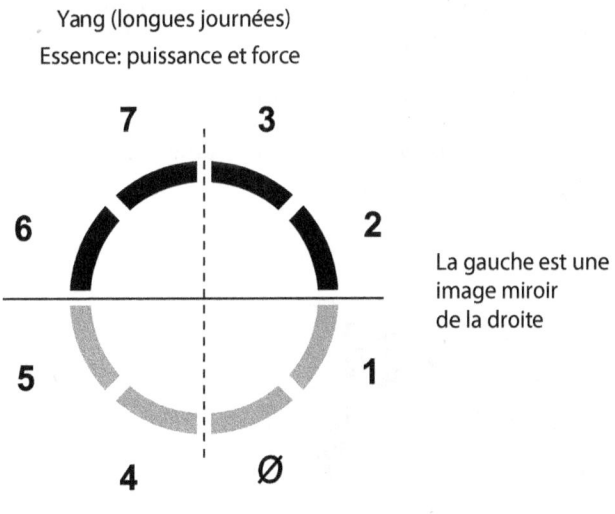

Figure 5.4 : la signification des lignes intermédiaires

La ligne intermédiaire d'un trigramme représente la nature essentielle, ou l'essence, d'une chose ou d'une personne. L'essence du yang représente les caractéristiques du ciel. Puisque le pouvoir du ciel et sa force sont grands, l'essence du yang révèle pouvoir et force. Comparés au ciel, le pouvoir de la terre et sa force sont moindres, mais elle est une source pour toute chose vivante pour qui son environnement convertit l'énergie du soleil en nourriture. L'essence du yin représente les caractéristiques de la terre, qui ne sont pas aussi puissantes et fortes que celles du ciel, mais peuvent s'adapter à l'environnement et ont le potentiel pour soutenir et nourrir les autres.

Dans le cas d'une relation, l'essence du yang suggère un bon caractère, une bonne santé, la richesse, l'éducation, une solidité financière, une quantité suffisante d'informations et ainsi de suite. L'essence du yin représente une capacité potentielle inexploitée : un corps faible, des ressources financières insuffisantes, un manque d'information… etc.

Notez que cette essence doit être étudiée par rapport à une relation particulière, pas à une personne, en général. Un bon caractère personnel, une santé de fer ou la richesse peuvent être l'essence du yang vitale à une relation, mais peuvent ne pas signifier grand-chose dans une autre situation. Dans une relation, l'essence du yang révèle généralement la personne en position de force et l'essence du yin révèle celle en position subordonnée. De cette manière, un athlète riche et sûr de lui qui dépérit à cause d'une femme qui ne s'intéresse pas à lui aura l'essence du yin dans leur relation, peu importe la vivacité de ses qualités personnelles.

Examinons la situation de Henri lors de sa carrière chez SFR. Dans les phases représentées par les trigrammes 6 ☷, 7 ☵, 3 ☶, et 2 ☳, il était compétent dans son travail et s'y consacrait pleinement ; il était respecté et a été promu. Dans ces exemples, son essence était yang. Dans les phases représentées par les trigrammes 1 ☱, Ø ☰, 4 ☲, et 5 ☴, soit il n'avait pas de travail, soit n'avait pas d'expérience, soit était las de son travail. En traversant ces phases, il était toujours Henri – intelligent, bien éduqué, compétent – mais ces caractéristiques n'avaient qu'une forme potentielle ; elles n'étaient pas apparentes dans sa situation. Durant ces phases, son essence était yin.

3 La ligne supérieure : l'attitude

Finalement, nous arrivons au cercle extérieur des huit trigrammes, qui comprend les lignes supérieures des huit trigrammes.

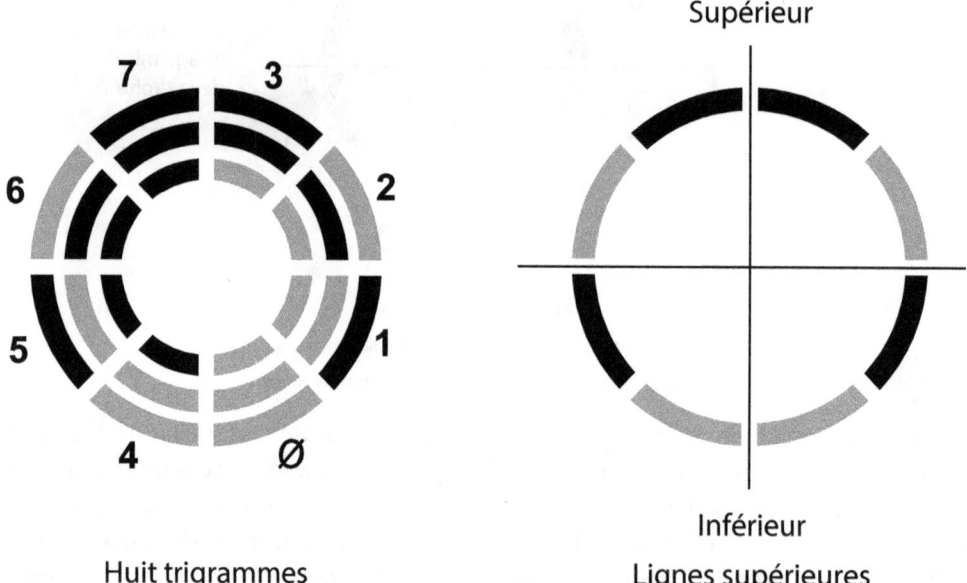

Figure 5.5 : l'image miroir des lignes supérieures

Vous voyez que l'agencement des lignes supérieures sur la gauche de l'axe vertical est une image miroir des lignes supérieures sur la droite ; sur chaque côté de l'axe horizontal, elles sont en opposition. Cet agencement est similaire à la configuration des lignes intermédiaires, mais là, les lignes supérieures alternent entre yang et yin à chaque quart de cercle.

Alors que la ligne intermédiaire d'un trigramme dicte si le jour est long ou court, la ligne supérieure complète cette information en nous disant s'il est le plus court, le plus long, ou entre les deux, comme ci-dessous.

Chapitre 5 : La signification des « trois lignes » du trigramme

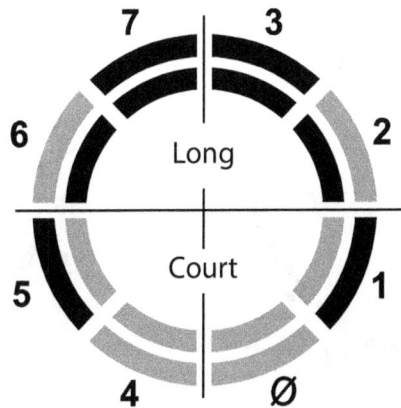

Figure 5.6 : la signification des lignes supérieures

Lorsque le jour est long, comme le détermine une ligne intermédiaire yang, une ligne supérieure yang l'identifie comme le jour le plus long ; une ligne supérieure yin indique que le jour est long, mais n'est pas le plus long. Lorsque le jour est court, comme le détermine une ligne intermédiaire yin, une deuxième ligne supérieure yin nous dit qu'il est le plus court. Une ligne supérieure yang indique que le jour est court, mais n'est pas le plus court.

La ligne supérieure d'un trigramme représente un trait qui n'est pas essentiel ; elle précise une nature unique en y apportant de la nuance. Lorsqu'un trigramme représente une personne dans une relation, cette nature fait référence à son attitude.

Une attitude yang représente les qualités supplémentaires du ciel (chaud, lumineux, distant, imprévisible et mystérieux). Une attitude yin représente les caractéristiques supplémentaires de la terre (stable, douce, gracieuse, tangible, bienveillante et subordonnée).

Dans le cas d'une relation, une attitude yang peut être rude, vacillante, arrogante, irresponsable, exigeante, autoritaire, ferme et ainsi de suite. Une attitude yin pourrait être conciliante, humble, stable, gracieuse, douce, introvertie, calme, bienveillante, ouverte, respectueuse ou souple.

Une fois de plus : gardez à l'esprit que l'attitude doit être examinée par rapport à une relation particulière. Une personne peut être dominante dans une relation, mais humble dans une autre situation. Peut-être êtes-vous naturellement très agressif, mais dans des circonstances où vous vous sentez moins sûr de vous, votre attitude peut-être yin.

Nous avons vu les différentes phases du travail de Henri chez SFR. Dans l'illustration ci-dessous, remarquez, à des fins de comparaison, sur la gauche l'agencement des lignes supérieures et sur la droite les huit trigrammes que nous avons tournés d'un demi-espace dans le sens contraire des aiguilles d'une montre. Les lignes supérieures des trigrammes 5, 7, 3 et 1 sont des lignes yang ▬.

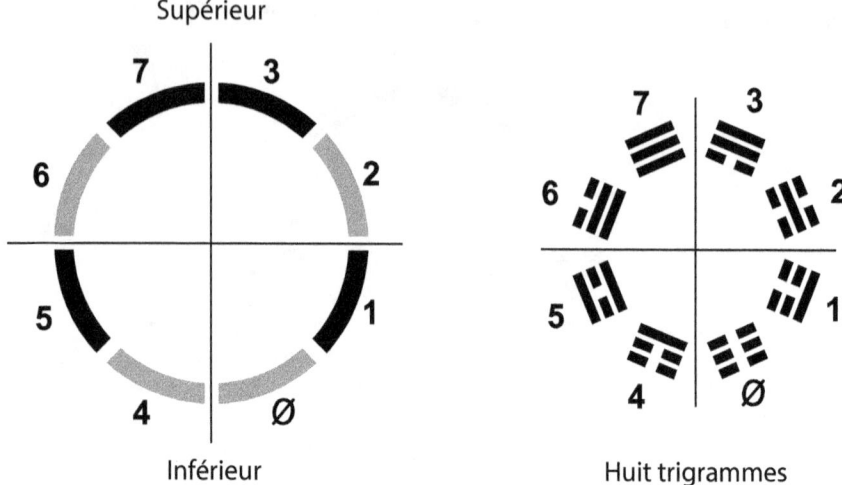

Figure 5.7 : les lignes supérieures et les huit trigrammes

Lors de la saison de l'équinoxe de printemps représentée par le trigramme 5 ☲, le feu, Henri faisait preuve de talent et d'éducation. Au trigramme 7 ☰, le ciel, il était autoritaire, dû à sa position importante et au trigramme 3 ☴, le vent, il ne recherchait pas activement le changement, car il était arrogant, jugeant ses propres performances au travail comme supérieures ou se complaisant dans son succès. Au trigramme 1 ☶, la montagne, il a fait preuve de courage lorsqu'il a décidé de démissionner de SFR. Lors de ces quatre phases bien différentes, son attitude était yang.

Maintenant penchons-nous sur les autres points du temps que Henri a passé avec SFR. Les lignes supérieures des trigrammes 4, 6, 2 et Ø sont toutes yin ▬ ▬. Au trigramme 4 ☳, le tonnerre, il ne faisait que commencer son travail et était incertain quant à son succès. Au trigramme 6 ☱, le lac, il a reçu une promotion importante et faisait modestement de son mieux. Au trigramme 2 ☵, l'eau, il travaillait sans enthousiasme et avec le retour du trigramme Ø ☷, il est de nouveau devenu humble et souple dans sa recherche d'un nouveau travail. Lors de ces quatre phases, son attitude était yin.

4 Les trigrammes personnels dans la réalité

Lorsqu'un trigramme représente une personne, ses trois lignes représentent ses trois aspects : l'action, l'essence et l'attitude. Un trigramme représentant une personne se construit de bas en haut en identifiant la nature de chacun des trois aspects (yin ou yang).

Souvenez-vous que chacun de ces trois aspects est déterminé par rapport à la relation pour laquelle vous consultez le Yi King. L'action fait référence à ce que la personne fait pour la relation. L'essence décrit le genre de personne qu'il ou elle est au sein de cette relation. L'attitude est la manière dont la personne agit avec les autres dans la relation.

Lorsque vous construisez un trigramme, vous devez évaluer chacun des trois aspects en vous basant sur les faits. Une fois que vous avez précisément évalué les circonstances, les trois lignes sont identifiées comme yin ou yang, et le trigramme est construit.

Conscient que Georges l'a remarquée, Claire espère qu'il pourra l'aider à progresser au sein de l'entreprise ; elle l'approche pour lui demander son assistance sur une présentation sur laquelle elle travaille. Cette action est yang, alors la ligne inférieure du trigramme de Claire est yang.

À cause de son immaturité et de son inexpérience, Claire n'est pas à l'aise socialement, ce qui contraste avec la confiance aisée de Georges, et elle a peu de pouvoir dans ce milieu professionnel où sa situation à lui est assurée. Alors son essence est yin ; elle est représentée par une ligne intermédiaire yin dans son trigramme.

Lorsque Claire approche Georges, elle fait attention à se montrer polie et respectueuse. Elle sait que Georges peut l'aider, mais il pourrait se méprendre ou essayer de tirer profit de la confiance dont elle a fait preuve en venant le voir. Alors elle a une attitude réservée et prudente, qu'on représente avec une ligne supérieure yin.

Par conséquent, le trigramme représentant la situation de Claire est le numéro 4 ☳, le tonnerre.

Maintenant, examinons l'autre côté de la relation ; c'est-à-dire le rôle de Georges. Puisqu'il trouve Claire attirante et a fait le premier pas pour lui montrer son intérêt, son action est yang. Il est un des dirigeants de l'organisation où Claire travaille et de sa position découle du pouvoir, alors son essence est yang. Lorsque Claire l'approche, elle le trouve exigeant et arrogant, son attitude étant incontestablement yang. Le trigramme qui représente Georges, résultat de cette évaluation, est le 7 ☰, le ciel.

Dans le chapitre 8, « Changements », nous découvrirons si une relation avec Georges serait avantageuse pour Claire ou non. Pour l'instant, souvenez-vous qu'en construisant ces trigrammes, nous évaluons Claire et Georges au sein d'une relation dans le contexte de leur lieu de travail. S'ils s'étaient rencontrés ailleurs, à la plage par exemple, où Claire porte son maillot de bain avec confiance et où Georges est un homme plus âgé et fatigué assis sur une nappe avec sa femme et ses enfants, la dynamique de leur relation serait bien différente, et d'autres aspects de leur personnalité pourraient dominer la situation. Pour ce scénario-là, nous évaluerions leurs actions, essences et attitudes en conséquence, et deux trigrammes très différents en résulteraient.

La clé de la construction des trigrammes repose sur la capacité à évaluer correctement les deux parties impliquées, sans exagérer ou se bercer d'illusions. Souvenez-vous, la précision d'un trigramme n'est jamais égale qu'à l'honnêteté de votre jugement.

Gardez à l'esprit le rôle des trois lignes dans une relation :

- La ligne inférieure représente l'action.
- La ligne intermédiaire représente l'essence.
- La ligne supérieure représente l'attitude

CHAPITRE 6
Les hexagrammes

NANCY S'INTÉRESSE BEAUCOUP À L'UN de ses collègues de travail, John. C'est une femme intelligente, instruite, et toujours gracieuse avec les autres. Travailler avec elle est un plaisir pour ses collègues. Sa situation est le mieux représentée par le trigramme 6 ☱, le lac. John est fort et a un bon travail. Il est modeste en compagnie des autres, mais exprime une certaine timidité à l'idée de s'engager avec Nancy, comme si une relation avec elle impliquerait danger et difficultés. On peut représenter sa situation par le trigramme 2 ☵, l'eau.

Ces deux trigrammes peuvent former deux hexagrammes : l'hexagramme 6:2 ䷮ et l'hexagramme 2:6 ䷄. Quelle différence y a-t-il entre leur signification ?

1 Les trigrammes sujet et objet

Obtenir des conseils dans une relation implique que vous créiez deux trigrammes : un pour la personne ou le sujet posant la question, et un autre pour la personne connue comme l'objet. L'hexagramme qui décrit cette relation représente la situation actuelle du point de vue du sujet. Une fois construits, on empile ces deux trigrammes pour créer un hexagramme.

Le trigramme sujet représente la personne recherchant l'aide du Yi King et à qui se réfèrent les jugements ; alors votre hexagramme est composé d'un trigramme sujet en position inférieure et d'un trigramme objet en position supérieure, comme dans la phrase « je t'aime », où le sujet « je » est placé avant l'objet « t' ». Le numéro d'identité de l'hexagramme est la combinaison des numéros d'identité des deux trigrammes qui le composent. Par exemple, si le trigramme sujet est le 3 et le trigramme objet est le 2, le numéro d'identité de l'hexagramme est 3:2, comme dans l'illustration ci-dessous :

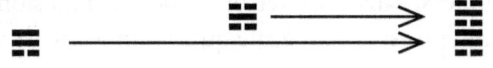

Trigramme 3   Trigramme 3   Hexagramme 3:2

Figure 6.1 : la formation de l'hexagramme 3:2

Le trigramme sujet doit être en position inférieure de l'hexagramme et le trigramme objet en position supérieure.

L'hexagramme qui représente la relation entre Nancy et John vue par elle est l'hexagramme 6:2 ䷮. Lorsque nous lisons le texte associé au trigramme 6:2, il nous faut nous rappeler qu'un jugement favorable signifie que cette relation n'est favorable qu'au sujet, Nancy, et peut ne pas l'être pour l'objet, John.

Lorsque Nancy construit un trigramme qui décrit le côté de John dans la relation, elle utilise les faits qui lui sont apparents pour évaluer l'action de son collègue, son essence et son attitude : lorsqu'elle l'a invité à une fête, il l'a repoussée, et lorsqu'ils se sont retrouvés à marcher dans la même direction, il a évité de lui emboiter le pas. Alors elle décide que son action est yin. Elle lui donne une ligne intermédiaire yang pour son essence, car il est grand, fort et a un bon travail en tant que directeur d'un grand magasin. Il ne se glorifie jamais et prête une oreille patiente et attentive aux autres, alors pour sa ligne d'attitude, elle décide de lui attribuer le yin. Par conséquent, l'hexagramme représentant la relation du point de vue de Nancy est basé sur sa vision des faits.

Ce point de vue subjectif est déterminant dans l'assemblage de l'hexagramme. Vous rappelez-vous l'histoire de Claire, la jeune femme de carrière, et Georges, le cadre supérieur marié et plus âgé, dans le chapitre 5 ? Dans cet exemple, Claire voulait savoir comment gérer cet homme puissant au travail qui s'intéressait à elle. Dans l'hexagramme qu'a construit Claire, elle était le sujet, et Georges l'objet. Après avoir évalué sa propre action, son essence et son attitude puis celles de John, Claire est arrivée à l'hexagramme 4:7, illustré ci-dessous, représentant leur relation actuelle de son point de vue :

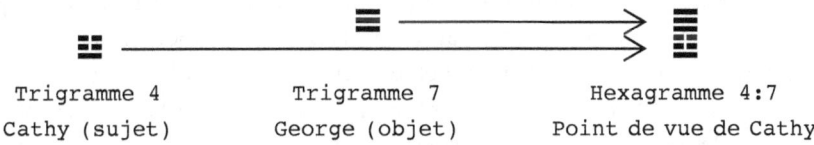

Trigramme 4   Trigramme 7   Hexagramme 4:7
Cathy (sujet)   George (objet)   Point de vue de Cathy

Figure 6.2 : la formation de l'hexagramme 4:7

Mais si c'était Georges qui avait construit l'hexagramme parce qu'il voulait savoir comment se comporter avec cette belle et jeune employée. Alors il aurait été le sujet, et Claire l'objet. En supposant que son évaluation de la situation soit la même que celle de Claire, son hexagramme en serait l'inverse, soit l'hexagramme 7:4, illustré ci-dessous.

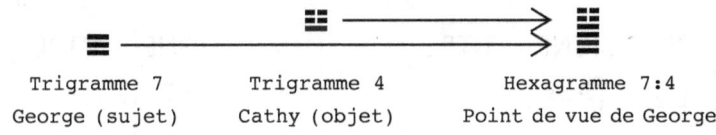

Trigramme 7   Trigramme 4   Hexagramme 7:4
George (sujet)   Cathy (objet)   Point de vue de George

Figure 6.3 : la formation de l'hexagramme 7:4

Dans les faits, puisque deux personnes voient rarement leur situation mutuelle sous le même angle, il serait très inhabituel que deux personnes sélectionnent les deux mêmes trigrammes. Mais cet exemple sert à illustrer l'importance de la position des trigrammes sujets et objets. La structure et la signification de l'hexagramme 4:7, Innocence (la situation de Claire avec Georges), sont illustrées ci-dessous :

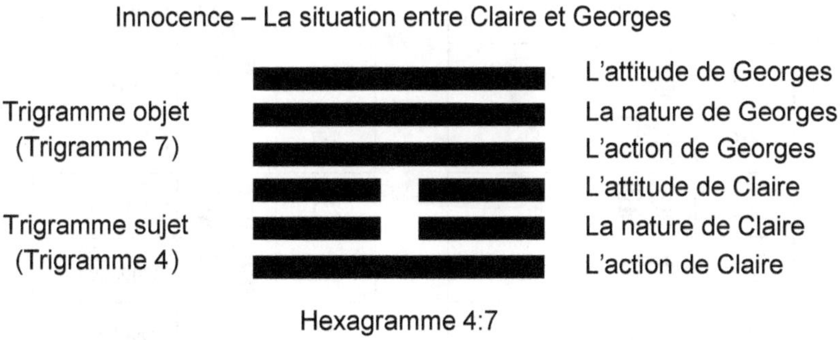

Innocence – La situation entre Claire et Georges

Trigramme objet
(Trigramme 7)

L'attitude de Georges
La nature de Georges
L'action de Georges
L'attitude de Claire

Trigramme sujet
(Trigramme 4)

La nature de Claire
L'action de Claire

Hexagramme 4:7

Figure 6.4 : hexagramme du point de vue de Claire

Et l'illustration ci-dessous représente la structure et la signification de l'hexagramme 7:4, Imprudent, décrivant la situation de Georges avec Claire :

Figure 6.5 : hexagramme du point de vue de Georges

Le titre de l'hexagramme fournit un rapide profil de la situation actuelle et ce que l'on peut en attendre. Vous voyez dès le départ d'après les titres « innocence » et « imprudent » que la même situation peut-être radicalement différente selon le point de vue depuis laquelle on la voit. Dans le cas de Claire, le mot « innocence » laisse entendre qu'elle pourrait faire des erreurs, dû à son inexpérience. Dans le cas de Georges, le titre de son hexagramme prévient qu'il pourrait abuser de son pouvoir et faire quelque chose d'imprudent qui pourrait couter cher à l'un d'eux, voire à tous les deux.

2 Le titre des hexagrammes

Dès que vous avez construit votre hexagramme, réfléchissez à la signification de son titre. Le tableau ci-dessous dresse la liste des soixante-quatre hexagrammes :

ID	SIGNE	TITRE	ID	SIGNE	TITRE
Ø:Ø		Terre	Ø:1		Privation
Ø:2		Proximité	Ø:3		Observation
Ø:4		Plaisir	Ø:5		Promotion
Ø:6		Rassemblement	Ø:7		Déni
1:Ø		Modeste	1:1		Arrêter
1:2		Mauvais	1:3		Graduel
1:4		Tolérance	1:5		Voyage
1:6		Agréable	1:7		Fuir
2:Ø		Armée	2:1		Ignorance
2:2		Obstacle	2:3		Inondation
2:4		Solution	2:5		Imparfait

ID	SIGNE	TITRE
2:6		Adversité
3:0		Ascension
3:2		Puit
3:4		Persistance
3:6		Surcharge
4:0		Retour
4:2		Perspective
4:4		Choc
4:6		Suivre
5:0		Souffrance
5:2		Parfait
5:4		Totalité
5:6		Changement
6:0		Approcher
6:2		Contrainte
6:4		Marier
6:6		Plaisir
7:0		Paix
7:2		Attente
7:4		Imprudent
7:6		Menace

ID	SIGNE	TITRE
2:7		Poursuivre
3:1		Insectes
3:3		Rendement
3:5		Chaudron
3:7		Rencontre
4:1		Soin
4:3		Gain
4:5		Morsure
4:7		Innocence
5:1		Ornement
5:3		Matriarche
5:5		Luminosité
5:7		Alliance
6:1		Perte
6:3		Sincérité
6:5		Regarder
6:7		Marcher au pas
7:1		Construire
7:3		Accumulation
7:5		Acquisition
7:7		Ciel

3 L'importance du numéro d'identité des hexagrammes

Pourquoi le positionnement des deux trigrammes est-il si important pour nous mener à une interprétation et une décision correctes ? Parce que, de la même manière que les trigrammes sont des nombres, les hexagrammes sont aussi des nombres, et le Yi King est un système mathématique qui détermine la condition humaine et les lois de la nature. Vous pouvez apercevoir un petit bout de la structure lorsque vous tournez l'hexagramme 6:4 à l'horizontale dans le sens des aiguilles d'une montre, comme illustré ci-dessous :

110100   binaire

6   4   octal

Figure 6.6 : hexagramme, le nombre binaire et le nombre octal

Le style des numéros d'identité des hexagrammes du Yi King (en utilisant un octal, ou système de base 8) est utilisé tout au long de ce livre. Pour indiquer clairement qu'un hexagramme est composé de deux trigrammes, il y a un «:» entre les deux chiffres ; on parle de l'hexagramme 6:4, et non de l'hexagramme 64.

4 Conversion des numéros d'identité en numéro de série dans le Zhou Yi

Il y a neuf siècles, Shao Yong a arrangé les soixante-quatre hexagrammes en un assemblage illustré dans le diagramme ci-après. Cet assemblage d'hexagrammes est lié aux numéros d'identité des trigrammes sujets dans la première colonne à droite, aux numéros d'identité des trigrammes objets dans la première ligne supérieure et aux numéros de série du Zhou Yi (version du Yi King formatée au temps du roi Wen, au XIIe siècle avant J.-C.) entre parenthèses sous le symbole des hexagrammes.

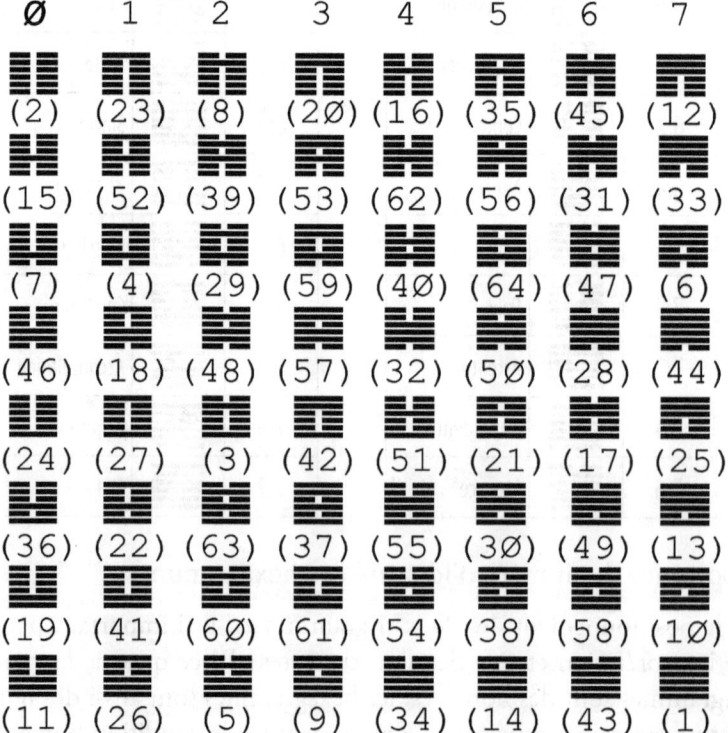

Figure 6.7 : conversion des numéros d'identité en numéros de série du Zhou Yi

Vous pouvez utiliser le diagramme ci-dessus pour trouver la forme d'un hexagramme et son numéro de série dans le Zhou Yi. Par exemple, si vous souhaitez connaître l'hexagramme 6:4, le numéro d'identité de son trigramme sujet est 6 et celui de son trigramme objet est 4. Dans la ligne 6, à la colonne 4, il y a le symbole de l'hexagramme 6:4, ▆. C'est l'hexagramme 54 (54 est le numéro de série dans le Zhou Yi). Et pour l'hexagramme 4:6, allez à la ligne 4, à la colonne 6: son symbole est ▆. C'est l'hexagramme 17 (dans le Zhou Yi).

Si vous obtenez un hexagramme dans un autre ouvrage, il est très facile de trouver son numéro d'identité, celui qui est utilisé dans ce livre. Par exemple, l'hexagramme 64 est le dernier hexagramme du Zhou Yi. Sa forme est ▆. Le trigramme sujet est ▆. Son numéro d'identité est 2. Le trigramme objet est ▆. Son numéro d'identité est 5. Ensemble, les deux numéros d'identité avec «:» intercalé deviennent 2:5. Donc le numéro d'identité de l'hexagramme 64 est 2:5. «2:5» indique que l'hexagramme est composé du trigramme 2 et du trigramme 5, alors que «64» indique que cet hexagramme est le dernier dans la séquence du Zhou Yi.

L'assemblage des hexagrammes (des soixante-quatre) est aussi utilisé dans la partie II. La traduction du texte du Yi King des hexagrammes est dans l'ordre de l'assemblage des hexagrammes: il commence à l'hexagramme Ø:Ø, la terre, et se termine par l'hexagramme 7:7, le ciel.

Maintenant vous savez comment construire des hexagrammes pour représenter votre situation actuelle. Souvenez-vous:

- Le trigramme sujet est en bas.
- Le trigramme objet est en haut

CHAPITRE 7
Analyse de la structure des hexagrammes

MAINTENANT QUE VOUS SAVEZ CONSTRUIRE un hexagramme pour répondre à vos questions, vous allez vouloir apprendre s'il est favorable, défavorable ou neutre par rapport à la relation.

En vérité, comme le sont la plupart des situations dans la vie, la plupart des soixante-quatre hexagrammes sont neutres : ils sont un riche mélange de bon et de mauvais. Certains sont des exceptions notables : les quatre hexagrammes favorables au sujet (vous) sont ceux dans lesquels deux trigrammes complémentaires sont en harmonie ; les moins favorables sont composés de trigrammes qui sont complémentaires, mais pas en harmonie.

Dans le Yi King comme dans la vie, l'harmonie est tout. Pour nos besoins, l'harmonie entre les trigrammes dépend de trois réalités :

1. Les deux côtés sont complémentaires (l'un est yin, l'autre est yang).
2. Les deux côtés sont en interaction.
3. L'initiateur de l'interaction, le pacifiste décrit dans le chapitre 3, est le sujet.

Vous rappelez-vous l'exemple de la policière et du conducteur ivre du chapitre 3 ? En abordant cette situation du point de vue de la policière, où elle est le sujet et le conducteur ivre l'objet, vous voyez qu'elle passe les trois tests de l'harmonie :

1. La policière et le conducteur occupent des rôles complémentaires : elle est le yang, policière jouissant de l'autorité et du pouvoir, lui est yin, conducteur coupable et obéissant.
2. Ils sont en interaction : s'ils avaient suivi deux routes différentes, la situation ne serait pas née.
3. Le sujet est la faiseuse de paix, car elle a repéré le conducteur ivre et s'est confronté à lui. Ainsi la situation est en harmonie et est favorable à la policière. Elle a rempli sa mission.

Maintenant, prenons la situation du point de vue du conducteur ivre, où il devient le sujet et la policière l'objet.

- Leurs rôles sont toujours complémentaires : il est yin et elle est yang.
- Les deux côtés sont en interaction.
- Le sujet n'est pas l'initiateur de l'interaction, donc elle n'est pas en harmonie et est très défavorable au conducteur ivre.

1 Hexagrammes spéciaux

Pour vous aider à comprendre la règle de l'harmonie, jetons un œil à huit hexagrammes spéciaux, formés à partir des quatre paires diagonales des huit trigrammes :

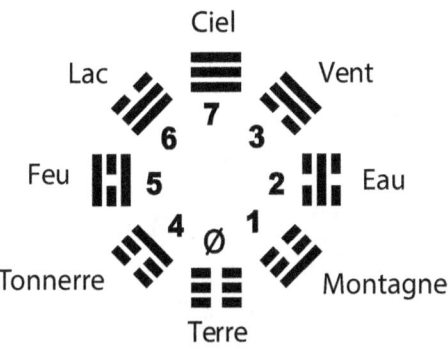

Figure 7.1 : les huit hexagrammes spéciaux

Le numéro d'identité des huit hexagrammes spéciaux sont 5:2 et 2:5, 6:1 et 1:6, 7:Ø et Ø:7, et 4:3 et 3:4. Remarquez que dans chaque cas, la somme des deux chiffres des numéros d'identité est égale à 7.

1—Les hexagrammes 5:2 et 2:5

Sur la gauche de l'illustration ci-dessous se trouve l'hexagramme 5:2, parfait.

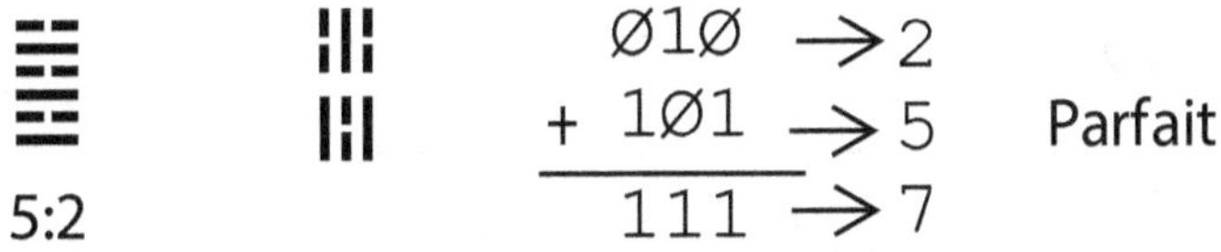

Figure 7.2 : hexagramme 5:2, parfait

Sa partie inférieure est composée du trigramme 5, le feu, le sujet ; sa partie supérieure est composée du trigramme 2, l'eau, l'objet. Si vous tournez les trigrammes dans le sens des aiguilles d'une montre pour les mettre à l'horizontale, vous verrez que les trois paires de lignes sont complémentaires (paires associant yin et yang ou yang et yin). Par exemple, regardez les lignes de gauche. Celle en haut à gauche est brisée et celle en bas à gauche est continue. Cela est aussi vrai pour les lignes de droite. Les lignes intermédiaires sont aussi complémentaires : celle en haut est continue et celle en bas est brisée.

Maintenant, regardez l'interaction entre les deux côtés. Lorsque du feu est proche d'un récipient plein d'eau, elle chauffe, et l'on peut produire de l'énergie sous forme de vapeur. Le feu, le sujet, devient le pacifiste en chauffant l'eau, l'objet. Ainsi, l'hexagramme 5:2, parfait, est en harmonie et est favorable au sujet, qui transforme son énergie en production.

Son image miroir est l'hexagramme 2:5, imparfait, illustré ci-dessous :

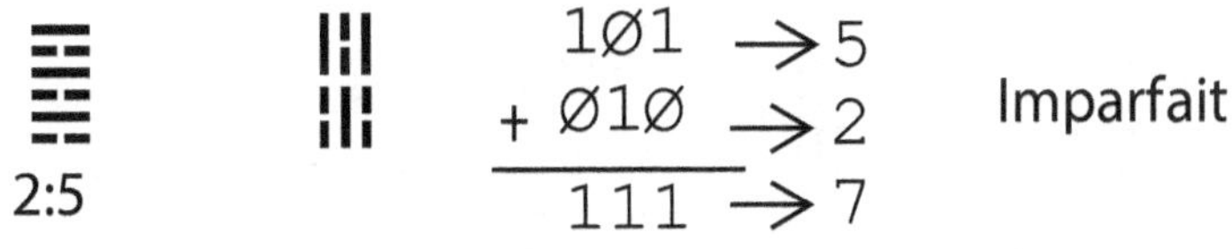

Figure 7.3 : hexagramme 2:5, imparfait

Cette fois-ci, dans l'hexagramme 2:5, l'eau est maintenant le sujet, et elle ne peut pas être l'initiatrice de l'interaction. Si l'on verse de l'eau sur un feu, soit l'eau s'évapore, soit le feu s'éteint. Donc l'hexagramme 2:5, imparfait, n'est pas en harmonie.

2—Hexagrammes 7:Ø et Ø:7

L'hexagramme 7:Ø, la paix, combine le trigramme 7, le ciel, avec le trigramme Ø, la terre :

$$\begin{array}{r} ØØØ \rightarrow Ø \\ + \ 111 \rightarrow 7 \\ \hline 111 \rightarrow 7 \end{array} \quad \text{Paix}$$

7:Ø

Figure 7.4 : hexagramme 7:Ø, la paix

Le ciel, le sujet, est l'initiateur de l'interaction en éclairant et en réchauffant la terre. Ainsi, l'hexagramme 7:Ø, la paix, est en harmonie et est favorable au sujet, qui donne son énergie.

Maintenant, regardons la situation inverse, dans l'hexagramme Ø:7, le déni :

$$\begin{array}{r} 111 \rightarrow 7 \\ + \ ØØØ \rightarrow Ø \\ \hline 111 \rightarrow 7 \end{array} \quad \text{Déni}$$

Ø:7

Figure 7.5 : hexagramme Ø:7, le déni

La terre, qui est le sujet, reçoit passivement l'énergie, et ne peut initier une interaction avec le ciel. Cet hexagramme n'est pas en harmonie même si les deux trigrammes qui le composent sont complémentaires.

3—Hexagrammes 1:6 et 6:1

L'hexagramme 1:6, agréable, combine le trigramme 1, la montagne, avec le trigramme 6, le lac :

$$\begin{array}{r} 11Ø \rightarrow 6 \\ + \ ØØ1 \rightarrow 1 \\ \hline 111 \rightarrow 7 \end{array} \quad \text{Agréable}$$

1:6

Figure 7.6 : hexagramme 1:6, agréable

La montagne est une source ou un barrage pour l'eau et maintient un niveau d'eau stable dans le lac, ainsi l'hexagramme est en harmonie et est favorable.

Mais dans le cas de l'hexagramme 6:1, la perte, le lac ne peut pas initier une interaction avec la montagne :

$$\begin{array}{r} ØØ1 \rightarrow 1 \\ + \ 11Ø \rightarrow 6 \\ \hline 111 \rightarrow 7 \end{array} \quad \text{Perte}$$

6:1

Figure 7.7 : hexagramme 6:1, la perte

4—Hexagrammes 4:3 et 3:4

L'hexagramme 4:3, Gain, combine le trigramme 4, le tonnerre, avec le trigramme 3, le vent. Il est favorable, car, comme les anciens peuples l'ont découvert, son harmonie découle de l'initiation du sujet, le tonnerre, annonçant le début d'un orage et réveillant le vent.

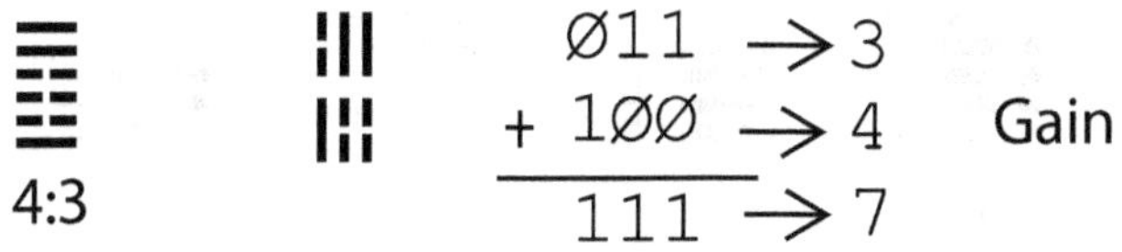

$$\begin{array}{r} \varnothing 11 \rightarrow 3 \\ + \ 1\varnothing\varnothing \rightarrow 4 \\ \hline 111 \rightarrow 7 \end{array} \quad \text{Gain}$$

Figure 7.8 : hexagramme 4:3, le gain

Le dernier des hexagrammes spéciaux est l'hexagramme 3:4, la persistance, dans lequel le vent ne peut avoir aucun effet sur le tonnerre, peu importe combien de temps, ou à quel point il souffle :

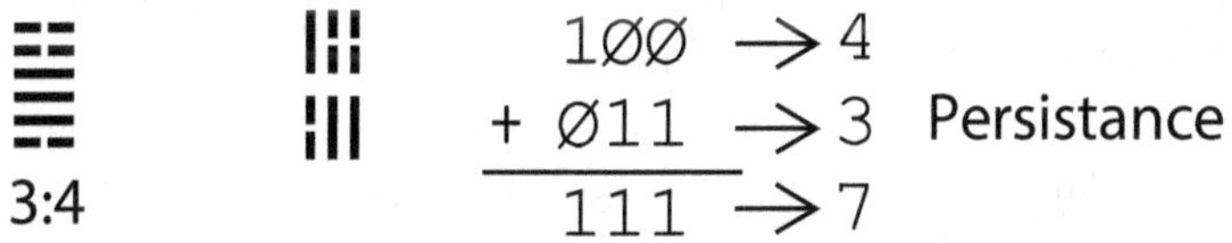

$$\begin{array}{r} 1\varnothing\varnothing \rightarrow 4 \\ + \ \varnothing 11 \rightarrow 3 \\ \hline 111 \rightarrow 7 \end{array} \quad \text{Persistance}$$

Figure 7.9 : hexagramme 3:4, persistance

L'hexagramme 3:4, seul au milieu des hexagrammes spéciaux, peut être considéré comme neutre, ni favorable, ni défavorable, comme le suggère son titre « Persistance ». Quelquefois, la persistance est futile et inutile, d'autres fois elle est admirable et sage.

2 Les lignes complémentaires

Sur les huit hexagrammes vus précédemment, quatre sont clairement favorables, car en harmonie. Les quatre autres sont soit défavorables soit neutres, car ils ne sont pas en harmonie, bien que les trigrammes qui les composent soient complémentaires. La neutralité de la plupart des soixante-quatre hexagrammes est illustrée par leur titre (liste au chapitre 5).

À mesure que vous travaillerez avec le Yi King, vous allez devenir sensible à la riche interaction entre la valeur numérique des trigrammes et des hexagrammes ainsi que la relation symbolique des éléments qu'ils représentent – par exemple, le feu et la montagne, ou le vent et la terre. Alors que les huit hexagrammes spéciaux présentent des interactions symboliques facilement remarquables en raison de leur nature complémentaire évidente, les cinquante-six autres hexagrammes doivent être analysés ligne par ligne.

En étudiant les lignes d'un hexagramme pour déterminer son harmonie, vous examinerez la situation des lignes dans l'hexagramme en tant que lignes complémentaires.

Si une paire de lignes analogues des deux trigrammes qui composent l'hexagramme associe le yin au yang ou le yang au yin, elles sont complémentaires. Si les lignes analogues sont deux yin ou deux yang, elles sont en conflit. Habituellement, les lignes complémentaires sont favorables. Dans le diagramme ci-dessous, les crochets indiquent les lignes complémentaires des huit trigrammes spéciaux vus précédemment.

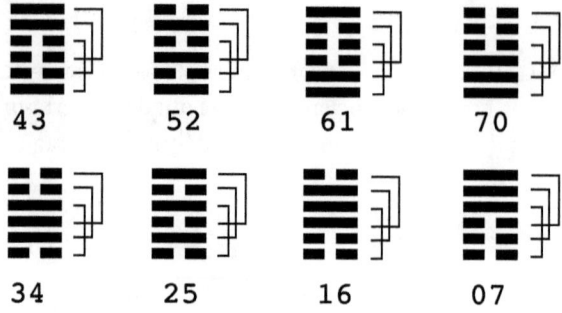

Figure 7.10: les lignes complémentaires

3 Le positionnement correct

Dans un hexagramme, on considère que la position des lignes 1, 3 et 5 est yang tandis que les lignes 2, 4 et 6 sont des positions du yin. Si une ligne yang ▬ est dans une position du yang ou une ligne yin ▬▬ est dans une position du yin▬, elle est positionnée correctement. Mais si une ligne yang ▬ est dans une position du yin ou une ligne yin ▬▬ dans une position du yang, alors elle est positionnée incorrectement.

Puisque l'hexagramme 5:2, illustré ci-dessous, exprime une harmonie parfaite, on l'utilise comme modèle pour le positionnement correct des lignes.

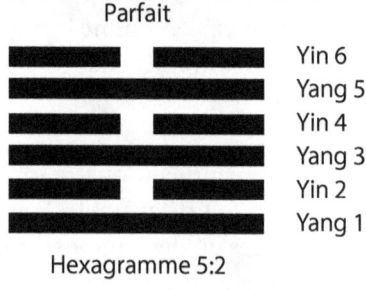

Figure 7.11: la position correcte des lignes

Par contraste, dans l'hexagramme 2:5, toutes les lignes sont incorrectes, comme illustrées ci-dessous en gris.

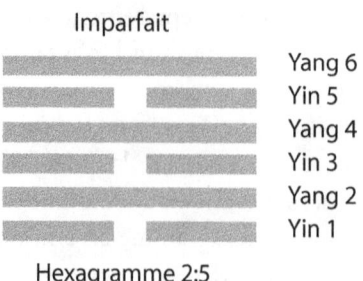

Figure 7.12: toutes les lignes sont incorrectes

Normalement, les lignes correctes, que j'indiquerai en noir à partir de maintenant pour faciliter votre distinction, sont favorables. Les lignes incorrectes, en gris, sont défavorables.

④ Les lignes intermédiaires correctes et complémentaires

Les lignes 2 et 5 sont les lignes intermédiaires des trigrammes formant un hexagramme. Lorsqu'elles sont correctes et complémentaires, tel que dans l'hexagramme 5:2  (yin 2 ▬▬ et yang 5 ▬▬▬), cela est très favorable.

⑤ Soutenir ou supprimer

La relation entre une ligne particulière et ses lignes adjacentes, directement au-dessus et en dessous, est importante à connaitre. En général, lorsqu'une ligne yin est avec une ligne yang, la situation bénéficie au côté représenté par la ligne yang et ne bénéficie pas à celui représenté par la ligne yin.

Ainsi, si une ligne yang ▬▬▬ est au-dessus d'une ligne yin ▬▬, alors elle est soutenue par la ligne yin ▬▬, comme sur la gauche de l'illustration suivante. Assurément, cela bénéficie à la ligne yang et peut être bon, ou non, pour la ligne yin.

soutenir   supprimer

Figure 7.13: lignes adjacentes

Lorsqu'une ligne yin ▬▬ est au-dessus d'une ligne yang ▬▬▬, la ligne yin ▬▬ supprime la ligne yang ▬▬▬. Cela n'est pas particulièrement favorable ou défavorable à la ligne yang, mais cela est assurément défavorable à la ligne yin.

Lorsque l'on regarde la relation entre les lignes yin et yang dans un hexagramme, cette analogie peut se révéler utile. Pensez aux positions relatives dans un groupe de collègues. Si le manager a une expérience importante en affaires et que l'assistant en sait moins que lui, alors il supervise et protège l'assistant. Cette relation de soutien est similaire à une ligne yin en dessous d'une ligne yang.

On conçoit facilement comment cette relation de soutien bénéficie au manager, mais ses effets sur l'assistant dépendent du comportement de celui-ci. Si l'assistant suit les instructions et travaille dur, il pourrait recevoir un bonus ou une promotion en récompense. Cependant, l'assistant incompétent d'un bon manager peut facilement être discipliné ou renvoyé. Alors lequel arrivera ? Le Yi King résout ce dilemme en déterminant si la ligne yin en soutien est dans une position correcte ou incorrecte : correcte, la situation est favorable à la ligne yin ; incorrecte, la situation lui est défavorable.

Quiconque ayant passé du temps dans le monde des affaires a aussi été témoin d'une relation de suppression, lorsque le manager est moins compétent que l'équipe. Même si l'équipe est parfaitement compétente, le manager échouera tout de même. Lorsqu'une ligne yin se trouve au-dessus d'une ligne yang, il s'agit d'une relation de suppression. Cette relation est défavorable à la ligne yin.

Qu'en est-il pour l'équipe qui est supprimée par la faiblesse du manager ? La position de ces travailleurs est neutre. L'entreprise peut licencier le manager, mais l'équipe compétente survivra au changement. En d'autres termes, lorsqu'une ligne yang est en dessous d'une ligne yin, la situation ne lui est ni favorable ni défavorable. Lorsque le yin se met sur le chemin du yang, le yang peut persévérer.

Maintenant que vous savez comment analyser la position des lignes et leur relation entre elles dans un hexagramme, vous êtes prêt à répondre à la question que se pose Claire par rapport à Georges.

6 L'analyse des hexagrammes pour une relation

Vous vous rappelez que la relation entre Claire et Georges, de son point de vue à elle, était décrite par l'hexagramme 4:7, Innocence :

Innocence

Figure 7.14 : vue par Claire

En regardant la structure générale de cet hexagramme, vous remarquerez deux paires de lignes complémentaires : la ligne supérieure des deux trigrammes ainsi que leur ligne intermédiaire. Il y a aussi trois lignes correctes : yang 1 ▬, yin 2 ▬▬, et yang 5 ▬. Les deux lignes intermédiaires sont centrales, correctes et complémentaires. Elles sont favorables au sujet, Claire.

D'autre part, les lignes inférieures, toutes deux yang, sont en conflit, et il y a trois lignes incorrectes : yin 3 ▬▬, yang 4 ▬, et yang 6 ▬. Elles sont défavorables à Claire.

Pouvez-vous voir que ce flirt potentiel entre collègues est un mélange complexe d'harmonie et de dissonance, bien loin de la précision des hexagrammes spéciaux vus en début de chapitre ?

Maintenant, examinons l'hexagramme 4:7 ligne par ligne. Yang 1 est correcte, ce qui implique que lorsque Claire approche Georges en tant que jeune employée recherchant de l'aide, elle a raison de le faire. Mais cette ligne est en conflit avec la ligne d'action de Georges, yang 4 ▬, ce qui implique que si Claire se montre trop agressive, des problèmes pourraient en découler.

Yin 2 ▬▬ indique l'inexpérience essentielle de Claire. Elle est centrale, dans une position correcte, et est complémentaire à yang 5. Cela suggère que le pouvoir relatif de Georges et ses connaissances peuvent être utiles à Claire. Notez toutefois que cette ligne supprime yang 1 ▬, ce qui implique que si elle se montre trop agressive, son essence pourrait s'en voir endommagée.

Yin 3 ▬▬ est complémentaire de yang 6 ▬ mais est dans une position incorrecte, ce qui implique que l'attitude de Claire envers Georges devrait être polie et respectueuse, mais pas excessivement docile. Déjà, Claire voit qu'elle doit atteindre un équilibre délicat et approcher Georges sans trop de fermeté ou de retenue.

Dans le trigramme de Georges, yang 4 ▬ est dans une position incorrecte et est en conflit avec yang 1 ▬. Parce qu'il est marié, il n'est pas dans le meilleur intérêt de Claire que Georges l'ait remarquée. Yang 5 ▬ est centrale, correcte et complémentaire de yin 2 ▬▬, ce qui implique que l'expérience de Georges et son pouvoir sont favorables à Claire. Yang 6 ▬ est complémentaire de yin 3 ▬▬ mais est dans une position incorrecte, ce qui implique que l'attitude confiante de Georges représente un danger pour Claire.

L'analyse des lignes de la relation de Claire avec Georges montre clairement que l'expérience de l'homme plus âgé lui sera bénéfique et que l'avoir en mentor bénéficiera à sa carrière. Cependant, elle doit faire attention à équilibrer cette potentialité face aux aléas d'un quelconque engagement romantique, où elle serait clairement désavantagée. Elle serait sage de maintenir une amitié respectueuse et strictement professionnelle.

Maintenant examinons l'hexagramme 7:4, exactement la même situation, mais vue par Georges.

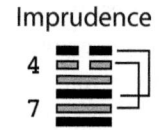

Figure 7.15: vue par Georges

Cette relation est aussi une situation mitigée pour Georges. Nous voyons deux paires de lignes complémentaires et trois lignes correctes, yang 1 ▬, yang 3 ▬, et yin 6 ▬▬. La situation actuelle n'est pas mauvaise pour Georges, mais s'il gère la relation de façon irresponsable, des problèmes pourraient en découler.

Yang 1 ▬ est dans une position correcte, mais est en conflit avec Yang 4 ▬, ce qui implique que Georges a raison de remarquer Claire, mais qu'il ne devrait pas se précipiter. Yang 2 ▬ est complémentaire de yin 5 ▬▬ mais est dans une situation incorrecte : l'expérience de Georges et son pouvoir pourrait bénéficier à Claire, mais montre un inconvénient pour lui. Yang 3 ▬ est complémentaire de yin 6 ▬▬ et est dans une position correcte : sa confiance lui sera bénéfique.

Quant à la place de Claire dans la vie de Georges, sa ligne d'action, yang 4 ▬, est dans une position incorrecte et entre en conflit avec yang 1 ▬; la détermination de Claire à l'approcher ne lui est pas favorable à lui. Yin 5 ▬▬ est complémentaire de yang 2 ▬ mais a une position incorrecte, ce qui implique que l'inexpérience de Claire ne lui est pas utile. Yin 6 ▬▬ est complémentaire de yang 3 ▬ et est dans une position correcte, suggérant que si Claire se montre respectueuse, leur interaction leur sera bénéfique à tous les deux. Peut-être que Claire se révélera être assidue et évoluera en employée précieuse pour la corporation. Son succès pourrait se refléter sur Georges, qui lui aura servi de mentor.

L'analyse de ces deux hexagrammes montre que Claire a quelque chose à gagner de Georges (une avancée dans sa carrière) pendant que Georges peut attendre respect et gratitude de la part de Claire. Mais une imprudence de la part de Georges ou de l'agressivité de la part de Claire pourrait entrainer Georges à exploiter sa jeunesse et son inexpérience; cela serait désastreux pour eux deux.

À partir de ces exemples, vous voyez que le rôle de l'harmonie est important dans une relation. Souvenez-vous, pour savoir si un hexagramme vous est favorable, défavorable ou neutre par rapport à la question que vous creusez, vous devez vérifier :

- Les lignes analogues sont-elles complémentaires ?
- Les lignes sont-elles correctement positionnées ?
- Les lignes yang sont-elles soutenues par des lignes yin ?

CHAPITRE 8
Les changements

SI VOUS SAVEZ CE QUI va arriver dans un monde en constante évolution, vous saurez adopter une stratégie de vie appropriée. Le dernier chapitre expliquait comment examiner un hexagramme et déterminer si la situation actuelle est favorable, neutre ou défavorable au sujet. Ce chapitre vous montre quels genres de changement sont réalisables et lesquels suivent l'ordre naturel.

Si l'une des six lignes d'un hexagramme est altérée, un nouvel hexagramme en résultera et représentera la nouvelle situation. On appelle les lignes qui changent des « signifiantes » et l'hexagramme qui en résulte est « consécutif ».

Nous prendrons encore en exemple l'hexagramme 4:7, Innocence, représentant la situation de la relation de Claire avec Georges. Et si ses ambitions professionnelles la poussaient à demander audacieusement de l'aide à Georges, et que lui se ne limitait qu'à son rôle de mentor ? Si l'attitude de Claire devait passer du yin au yang grâce à son assurance en même temps que Georges changeait à la fois son action et son attitude du yang au yin en répondant à ses avances de manière passive et paisible, l'hexagramme consécutif serait le 5:2, parfait, illustré ci-dessous :

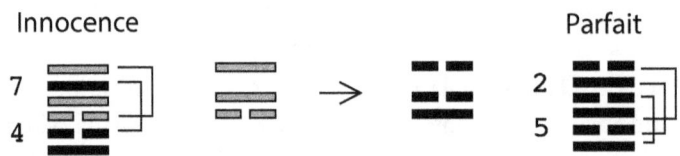

Figure 8.1 : hexagramme consécutif, parfait

Yin 3 ▬▬ de l'hexagramme 4:7, représentant l'attitude de Claire, devient yang 3 ▬▬ de l'hexagramme 5:2. Yang 4 ▬▬ de l'hexagramme 4:7, représentant l'action et l'attitude actuelles de Georges, deviennent yin 4 ▬▬ et yin 6 ▬▬ de l'hexagramme 5:2.

Rappelez-vous de ce fait important lorsque vous interprétez les hexagrammes du Yi : chaque hexagramme peut devenir n'importe lequel des soixante-trois autres à l'infini ; il n'y a pas de limite au nombre de changements. Le sujet a toujours le choix de mettre en avant les changements favorables et d'éviter les défavorables, qu'importe ce que ses actions passées aient pu être. Le Yi King est un guide pour comprendre la situation actuelle puis pour travailler afin de devenir un pacifiste grâce au changement favorable. Examinons le changement favorable, le changement réalisable et le changement naturel.

1 Le changement favorable

Comme nous l'avons vu dans le chapitre 7, l'hexagramme 5:2 est un des hexagrammes spéciaux. Il est favorable, et son opposé, l'hexagramme 2:5, imparfait, est défavorable. De toute évidence, passer de l'hexagramme 4:7 à l'hexagramme 5:2 serait un changement favorable. Claire et Georges pourraient atteindre la perfection dans leur relation en ignorant la question de la beauté de la jeune Claire et celle du désir de Georges. À la place, ils pourraient se concentrer sur leur rôle respectif : une employée jeune et ambitieuse et un cadre sage et plus âgé.

Peut-être que si Claire pouvait surmonter son admiration pour le statut élevé de Georges, sa façon directe et honnête de demander son aide ne passerait pas pour des avances, et Georges serait poussé à lui répondre de manière professionnelle et courtoise.

Lorsque vous étudiez un hexagramme pour savoir ce qui peut changer favorablement, regardez d'abord les lignes qui sont en position incorrectes ou en conflit avec d'autres lignes. Par exemple, dans l'hexagramme 4:7, les lignes incorrectes, illustrées en gris, sont yin 3 ▬▬, yang 4 ▬▬▬ et yang 6 ▬▬▬. Les changer conduit au très favorable hexagramme consécutif 5:2. En revanche, yang 1 ▬▬▬, yin 2 ▬▬, et yang 5 ▬▬▬ sont des lignes correctes, illustrées en noir. Les changer conduit à un hexagramme consécutif défavorable : l'hexagramme 2:5.

Souvent, cependant, changer simultanément autant d'aspects dans une relation afin d'atteindre la perfection peut ne pas être réaliste. Une meilleure méthode pourrait impliquer de chercher quel dénouement favorable résulterait d'un changement progressif. Dans l'hexagramme 4:7, yang 4 ▬▬▬ est dans une position incorrecte et est en conflit avec yang 1 ▬▬▬. Si cette unique ligne passait du yang au yin (si Georges faisait preuve de retenue et attendait que ce soit Claire qui l'approche), l'hexagramme consécutif serait l'hexagramme 4:3, le gain, illustré ci-dessous :

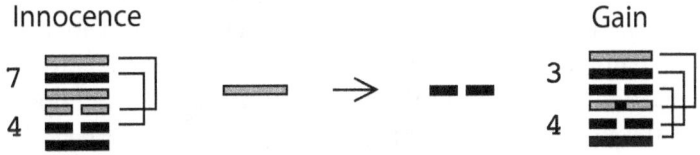

Figure 8.2 : hexagramme consécutif, le gain

C'est un autre des hexagrammes spéciaux favorables dont on parlera dans le chapitre 9, et comme l'implique son nom, Claire aurait à gagner à ce changement.

Nous devons tous faire attention à éviter un changement qui pourrait dégrader une situation. Disons que Claire pense que le désir de Georges le poussera à l'approcher et qu'elle décide d'attendre passivement l'inévitable, le yin dominant maintenant son action. Si elle devait analyser le changement que cela crée dans son trigramme, et par extension de son hexagramme, elle saurait que cette stratégie serait une erreur. Dans l'hexagramme 4:7, yang 1 ▬▬▬ est en conflit avec yang 4 ▬▬▬ mais est en position correcte. Si cette ligne devient yin ▬▬ car Claire ne veut pas prendre l'initiative de demander de l'aide à Georges, l'hexagramme consécutif est l'hexagramme Ø:7, Déni, illustré ci-dessous.

Figure 8.3 : hexagramme consécutif, déni

Vous voyez que dans l'hexagramme déni, toutes les lignes sont complémentaires, mais il est très défavorable au sujet excessivement passif – Claire, en l'occurrence. Innocente et inexpérimentée, si Claire devait succomber à son admiration pour Georges et ne pas avoir l'audace d'agir, il aurait tout le pouvoir dans la relation. Elle serait complètement yin et lui resterait complètement yang, ce qui créerait une relation fortement déséquilibrée.

2 Le changement réalisable

On peut comprendre que Claire veuille changer son propre trigramme ; il est souvent plus facile de se changer soi-même que la personne de l'autre côté de la relation. On appelle cela le changement réalisable et il représente tous les changements opérés par le sujet. Dans l'exemple de l'hexagramme 4:7, Claire peut modifier sa situation de la manière dont elle veut. Par exemple, si elle s'inquiète à propos d'avoir une aventure avec un homme marié, elle peut arrêter d'interagir avec Georges. Mais comme nous venons juste de le voir, cela aboutirait à l'hexagramme consécutif défavorable, l'hexagramme Ø:7, et serait une erreur.

Heureusement, Claire n'est pas à court d'options. De son trigramme sujet actuel, le trigramme 4 ☳, le tonnerre, elle peut changer son action, son essence ou son attitude pour obtenir n'importe lequel des sept autres trigrammes : le Ø, 1, 2, 3, 5, 6 ou 7.

Nous avons vu que devenir passive dans son action envers Georges serait une erreur de la part de Claire. Et si elle changeait un aspect de son essence à la place, en acquérant plus d'expérience et de pouvoir dans son travail avant d'approcher Georges ? Découvrons-le : dans l'hexagramme 4:7, yin 2 ⚋ est complémentaire de yang 5 ⚊ et est dans une position correcte. Si Claire devait changer son essence du yin au yang en améliorant son travail et en acquérant plus de connaissances personnelles, l'hexagramme en résultant serait l'hexagramme 6:7, marcher au pas, illustré ci-dessous :

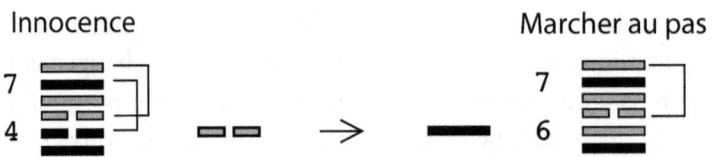

Figure 8.4 : hexagramme consécutif, marcher au pas

Comme vous pouvez le voir, ce changement placerait les deux lignes intermédiaires d'essence en conflit, et les meilleures connaissances de Claire ainsi que son statut plus élevé viendraient défier la position de Georges dans l'entreprise. Ce changement augmenterait de plus le nombre de lignes incorrectes. Comme le suggère le titre de l'hexagramme, marcher au pas, cette altération pourrait aboutir à une situation stagnante. Ce n'est pas favorable à Claire.

Maintenant, examinons l'attitude de Claire. Dans l'hexagramme 4:7, yin 3 ⚋, alors qu'elle est complémentaire de yang 6 ⚊, n'est pas en position correcte. Lors de notre première rencontre avec Claire et Georges au chapitre 5, on décrivait son attitude comme yin, car elle se montrait polie et respectueuse envers lui, comme le serait une jeune employée envers un collègue plus avancé dans l'entreprise. Mais si Claire décidait que l'énergie et l'enthousiasme de sa jeunesse la mettaient sur un pied d'égalité avec Georges, son expérience et son pouvoir, et qu'elle lui répondait avec assurance, comme une collègue qui aurait une aide précieuse à offrir ?

Si Claire pouvait changer son attitude du yin au yang, à savoir yin 3 ▬ ▬ par yang 3 ▬, le résultat serait le trigramme 5:7, l'alliance, comme illustré ci-après.

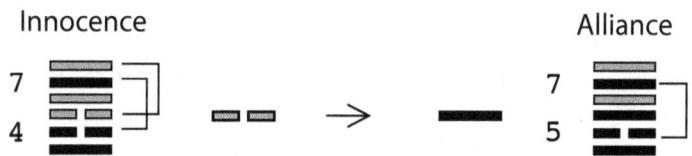

Figure 8.5 : hexagramme consécutif, l'alliance

Cet hexagramme n'est pas parfait, mais il est plutôt favorable. Les trois lignes du trigramme sujet deviennent correctes, et les deux lignes intermédiaires restent complémentaires. La conséquence de ce changement est favorable à Claire, car sa relation avec Georges deviendrait plus stable et plus équitable – comme une Alliance – à condition que son attitude à elle puisse égaler celle de Georges en assurance.

Comme nous l'avons vu tout au long de l'histoire de Claire et Georges, l'aîné avec plus de pouvoir est capable de plusieurs changements bénéfiques à la relation. S'il laissait Claire l'approcher plutôt que l'inverse, l'extrêmement favorable hexagramme 4:3, Gain, en résulterait. Si un changement s'opère des deux côtés pour atteindre l'hexagramme 5:2, parfait, Claire tirerait profit du mentorat.

Mais l'action de Georges ainsi que son essence et son attitude ne sont pas du domaine du changement réalisable, car il est l'objet. Claire, en tant que sujet, peut espérer, attendre ou essayer d'influencer ces changements chez Georges, mais elle ne peut pas les réaliser elle-même.

3 Le changement naturel

Souvent, le meilleur changement possible est celui qui se passe naturellement. Comme je l'ai mentionné dans le chapitre 4, le Yi King assure que tout, dans le monde, progresse le long d'une spirale, et qu'un cycle de la spirale représente un cercle de changements attendus, réguliers, paisibles et doux.

Si on les laisse suivre leur cours en passant d'un état à l'autre, les changements du côté sujet de l'hexagramme comme du côté objet suivent la séquence des huit trigrammes, comme illustré ci-dessous :

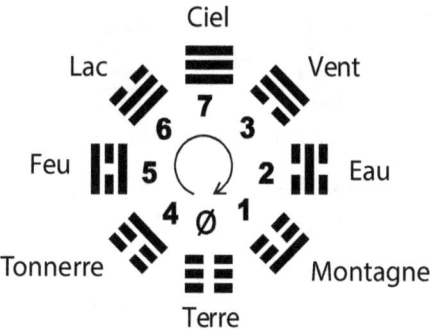

Figure 8.6 : changement naturel

Le trigramme 4 ☳, le tonnerre, représente la situation actuelle de Claire. Le prochain trigramme dans la séquence est le trigramme 5 ☲, le feu. Alors son mouvement entre les trigrammes 4 et 5 est un changement naturel – qui arrivera très probablement, car en temps voulu, Claire deviendra moins innocente et plus confiante dans son comportement avec Georges. Son attitude passera du yin au yang. Si Georges ne change pas simultanément, l'hexagramme consécutif sera l'hexagramme 5:7, Alliance.

Comme nous l'avons déterminé, les deux autres changements réalisables que peut opérer Claire (être plus passive dans son action ou plus expérimentée dans son essence) ne sont ni naturels ni favorables. L'hexagramme Ø:7, Déni, apparait lorsque le trigramme sujet passe du trigramme 4 ☳, le tonnerre, au trigramme Ø ☷, la terre, ce qui va à l'encontre de la séquence de changement régulier. L'hexagramme 6:7 apparait lorsque le trigramme sujet passe au trigramme 6 ☱, le lac, en sautant le trigramme 5 ☲, le feu. Bien que ce changement se déroule dans la direction naturelle, il est moins probable qu'il arrive soudainement, car cela impliquerait la conversion de l'essence de Claire du yin au yang. Une telle transformation est possible, mais elle prendrait du temps, et Claire devrait travailler très dur pour améliorer à la fois ses compétences professionnelles et sa relation avec ses collègues et amis. À ce stade, l'aide et le soutien de Georges deviendraient moins importants.

Et si Georges subissait un changement naturel avant Claire ? Sa situation actuelle est représentée par le trigramme 7 ☰, le ciel, où il domine tout, dans tous les sens du terme. Pour lui, le prochain trigramme naturel est le 3 ☴, le vent. Il devient naturellement un peu plus vieux et plus sage et se rend peut-être compte des risques inhérents à s'intéresser à une belle et jeune collègue. Son action envers Claire devient naturellement yin.

Comme nous l'avons vu plus tôt, l'hexagramme 4:3, le gain, serait la conséquence désirable de ce changement naturel chez Georges. Même si Claire apprenait qu'elle ne peut rien changer à sa propre situation, elle n'aurait qu'à éviter de commettre des erreurs et attendre patiemment que l'attirance sexuelle qu'éprouve Georges se calme naturellement et que son action passe du yang au yin.

Pourtant, une autre possibilité dans l'ordre naturel du changement est l'hexagramme 5:3, matriarche, résultat de l'évolution simultanée de Claire et Georges. À mesure que Claire gagne en assurance dans son attitude, Georges s'abstient de la désirer :

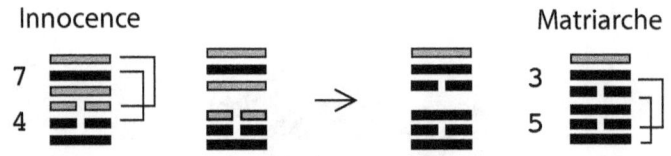

Figure 8.7 : changement naturel, matriarche

Il y a cinq lignes correctes dans l'hexagramme 5:3, mais les deux lignes supérieures sont en conflit. Le titre de cet hexagramme indique que telle une matriarche, Claire jouera un rôle important dans la relation.

Bien que chacun de ces trois changements naturels soit possible – Claire change la première, Georges change le premier ou ils changent simultanément –, c'est la première possibilité qui est la plus probable. Vous l'aurez peut-être déjà deviné. La jeunesse de Claire et son inexpérience la rendent plus apte à évoluer plus rapidement que Georges, qui est au sommet de sa profession et dans la force de l'âge.

Ce que vous pouvez ne pas saisir, c'est la netteté avec laquelle le Yi King capture ce flux logique d'innocence à expérience. Dans le cycle naturel du changement, il est plus probable que l'ascension se passe plutôt que le déclin. En d'autres termes, le changement a lieu plus facilement du trigramme 0 vers le haut, en passant par les trigrammes 4, 5 et 6 jusqu'au trigramme 7. Regardez l'image de la séquence des huit trigrammes au début de cette section sur le changement naturel. Voyez-vous la flèche indiquant comment se termine le cycle ?

Donc, parmi les trois conséquences naturelles possibles pour Claire et Georges, représentées par les hexagrammes 5:7, 4:3 et 5:3, celle représentée par l'hexagramme 5:7, l'alliance, est la plus probable, car le changement du trigramme 7 ☰ au 3 ☶ est dans un mouvement de déclin. Qu'est-ce que cela signifie ? Il est moins probable que Georges cesse de s'intéresser à Claire et il est plus probable que Claire devienne confiante avec lui et soit capable de repousser ses avances sans être trop timide ou respectueuse.

Les autres hexagrammes consécutifs possibles dont nous avons parlé ne seraient pas le résultat d'un changement naturel, mais ils pourraient toujours se produire. Nous, êtres humains, ne suivons pas toujours le courant et nous agissons souvent contre nos propres intérêts. Nous en arrivons même à des extrêmes pour inverser l'ordre naturel du déclin.

Quant à Claire, sa situation actuelle, représentée par l'hexagramme 4:7, n'est pas trop mauvaise, et elle n'a pas à opérer des changements drastiques pour améliorer sa relation avec Georges. En fait, de nombreux changements à portée de sa main pourraient se montrer contreproductifs. Si elle se conduit prudemment, évite d'avoir un comportement déplacé et gagne patiemment de l'expérience, sa situation pourrait s'améliorer d'elle-même. C'est ce que l'on veut dire lorsque l'on parle de laisser les choses suivre leur cours.

4 Établir la bonne stratégie

En ce qui concerne Claire, faire ce qui vient naturellement est probablement sa meilleure option, mais les conséquences naturelles ne sont pas toujours favorables. Rappelez-vous l'ascension et la chute de la carrière de Henri chez SFR, la société de logiciels, mentionnés dans le chapitre 4.

Ce chapitre expliquait la séquence naturelle des saisons, et nous avons vu les trigrammes de Henri changer, comme s'ils réfléchissaient sa position mouvante au sein de l'entreprise. Maintenant que nous savons comment construire et analyser un hexagramme, nous pouvons aussi voir sa carrière du point de vue de sa relation avec SFR.

Imaginons que SFR soit une startup performante, mais pas tout à fait bien établie. Cette entreprise est audacieuse et innovante, mais pas entièrement stable financièrement, alors on peut la représenter avec le trigramme 5 ☲, le feu. Maintenant supposons que Henri vienne juste d'arriver au terme de son apogée et se trouve au cycle du « début de l'automne », représenté par le trigramme 3 ☴, le vent. C'est lorsqu'il a commencé à adopter un profil bas et à fournir moins d'effort dans son travail.

La situation actuelle de Henri chez SFR, de son point de vue, peut être représentée par l'hexagramme 3:5, le chaudron :

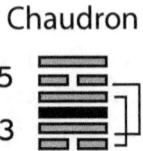

Figure 8.8 : la situation actuelle de Henri chez SFR

Comme vous pouvez le voir, la situation de Henri est loin d'être idéale. La seule ligne correcte est yang 3. Deux paires de lignes complémentaires (les lignes inférieures et intermédiaires) montrent que son action passive et son essence expérimentée pourraient être un avantage pour lui dans cette entreprise audacieuse et instable. Cet hexagramme est neutre : ni favorable ni défavorable.

Dans la séquence des huit trigrammes, après le trigramme 3 ☴, le vent, vient le trigramme 2 ☵, l'eau. De l'hexagramme 3:5, le chaudron, le changement naturel de Henri mène à l'hexagramme consécutif illustré ci-dessous :

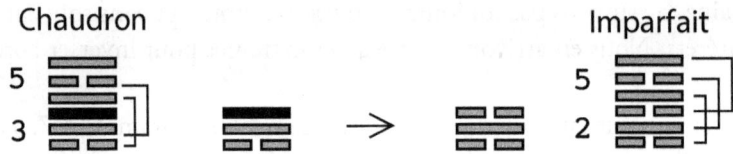

Figure 8.9 : hexagramme consécutif, imparfait

Comme vous le savez, l'hexagramme 2:5, imparfait, est l'un des quelques hexagrammes spéciaux à être défavorable, alors Henri n'y gagnerait pas à laisser sa situation changer naturellement. Puisque SFR est une jeune entreprise, il est probable qu'elle évolue rapidement vers le trigramme 6 ☱, le lac, devenant une société corporative plus solide et moins audacieuse. Les hexagrammes consécutifs seront soit l'hexagramme 3:6, surcharge, soit, si Henri et SFR changent tous les deux naturellement, l'hexagramme 2:6, Adversité. Aucune des possibilités n'est favorable à Henri.

Si Henri veut améliorer sa situation à SFR, il ne peut pas se permettre de laisser la nature suivre son cours. Dans les huit trigrammes, le trigramme 7 ☰, le ciel, vient avant le trigramme 3 ☴, le vent. Si Henri devait inverser son déclin en changeant son action sur le travail du yin au yang (en s'appliquant avec une vigueur ravivée et en atteignant de nouveaux sommets), alors l'hexagramme consécutif serait l'hexagramme 7:5, Acquisition :

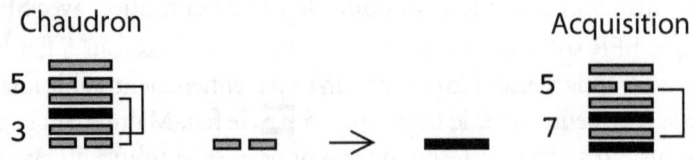

Figure 8.10 : l'hexagramme consécutif, l'acquisition

Avec cette altération, le nombre de lignes correctes passe à deux, et les lignes intermédiaires restent complémentaires ; la situation sera une amélioration par rapport à la précédente. Ainsi, pour Henri, le choix doit se faire entre accepter un déclin naturel de sa relation avec la société ou sélectionner un changement qui améliorera ses perspectives professionnelles.

En vous basant sur l'analyse ci-dessus, vous pouvez élaborer une stratégie de vie appropriée en :

- Identifiant quels changements sont favorables,
- Mettant à profit le changement réalisable pour tirer profit de la situation,
- Étant patient, en attendant le changement naturel favorable.

CHAPITRE 9
Texte du Yi King

GÉRARD ET SON BEAU-PÈRE, WALTER, souffrant d'Alzheimer et requérant l'aide de Gérard dans ses soins, se battent contre la maladie. Gérard éprouve de grandes difficultés à jouer ce rôle. Cette situation peut être représentée par le trigramme 2, l'eau.

En tant que patient recevant de l'aide, Walter ressemble à la terre recevant l'énergie du ciel. Sa situation est comme le trigramme Ø, la terre.

Du point de vue de Gérard, ces deux trigrammes représentent sa relation avec Walter, et l'hexagramme qui en résulte est l'hexagramme 2:Ø, l'armée. Gérard est le commandant d'un unique soldat, Walter. Ils se battent côte à côte contre un ennemi commun, Alzheimer. Quel type de stratégie Gérard devrait-il adopter pour gagner un combat?

Bien que la structure d'un hexagramme puisse révéler si la situation actuelle est favorable, défavorable ou neutre, elle ne peut pas vous fournir de conseil sur les actions spécifiques à exécuter. Le texte du Yi King – révélation élégante, ordonnée et lyrique de la signification du système – vous aidera à appliquer le Yi King dans votre vie avec facilité et précision.

Le texte du Yi King pour chaque hexagramme comprend trois sections: un titre, un texte général, et un texte pour chacune des six lignes.

1 Titre

Le titre donne un nom au thème pour tous les textes associés à l'hexagramme. Le texte général illustre la situation basique. Le texte de chacune des six lignes offre des conseils en rapport à l'aspect associé à sa ligne particulière.

« Armée » est le thème pour tous les textes associés à l'hexagramme 2:Ø, illustré ci-dessous:

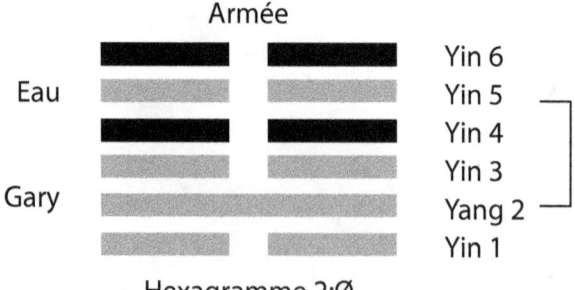

Figure 9.1 : la situation de Gérard

Le titre « Armée » indique que Gérard est le commandant d'un unique soldat, Walter. Ils sont côte à côte dans la bataille contre un ennemi commun : Alzheimer.

2 Texte général

Restez sur la voie actuelle.
Elle est favorable à l'aîné.
Aucun blâme.

Le texte général décrit les circonstances générales de la situation actuelle et donne un conseil général au sujet pour la gérer. Dans cet exemple, « l'aîné » fait référence à Gérard, au sujet, et non à Walter, qui est littéralement l'aîné.

Le texte du Yi King est bien plus concret et visuel que le symbole à six lignes des hexagrammes, mais il reste abstrait et universel – comme de la poésie par rapport à la prose. C'est pour cela que dans ce texte, on ne devrait pas interpréter « l'aîné » comme le plus vieux de la situation – en l'occurrence, Walter. Plus intéressants encore, les caractères chinois pour « aîné » sont « shang ren », littéralement : beau-père. En nous limitant au sens le plus strict, prendre la phrase « elle est favorable à l'aîné » telle que « elle est favorable au beau-père, Walter » serait une erreur d'interprétation.

Nous devons baser notre interprétation sur la structure des hexagrammes. La phrase « elle est favorable à l'aîné » ne doit pas simplement être interprétée telle que « la situation actuelle est favorable ». Voici la structure de l'hexagramme 2:0 :

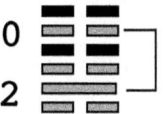

Figure 9.2 : structure de l'hexagramme 2:0

Dans cet hexagramme, seules deux lignes, yin 4 -- et yin 6 --, sont dans une position correcte. Les autres sont incorrectes. Les deux lignes intermédiaires sont complémentaires, mais les lignes inférieures et supérieures sont en conflit. La structure de cet hexagramme indique que la situation actuelle est moins favorable.

En général, les aînés sont plus expérimentés, prudents, rationnels et moins hâtifs que leurs cadets, et contrôlent mieux leurs émotions. Le texte suggère que dans les circonstances actuelles, le sujet, Gérard, représenté par « l'aîné », devrait gérer la situation habilement, prudemment et rationnellement. Si Gérard n'est pas un expert d'Alzheimer, alors dans ce cas particulier, il devrait acquérir les connaissances nécessaires pour être un soignant qualifié : « l'aîné » de ce texte général.

3 Texte des lignes

Yin 1

Après le départ,
L'armée doit être très disciplinée,
Ou tragédie il y aura.

Rappelez-vous, grâce au chapitre 4, que yin 1 est la ligne d'action du sujet. Le texte de yin 1 est une suggestion en rapport à l'action de Gérard. Son action est yin. Prendre soin de Walter est harassant pour lui. Cette ligne est incorrecte et entre en conflit avec yin 4, indiquant que l'action yin de Gérard est défavorable. De plus, le texte suggère que Gérard devrait surmonter son sentiment de frustration et de réticence : « L'armée doit être très disciplinée ».

Yang 2
Durant l'expédition,
La situation est favorable.
Aucun blâme.
Le roi assigne une mission trois fois.

Le texte de yang 2 est une suggestion par rapport à l'essence de Gérard, qui est yang. Il a un rôle important ainsi que la force pour prendre soin de Walter. Cette ligne est intermédiaire et complémentaire de yin 5, indiquant que l'essence yang de Gérard est favorable. Le texte suggère à Gérard d'utiliser sa force pour honorer ses obligations : « Le roi assigne une mission trois fois. »

Yin 3
Parfois,
Lorsque les pertes sont si importantes
Que les cadavres des soldats sont évacués par charriots.
Cela est défavorable.

Le texte de yin 3 est une suggestion en rapport avec l'attitude de Gérard. Elle est yin. Il est humble, aimable et conciliant, et il aime Walter. Normalement, cette attitude est positive. Cependant, dans les circonstances actuelles, elle n'est pas complètement appropriée, car le comportement de Walter est inhabituel. Et si Gérard était gentil et faisait tout pour Walter, y compris ce que Walter pourrait faire lui-même ? Alors son beau-père pourrait ressentir la futilité de sa situation. Et si Gérard était patient et apprenait à Walter à faire la même tâche encore et encore ? Alors son beau-père pourrait se sentir frustré par son incapacité à apprendre. Cette ligne est incorrecte et entre en conflit avec yin 6, indiquant que l'attitude yin de Gérard est défavorable : « Parfois, lorsque les pertes sont si importantes que les cadavres des soldats sont évacués par charriots. »

Rappelez-vous que les lignes 4, 5 et 6 représentent l'objet, Walter, et correspondent à son action (4), son essence (5) et son attitude (6).

Yin 4
L'armée bat en retraite.
Aucun blâme.

Le texte de yin 4 suggère que l'action de Walter est yin. Le patient reçoit passivement de l'aide. À certains moments il peut se montrer agité ou agressif, mais ces comportements sont des symptômes de sa maladie, et ne sont pas de son fait. Cette ligne est correcte, mais est en conflit avec yin 1, indiquant que l'action de Walter est neutre : « L'armée bat en retraite. Aucun blâme. »

Yin 5

Il y a du gibier dans un champ.
Il est bénéfique de faciliter la communication.
Aucun blâme.
Pendant qu'un fils ainé mène l'armée dans la bataille,
Un fils cadet retire les cadavres du charriot.
Rester sur cette voie est défavorable.

Le texte de yin 5 suggère que l'essence de Walter est yin. Il est malade. La ligne est incorrecte, mais est complémentaire de yang 2. L'essence yin de Walter est neutre ; la situation dépend de comment Gérard approche les soins.

Walter a beaucoup perdu de sa mémoire à court terme ainsi que sa capacité à raisonner et à parler correctement. La communication devient un problème extrêmement important entre les deux hommes. Si Walter erre, Gérard pourrait se demander si son beau-père s'ennuie ou s'il cherche quelque chose, comme un verre d'eau ou les toilettes. Si Walter crie sur un visiteur, Gérard pourrait se demander si son beau-père est frustré, car il n'arrive pas à se souvenir du nom du nouveau venu. Gérard doit essayer de comprendre quel message sous-tend le comportement de Walter et faire quelque chose pour y remédier : « Pendant qu'un fils ainé mène l'armée dans la bataille, un fils cadet retire les cadavres du charriot. » Les deux frères symbolisent un manque de communication. « Rester sur cette voie est défavorable ».

Yin 6

Le grand dirigeant a enseigné
Que pour fonder un nouveau pays, ou
Bâtir un héritage familial,
Il ne faut jamais employer une personne non qualifiée.

Le texte de yin 6 est une suggestion concernant l'attitude de Walter, qui est yin. À cause de la détérioration de ses fonctions cérébrales, son attitude est indifférente. Cette ligne est correcte, mais est en conflit avec yin 3. L'attitude yin de Walter est neutre. Puisque s'occuper d'un patient atteint d'Alzheimer est un problème complexe, Gérard devrait chercher de l'aide auprès de professionnels, comme le suggère le texte : « Il ne faut jamais employer une personne non qualifiée. »

4 Voir les changements possibles

Gérard ne peut pas manipuler l'action, l'essence ou l'attitude de Walter. Bien que les circonstances semblent moroses, le texte suggère clairement que Gérard peut améliorer la situation en changeant quelques aspects. Il n'a pas à changer sa propre essence, mais il peut agir sur son action et son attitude, les deux aspects défavorables sous son contrôle.

S'il change son action du yin au yang, il en résultera l'hexagramme 6:Ø, approché, illustré ci-dessous :

Figure 9.3 : hexagramme consécutif, approcher

Ce changement place la première ligne yang en position correcte et complémentaire de yin 4. Le titre de l'hexagramme signifie que la situation s'approche de meilleures perspectives. Le texte général de cet hexagramme dit :

Les choses se passent très calmement.
Il est bénéfique de rester sur la voie actuelle.
Il y aura une période défavorable au bout de huit mois.

Cet hexagramme est plus favorable que l'hexagramme 2:Ø, bien qu'il mentionne « une période défavorable au bout de huit mois ». Ultimement, Walter entrera dans les derniers stades de la maladie. Pour l'instant, « les choses se passent très calmement » et Gérard devrait « rester sur la voie actuelle ».

Disons qu'au lieu de changer son action, Gérard change son attitude du yin au yang. L'hexagramme consécutif sera l'hexagramme 3:Ø, Ascension, illustré ci-dessous :

Figure 9.4 : hexagramme consécutif, ascension

Cette altération rend la troisième ligne favorable, correcte et complémentaire de yin 6. Le texte général de l'hexagramme 3:Ø dit :

Les choses se passent très calmement.
Il est bénéfique de rendre visite à une grande personne.
Pas d'inquiétude.
L'expédition vers le sud-est favorable.

Le texte dit que « les choses se passent très calmement » et suggère à Gérard de consulter des professionnels qui prendront correctement soin de Walter.

Si Gérard change son action et son attitude du yin au yang, l'hexagramme consécutif sera l'hexagramme 7:Ø, que nous avons vu dans les chapitres précédents. Cet hexagramme, Paix, est très favorable : une combinaison du trigramme du ciel avec celui de la terre.

Les trois changements possibles, son action, son attitude, ou les deux auraient des conséquences favorables. Gérard devrait pouvoir améliorer sa situation, qu'importe à quel point il se sent démuni. Cet exemple démontre la capacité du texte du Yi King à nous aider à voir par-delà nos difficultés actuelles et à prendre la situation comme un tout en incluant toutes les possibilités d'un changement positif.

5 Traduction littérale

Si vous souhaitez vérifier la traduction du texte du Yi King ou avez des interrogations par rapport à votre propre interprétation, vous trouverez la traduction littérale dans l'annexe 3. Ce document vient des anciens textes très concis gravés sur des os ou des bandes en bambou.

Jetons un œil à la cinquième ligne de l'hexagramme 2:0, utilisé pour le dilemme de Gérard et Walter. La traduction littérale de la première moitié du texte de yin 5 est composée de huit caractères chinois : champ, avoir, oiseau, bénéfice, exécuter, mot, non et blâme.

Dans cet ouvrage, vous trouverez ces caractères traduits par :

Il y a du gibier dans un champ.

Il est bénéfique de faciliter la communication.

Aucun blâme.

Pouvez-vous voir à quel point cela correspond à Walter, ayant perdu sa capacité à exprimer ses pensées avec le langage et comptant maintenant sur son comportement pour communiquer ? Gérard devrait observer attentivement les actions de Walter et lutter pour comprendre leur signification sous-jacente. Si l'interprétation de Gérard est correcte, alors lui et Walter amélioreront leur situation, malgré la condition incurable de son beau-père. De même, pour maximiser les possibilités de succès, les chasseurs dans un champ doivent observer attentivement le comportement de leurs proies.

Lorsque Walter sera dans la phase terminale d'Alzheimer, on ne devra pas blâmer Gérard. En suivant les conseils du Yi King, Gérard sera capable de devenir un bon soignant.

Fin de la première partie

Maintenant que vous avez atteint la conclusion de la première partie, vous pouvez commencer à mettre à profit ces enseignements. Appliquez-les à votre propre situation ou à celle de vos amis, de votre famille ou de vos partenaires commerciaux.

- En premier lieu, créez un hexagramme approprié en combinant deux trigrammes, sujet et objet, ou le pour et le contre, comme cela vous a été montré.
- Étudiez les lignes correctes et incorrectes de l'hexagramme ainsi que ses lignes complémentaires ou en conflit pour comprendre la nature générale de l'hexagramme.
- Puis, référez-vous au texte du Yi King, interprétez la situation et déterminez comment elle peut être modifiée en changeant les lignes faibles.

La deuxième partie de ce livre fournit la traduction du texte du Yi King des soixante-quatre hexagrammes ainsi que mes commentaires. Vous n'avez pas besoin de tous les lire ; vous pouvez vous contenter de ne choisir que le texte correspondant à l'hexagramme que vous venez de créer.

Gardez toujours à l'esprit que ce que déclare le texte du Yi King correspond à vous (le sujet) et au rôle des lignes dans l'hexagramme. Créez votre propre interprétation du texte de manière qu'il corresponde à votre situation en particulier. Sachez que vous avez toujours le soutien de la profonde sagesse de ceux qui ont étudié et codifié le fonctionnement du monde il y a des millénaires de cela.

DEUXIÈME PARTIE
Commentaire sur le texte du Yi King

Commentaire sur le texte du Yi King

Les huit trigrammes et les soixante-quatre hexagrammes sont le code du Yi King. Ils sont absolument abstraits et universels. Le texte du Yi King commente les hexagrammes et en facilite la compréhension. Mais le texte était un archétype très concis et, malheureusement, menait à de mauvaises traductions et interprétations des présages.

Cette partie présente une nouvelle traduction du texte du Yi King et un commentaire sur celle-ci. Le commentaire se base sur le fait qu'un hexagramme représente le statut des deux côtés d'une relation et contient deux trigrammes. L'un est le trigramme sujet, l'autre le trigramme objet. Les trois lignes symbolisent trois aspects : l'action, l'essence et l'attitude. Le statut de l'harmonie entre les aspects rend un jugement sur la situation actuelle et donne des conseils au sujet qui a sélectionné les trigrammes.

Le texte du Yi King pour un hexagramme comprend un titre, un texte général et un texte pour chaque ligne. Les commentaires découlent de l'analyse de la structure de l'hexagramme.

L'ordre des hexagrammes dans cette partie est défini par l'assemblage des hexagrammes. Les soixante-quatre hexagrammes sont organisés en huit groupes. Chaque groupe est composé de huit hexagrammes avec le même trigramme sujet. Les trigrammes objets sont dans l'ordre de la séquence des huit trigrammes. Les trigrammes sujets de chaque groupe suivent aussi l'ordre des huit trigrammes.

Si vous obtenez un hexagramme à partir d'une autre publication, il est très facile de trouver son numéro d'identité (celui utilisé dans ce livre) en utilisant le diagramme ci-dessous (il apparaît aussi au chapitre 6).

Dans ce diagramme, à l'assemblage sont joints le numéro d'identité des trigrammes sujets dans la première colonne en partant de la gauche, le numéro d'identité des trigrammes objets dans la première ligne en partant du haut, et le numéro de série du Zhou Yi entre parenthèses sous le symbole des hexagrammes.

Vous pouvez utiliser le diagramme ci-dessus pour trouver la forme d'un hexagramme et son numéro de série dans le Zhou Yi. Par exemple, si vous souhaitez connaître l'hexagramme 6:4, le numéro d'identité de son trigramme sujet est 6. Celui de son trigramme objet est 4. Au croisement de la ligne numéro 6 et de la colonne numéro 4 se trouve le symbole de l'hexagramme 6:4, ☷. C'est l'hexagramme 54 (54 étant le numéro de série dans le Zhou Yi). Quant à l'hexagramme 4:6, allez à la ligne numéro 4, colonne numéro 6 : son symbole est ☷. C'est l'hexagramme 17 (Zhou Yi).

Par exemple, l'hexagramme 64 est le dernier hexagramme du Zhou Yi. Sa forme est ☷. Le trigramme sujet est ☷. 2 est son numéro d'identité. Le trigramme objet est ☷. 5 est son numéro d'identité. Les deux numéros d'identité ensemble avec deux points les séparant deviennent 2:5. Donc le numéro d'identité de l'hexagramme 64 est 2:5.

« 2:5 » indique que l'hexagramme est composé des trigrammes 2 et 5, alors que « 64 » indique que cet hexagramme est le dernier dans la séquence du Zhou Yi.

Ø	1	2	3	4	5	6	7
(2)	(23)	(8)	(2Ø)	(16)	(35)	(45)	(12)
(15)	(52)	(39)	(53)	(62)	(56)	(31)	(33)
(7)	(4)	(29)	(59)	(4Ø)	(64)	(47)	(6)
(46)	(18)	(48)	(57)	(32)	(5Ø)	(28)	(44)
(24)	(27)	(3)	(42)	(51)	(21)	(17)	(25)
(36)	(22)	(63)	(37)	(55)	(3Ø)	(49)	(13)
(19)	(41)	(6Ø)	(61)	(54)	(38)	(58)	(1Ø)
(11)	(26)	(5)	(9)	(34)	(14)	(43)	(1)

CHAPITRE 10
Lorsque la terre ☷ est le sujet

Ce chapitre contient le texte du Yi King des hexagrammes allant de Ø:Ø à Ø:7. Leur trigramme sujet est le Ø, la terre. La caractéristique typique de la terre est l'adaptabilité. Cela signifie répondre aux autres sans résistance, force ou rudesse, mais délicatement, docilement et paisiblement.

1 L'hexagramme Ø:Ø, la terre (Zhou Yi, hexagramme 2)

La terre signifie qu'une relation est reposante et paisible, telle la terre vaste et silencieuse. Dans cet hexagramme, les deux trigrammes qui le composent sont le Ø ☷, la terre (adaptabilité). Dans la relation, le sujet et l'objet sont tous deux aimables, délicats et capables de s'adapter. La relation est reposante et paisible, comme la situation juste après qu'une relation plus ancienne soit arrivée à son terme ou qu'une nouvelle débute. Frileux et hésitant dans la relation, comme s'il « marchait sur le sol couvert de givre », le sujet devrait commencer à interagir avec les autres et à se diriger vers une relation plus solide.

1—Texte général

Les choses se passent très calmement.
Il est préférable de rester sur la voie actuelle
Comme une jument docile.
Le sage peut avancer avec prudence, et possiblement s'égarer au départ
Mais devenir maitre du chemin à l'arrivée.
Cela est bénéfique.
Aller vers le sud-ouest, la terre natale,
Rencontrer des amis.
Aller vers le nord-est, la terre étrangère,
Perdre des amis.
Rester calmement sur la voie actuelle est favorable.

Puisque les deux côtés de la relation sont adaptables, « les choses se passent très calmement ». Le sujet et l'objet sont très polis et réactifs ; ils ne se connaissent pas et ne veulent pas interférer dans les affaires de l'autre. Puisque la première impression joue un rôle capital dans le futur, le sujet devrait être très prudent, poli et délicat : « docile comme une jument ». Le cheval est un animal docile, et la jument l'est plus que l'étalon. Le sujet devrait s'adapter à l'environnement et à l'objet, comme une jument.

Au début du développement d'une relation, le sujet ne connait que peu de choses sur l'objet et ne sait pas ce qu'il devrait faire, peut-être « s'égarer au départ ». Dans le cas d'un éventuel faux pas, le sujet devrait rester calme, détendu, prudent et patient. Puis, à mesure qu'il commence à mieux connaitre l'objet, il « deviendra maitre du chemin à l'arrivée».

Le sujet devrait aussi faire preuve de prudence avant d'avancer et connaitre clairement quelle direction est la bonne et laquelle est la mauvaise. Lorsque le texte du Yi King a été révisé par le roi Wen qui dirigeait la province de Zhou, celle-ci était située au sud-ouest de la province de Shang, hostile au roi Wen. C'est de cela que les phrases « aller vers le sud-ouest, la terre natale, rencontrer des amis » et « aller vers le nord-est, la terre étrangère, perdre des amis » s'inspirent. Cela souligne l'importance de la direction à prendre pour trouver et garder des amis. Le sujet devrait rester calmement sur la voie actuelle – rester poli comme une jument, apprendre à connaitre l'objet et trouver la bonne direction.

2—Structure

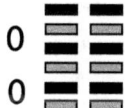

Figure 10.1 : structure de l'hexagramme Ø:Ø

Trois lignes sont en position correcte : yin 2 ▬▬, yin 4 ▬▬ et yin 6 ▬▬. Les trois autres sont incorrectes. Aucune ligne n'est complémentaire d'une autre ; toutes les lignes analogues sont en conflit. L'hexagramme Ø:Ø est neutre, ou moins favorable.

3—Texte des lignes

Yin 1

En marchant sur le sol couvert de givre,
On sait que la glace peut bientôt arriver.

Yin 1 ▬▬ indique que le sujet ne veut pas faire progresser la relation, et l'objet non plus. Il n'y aucune interaction entre eux ; la relation est froide et le sujet est frileux, comme s'il marchait sur le sol couvert de givre. Si le sujet maintient cette action yin, la relation se refroidira encore plus. Le sujet devrait anticiper qu'une période difficile approche, car « la glace peut bientôt arriver ». Le sujet devrait changer son action du yin au yang.

Cette ligne est dans une position incorrecte et en conflit avec yin 4 ▬▬. L'action yin du sujet est défavorable.

Yin 2

Le monde est droit, carré et vaste.
Tirer des bénéfices sans pratique.

Les anciens peuples croyaient que la Terre était grande, plate et carrée. Dans une relation aussi détendue, le sujet et l'objet ont le sentiment qu'ils vivent librement sur la vaste terre.

Yin 2 ▬▬ indique que le sujet est en position de faiblesse, n'ayant que peu de force. Cependant, l'essence yin ne l'empêche pas de réussir, puisque la place est suffisamment abondante pour qu'il se déplace. L'environnement est tellement détendu et tirer des bénéfices est si facile que le sujet pourrait en tirer même sans l'expérience venant de la pratique.

Cette ligne est centrale et correcte, mais entre en conflit avec yin 5 ▬▬. L'essence yin du sujet est neutre, ou un peu favorable.

Yin 3

En couvrant son éclat,
On peut rester sur la voie actuelle.
Si l'on sert le pays,
On peut ne pas avoir de succès,
Mais arriver à un dénouement heureux.

Yin 3 ▬▬ indique que le sujet est très humble, en couvrant son éclat et en ne mettant pas en avant ses talents. « Le pays » symbolise l'objet. Puisque l'objet ne connaît pas les compétences du sujet, « si l'on sert le pays, on peut ne pas avoir de succès ». Mais ultimement, par ce service, l'objet connaitra le sujet et celui-ci arrivera à « un dénouement heureux ».

Cette ligne n'est pas dans une position correcte et entre en conflit avec yin 6 ▬▬. L'attitude yin du sujet est défavorable.

Yin 4

On lace un sac.
Aucun blâme
Ni honneur.

Yin 4 ▬▬ indique que l'objet est réticent à l'idée de s'ouvrir au sujet : « on lace un sac ». Le sujet devrait respecter l'intimité de l'objet et n'a pas à essayer de défaire le lacet du sac. Il n'a pas à connaitre le contenu du sac fermé et ne devrait pas être blâmé ou encensé.

Cette ligne est dans une position correcte, mais entre en conflit avec yin 1 ▬▬. L'action yin de l'objet est neutre.

Yin 5

La situation est comme porter un vêtement jaune,
Ce qui représente la noblesse.
Cela est très favorable.

Dans la Chine antique, l'empereur récompense le serviteur avec « un vêtement jaune », un honneur en plus d'un symbole de haut rang dans le gouvernement. Yin 5 ▬▬ indique que l'objet a besoin de l'aide du sujet. Si le sujet maintient son aide, il pourrait se voir récompenser pour l'offre. Ainsi, la situation devient favorable au sujet, comme s'il recevait un « vêtement jaune » en récompense.

Cette ligne est centrale, mais n'est pas dans une situation correcte et entre en conflit avec yin 2 ▬▬. L'essence yin de l'objet est neutre ou un peu favorable.

Yin 6

Les dragons se battaient dans un champ.
Le sang des dragons est devenu noir,
Mélangé à la terre jaune.

Les « dragons » sont des animaux légendaires, très actifs et dotés d'une grande force. Dans l'hexagramme Ø:Ø, le sujet et l'objet sont tous deux adaptables, représentés par le trigramme Ø. Ainsi, on ne peut pas interpréter ces dragons comme des représentations de l'objet ou du sujet. À la place, c'est une période de renouveau, après que la bataille des dragons soit terminée et que leur sang ait imprégné la terre.

Yin 6 ▬▬ indique que l'objet est humble, adaptable, agréable et souple. Le sujet a la même attitude. Sujet comme objet ne se soucient pas d'être arrogants ou rudes comme un dragon porté sur le combat. La relation est donc en paix, comme un champ silencieux où le combat de dragons est fini : « le sang des dragons est devenu noir, mélangé à la terre jaune ». Le combat appartient au passé. Le sujet et l'objet sont prêts à entrer dans une nouvelle étape de leur relation.

Cette ligne est correcte, mais elle entre en conflit avec yin 3 ▬▬. L'attitude yin de l'objet est neutre.

Usage du yin

Il est bénéfique de rester sur la voie actuelle pour toujours.

Le texte « usage du yin » offre une instruction générale sur l'usage des lignes yin dans tous les hexagrammes. Ce texte s'applique à l'interprétation générale des lignes yin dans les soixante-quatre hexagrammes, excepté l'hexagramme 7:7, qui ne contient aucune ligne yin.

« La voie actuelle » symbolise la situation dans laquelle se trouve actuellement le sujet. Le texte suggère que le sujet reste à sa place, où qu'elle soit. Cela ne signifie pas que les choses restent statiques ou ne changent pas, mais que le sujet devrait être patient et attendre qu'un changement favorable arrive.

Dans le monde, tout finit toujours par changer. Même si le sujet reste immobile sur un point précis de la route, la situation du sujet continuera de changer. Les aspects de l'objet pourraient changer et la situation du sujet subit aussi un changement naturel (voir chapitre 8).

Le texte « usage du yin » dit au sujet que la ligne yin est comme un feu rouge à une intersection. Soyez patient, dit-il. Attendez à la ligne d'arrêt. Le feu vert ou la flèche verte arrivera bientôt pour guider le sujet ou le diriger vers son destin.

2 L'hexagramme Ø:1, la privation (Zhou Yi, hexagramme 23)

La privation signifie que le sujet est privé des droits légitimes dans la relation. En chinois, le mot pour « privation » est « bo », ce qui signifie « peler », « exploiter » ou « priver ». Le trigramme Ø ☷, la terre (adaptabilité), est le sujet. Le trigramme 1 ☶, la montagne (arrêt), est l'objet. Le sujet est aimable et délicat, comme la terre, mais l'objet se comporte de manière dure et arrogante, comme une montagne se tenant au milieu du chemin, privant le sujet de la liberté d'avancer. Le sujet devrait être intelligent et souple afin de profiter même des plus petites opportunités : s'il y a « beaucoup de fruits murs et que personne ne les mange », le sujet devrait les « emporter avec un charriot ».

1—Texte général

Il n'est bénéfique d'aller nulle part.

Ni le sujet ni l'objet n'ont la force ou ne sont prêts à faire avancer la relation. Le sujet est humble, agréable et respectueux, mais l'objet est arrogant et têtu. La situation actuelle de la relation est horrible et morose : « il n'est bénéfique d'aller nulle part. » Le sujet devrait s'adapter à la mauvaise situation, être patient, attendre un meilleur moment, et ne rien faire à ce moment.

2—Structure

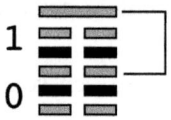

Figure 10.2 : structure de l'hexagramme Ø:1

L'hexagramme Ø:1 comporte deux lignes correctes : yin 2 ▬▬ et yin 4 ▬▬. Les autres sont incorrectes. Les lignes intermédiaires et inférieures entrent en conflit et les lignes supérieures sont complémentaires. L'hexagramme Ø:1 n'est pas favorable.

3—Texte des lignes

Yin 1

Un lit aux pieds dégradés pourrit.
Rester sur la voie actuelle est défavorable.

Yin 1 indique que le sujet ne veut pas faire quelque chose pour améliorer la situation actuelle de la relation, alors elle reste comme les pieds pourrissants d'un lit. Tout le monde a besoin d'un lit sur lequel dormir la nuit, et les pieds sont des supports importants pour ce repos nécessaire. « Un lit aux pieds dégradés » indique que l'action yin du sujet est la cause sous-jacente fondamentale de la mauvaise situation.

Cette ligne est incorrecte et entre en conflit avec yin 4 ▬▬. L'action yin du sujet est défavorable.

Yin 2

Un lit à la tête dégradée pourrit.
Rester sur la voie actuelle est défavorable.

En Chine, la tête de lit est séparée des pieds qui soutiennent le lit. Les gens l'utilisent en s'appuyant dessus pour se reposer. Une tête de lit dégradée ne fera pas tomber le lit, mais le rendra très inconfortable pour l'utilisateur qui ne pourra pas se détendre dessus. Yin 2 ▬▬ indique que l'essence du sujet est comme « un lit à la tête dégradée ». Le sujet devrait opérer des changements afin d'être plus actif et d'améliorer son essence par l'apprentissage, le labeur ou en s'appliquant à devenir plus fort.

Cette ligne est dans une position correcte, mais est en conflit avec yin 5 ▬▬. L'essence yin du sujet est neutre.

Yin 3

Un lit pourrit.

Aucun blâme.

Yin 3 indique que le sujet est pessimiste quant à la relation. Il est délicat, adaptable, agréable et respectueux (aucun blâme), mais ne peut pas faire grand-chose pour améliorer la situation, car l'objet est têtu.

Cette ligne est incorrecte, mais est complémentaire de yang 6 ▬. L'attitude yin du sujet est neutre.

Yin 4

Un lit à la surface dégradée pourrit.

Rester sur la voie actuelle est défavorable.

Yin 4 indique que l'action de l'objet est yin. Il ne veut pas améliorer la relation, et veut même se retirer ou mettre fin à la relation. Elle est gravement endommagée par l'action yin de l'objet. On ne peut pas dormir sur « un lit à la surface dégradée ».

Cette ligne est correcte, mais entre en conflit avec yin 1 ▬▬. L'action yin de l'objet est neutre.

Yin 5

Les poissons nagent avec un cordon.

Les courtisanes favorites accompagnent le roi.

Cela est bénéfique.

Yin 5 ▬▬ indique que l'objet a besoin de l'aide du sujet, tel le poisson nageant avec un cordon à la recherche de nourriture, ou les courtisanes favorites à la suite de leur roi. Que l'objet ait besoin du sujet empêche leur relation de s'écrouler. L'essence yin de l'objet est bénéfique au sujet.

Cette ligne est centrale, mais est dans une position incorrecte et entre en conflit avec yin 2 ▬▬. L'essence yin de l'objet est neutre.

Yang 6

Il y a beaucoup de fruits murs,

Mais personne ne les mange.

Le sage les emporte avec un charriot.

L'idiot est privé de domicile

Près des fruits tombés.

Yang 6 ▬ indique que l'attitude de l'objet est un arbre qui arbore de nombreux fruits murs, haut et effrayant et dont une douceur pourrait se répandre à tout moment. L'objet est arrogant, imprudent et négligeant, ce qui laisse possiblement des ouvertures au sujet. Pour déterminer si cela est bon ou mauvais, cela dépendra de comment le sujet gèrera les occasions. Si le sujet est intelligent, il se contentera de ramasser les fruits avec un charriot et s'en ira. Si le sujet hésite et manque de courage pour saisir l'occasion, il souffrira et sera « privé de domicile près des fruits tombés ».

Cette ligne est incorrecte, mais est complémentaire de yin 3 ▬ ▬ et soutenue par yin 5 ▬ ▬. L'attitude yang de l'objet est neutre.

3 L'hexagramme Ø:2, la proximité (Zhou Yi, hexagramme 8)

La proximité, est représenté par le caractère chinois 比. Les deux côtés de ce caractère sont identiques, à la manière d'une photo de deux personnes assises l'une à côté de l'autre. Ce caractère signifie le plus fréquemment « comparer », mais dans le cas de cet hexagramme, il désigne une relation étroite. Le trigramme Ø ☷, la terre (adaptabilité), est le sujet. Le trigramme 2 ☵, l'eau (difficulté et danger) est l'objet. Alors que l'eau est fluctuante et dangereuse, lorsqu'elle coule sur la terre, elle pénètre et humidifie le sol absorbant. Ainsi, cet hexagramme symbolise une relation étroite dans laquelle le sujet, la terre, tire profit de l'objet, l'eau.

Le sujet accepte cette aide bénéfique de la part de l'objet, mais l'objet a des difficultés à gérer le sujet. Le sujet devrait faire le premier pas pour devenir proche de l'objet en lui laissant savoir ce dont le sujet a besoin.

1—Texte général

La situation actuelle est favorable.
L'oracle suggère de rester sur la voie actuelle pour toujours.
Aucun blâme.
Soyez proche des gens difficiles.
Agir trop tard est défavorable.

« L'oracle » mentionné dans ce texte accomplissait généralement sa tâche avec une carapace de tortue, en observant les motifs formés par les fêlures après qu'elle ait été cuite au-dessus d'un feu.

Dans la relation actuelle, ni le sujet, ni l'objet ne veulent la faire avancer. Ils sont tous deux humbles, aimables, gracieux et respectueux. Le sujet est en position de faiblesse pendant que l'objet est en position de force. Le sujet tire profit de l'objet, alors il devrait rester dans la situation actuelle en restant proche de l'objet.

Cette relation étroite est favorable au sujet. Il devrait s'efforcer de maintenir la proximité même si l'objet est difficile. Si le sujet met trop longtemps à établir l'intimité avec l'objet, il pourrait rater l'occasion d'avoir quelqu'un pour prendre soin de lui, et la situation lui serait défavorable.

2—Structure

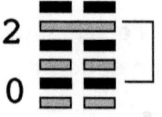

Figure 10.3 : structure de l'hexagramme Ø:2

Dans cet hexagramme, yin 2 ▬ ▬, yin 4 ▬ ▬, yang 5 ▬▬▬, et yin 6 ▬ ▬, sont dans une position correcte. Les lignes intermédiaires sont complémentaires. Les deux lignes restantes sont incorrectes. Les lignes inférieures et supérieures sont en conflit. L'hexagramme Ø:2 est neutre.

3—Texte des lignes

Yin 1

À établir une relation étroite sincèrement,
Il n'y a aucun blâme.
La sincérité est révélée
Autour d'une carafe de vin.
Ultimement, tout le monde se rejoint,
Y compris ceux qui sont différents.
Cela est favorable.

Yin 1 ▬▬ indique que le sujet ne choisit pas activement d'être proche des autres. Si le sujet suit son propre chemin, il ne peut pas recevoir l'aide des autres. Le sujet devrait changer cette posture passive et s'attacher à l'objet activement et sincèrement : « à établir une relation étroite sincèrement, il n'y a aucun blâme ». Même si l'objet n'est pas intéressé par une relation plus intime, le sujet devrait montrer qu'il désire sincèrement se rapprocher : « ultimement, tout le monde se rejoint, y compris ceux qui sont différents ». Lorsque le sujet a besoin d'aide, il pourra recevoir celle de l'objet : « c'est favorable ».

Cette ligne est incorrecte et en conflit avec yin 4 ▬▬. L'action yin du sujet et défavorable.

Yin 2

On veut être proche des autres.
Rester sur la voie actuelle est favorable.

Yin 2 ▬▬ indique que le sujet est malade, âgé, sans emploi, ou a d'autres problèmes et a besoin d'aide. Pendant ce temps, l'essence de l'objet est yang. Dans une relation étroite, le sujet pourrait tirer profit de la force de l'objet. Le sujet devrait continuer de souhaiter être plus proche de l'objet : « rester sur la voie actuelle est favorable. »

Cette ligne est correcte, centrale et complémentaire de yang 5 ▬▬▬. L'essence yin du sujet est favorable.

Yin 3

On est proche d'une personne indésirable.

Yin 3 ▬▬ indique que le sujet est aimable, délicat, agréable et humble. Cela le rend susceptible de s'embarquer dans une relation avec une personne indésirable. Le sujet doit comprendre clairement avec quel genre de personne il se mêle. Si l'objet est indésirable, le sujet ne devrait pas être trop soumis ; il devrait plutôt mettre de la distance entre lui et l'objet.

Cette ligne est incorrecte et en conflit avec yin 6 ▬▬. L'attitude yin du sujet est défavorable.

Yin 4

On rend l'autre heureux
À être plus proche.
Rester sur la voie actuelle est favorable.

Yin 4 ▬ ▬ indique que l'objet est las ou frustré d'assister le sujet. Le sujet devrait faire tout son possible pour rendre l'objet heureux dans leur relation en coopérant ou en répondant positivement à l'aide de l'objet. Soyez patient. Ne renoncez pas. « Rester sur la voie actuelle est favorable. »

Cette ligne est dans une position correcte, mais entre en conflit avec yin 1 ▬ ▬. L'action yin de l'objet est neutre.

Yang 5

Il y a une union basée sur l'ouverture et la bonne volonté.
Cette union est similaire à l'histoire du roi
Qui chassait le gibier de trois côtés,
Laissant le côté frontal ouvert,
Et donnant aux animaux une chance de s'échapper.
En ville on était impressionné par la gentillesse du roi.
On vivait sans méfiance.
Cela est favorable.

Nous avons une trace d'une histoire similaire dans Le Shiji, le livre d'histoire : lors d'un voyage autour de son pays, le roi Cheng Tang (1500 avant J.-C.) vit un filet fermé sur les quatre côtés. Zhu, le serviteur, dit : « J'attrape les animaux provenant de toutes les directions dans mon filet ». Le roi Cheng Tang rit et répondit : « C'est trop brutal. Pourquoi les tuez-vous tous ? ». Puis il ordonna qu'on ouvre trois côtés du filet. Zhu s'exécuta et dit : « Ces animaux, voulant aller à droite, peuvent aller à droite. Ces animaux, voulant aller à gauche, peuvent aller à gauche. Seuls ces animaux, ne m'écoutant pas, entreront dans mon filet et seront attrapés. » À propos de cet évènement, les dirigeants des autres pays voisins pensèrent : « Le roi Cheng Tang est tellement attentionné, même envers les animaux. » Après cet évènement, les dirigeants soutinrent le roi Cheng Tang. Plus tard, ce dernier déclara la guerre contre le Xia, mit fin à la dynastie Xia et créa la dynastie Shang.

Yang 5 ▬▬▬ indique que l'objet est fort physiquement, financièrement ou spirituellement, et est capable d'aider le sujet. Celui-ci a quelque chose à gagner de l'objet, comme la perspective des animaux sur un terrain de chasse.

Afin d'y gagner, le sujet devrait respecter l'objet et lui laisser savoir ce qu'il désire, et pourquoi : « il y a une union basée sur l'ouverture et la bonne volonté. » Le sujet devrait aussi avoir confiance en l'objet en laissant de la place à celui-ci pour prendre des décisions et gérer les problèmes spécifiques, « en laissant le côté frontal ouvert, et en donnant aux animaux une chance de s'échapper ». De cette manière, le sujet peut recevoir l'aide nécessaire, particulièrement au moment crucial : « c'est favorable ».

Cette ligne est correcte, centrale et complémentaire de yin 2 ▬ ▬. L'essence yang de l'objet est favorable.

Yin 6

Ne pas faire le premier pas
Pour devenir proche des autres
N'est pas favorable.

Yin 6 ▬▬ indique que l'objet est aimable, délicat, agréable et adaptable – exactement comme le sujet. Si le sujet attend toujours que l'objet l'aide et est d'accord avec tout ce que fait l'objet, mais ne montre pas à l'objet où sont les problèmes et quels sont les besoins, l'objet ne peut pas apporter son aide. Si l'objet respecte aussi le sujet et attend qu'il se sente mieux, mais sans savoir ce qu'il se passe du côté du sujet, l'objet éprouvera beaucoup de difficultés à l'assister et sera frustré. Ultimement, l'objet pourra se lasser de gérer le sujet et le laisser seul : « ce n'est pas favorable ». Le sujet devrait faire le premier pas pour être proche de l'objet en lui laissant savoir ce dont il a besoin.

Cette ligne est correcte, mais est en conflit avec yin 3 ▬▬, et supprime yang 5 ▬. L'attitude yin de l'objet est défavorable.

[4] **L'hexagramme ∅:3, l'observation** (Zhou Yi, hexagramme 20)

L'observation signifie que dans les circonstances actuelles, le sujet devrait observer la relation de manière objective et impartiale, des deux côtés, afin de décider comment obtenir l'aide du sujet. Le trigramme ∅ ☷, la terre (adaptabilité) est le sujet. Le trigramme 3 ☴, le vent (souplesse) est l'objet. Le vent change fréquemment de direction ; ainsi certains lieux sur Terre sont exposés à lui pendant que d'autres en sont protégés. Le sujet adaptable est tel le voilier voguant sur les mers, observant la direction du vent et répondant à ses fluctuations.

Dans tout le texte de cet hexagramme, les mots « favorable » et « défavorable » sont absents, ce qui indique que le développement de cette relation et de la situation du sujet dépend profondément des observations du sujet et des méthodes qu'il emploie pour aborder la relation. Le sujet a besoin d'aide. Pour recevoir celle de l'objet, le sujet devrait le surveiller : « revoir le cours de la vie d'un autre n'est pas à blâmer. »

1—Texte général

Après avoir surveillé les personnes se préparant
À présenter une offrande,
Il est inutile de voir l'offrande.
La sincérité fait montre de vénération.

Le sujet devrait surveiller attentivement ce que l'objet fait. Lors de l'observation, le sujet a besoin de prêter plus attention aux problèmes essentiels, comme en surveillant une personne se préparant à présenter une offrande, ce qui fait montre de vénération. Les problèmes inessentiels de la relation (comme l'offrande elle-même) sont minimes, mais intéressants.

2—Structure

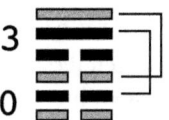

Figure 10.4 : structure de l'hexagramme ∅:3

Dans cet hexagramme, yin 2 ▬▬, yin 4 ▬▬, et yang 5 ▬ sont corrects, ce qui laisse les trois autres lignes incorrectes. Les lignes intermédiaires et supérieures sont complémentaires tandis que les lignes inférieures sont en conflit. L'hexagramme Ø:3 est neutre.

3—Texte des lignes

Yin 1

Lorsque les enfants observent, l'innocence est présente.
L'observation idiote, de la même manière, ne peut être blâmée.
Cette naïveté est regrettable chez le sage.

Yin 1 ▬▬ indique que le sujet n'y met pas tout son cœur pour améliorer la relation et à la place regarde comme un enfant les évidences, ignorant de la nature essentielle de l'objet. Dans la relation actuelle, l'action yin du sujet (debout et le regard bête) semble innocente et idiote.

Si le sujet était un enfant, cette innocence ne serait pas blâmée. S'il était idiot, sa naïveté ne serait pas blâmée. Cependant, le sujet est intelligent, ni un enfant ni un idiot, alors son action yin est regrettable. Il devrait continuer à observer l'objet, mais prendre plus d'initiatives dans la relation.

Cette ligne est incorrecte et entre en conflit avec yin 4 ▬▬. L'action yin du sujet est regrettable.

Yin 2

Observation furtive.
Il est bénéfique pour une femme
De rester sur cette voie.

Yin 2 ▬▬ indique qu'un manque de force ou de courage oblige le sujet à être prudent et peu disposé à se révéler aux autres, comme un observateur regardant furtivement de derrière une porte. C'est une bonne méthode pour se protéger, comme une femme protégeant son intimité tout en observant prudemment les autres par une porte entrouverte.

Le sujet est en position de faiblesse et a besoin d'aide. Tant qu'il ne connait pas très bien l'objet et n'est pas sûr qu'il lui apportera son aide, il ne lui est pas nécessaire de révéler ses problèmes, et il devrait observer l'objet de manière « furtive ».

Cette ligne est correcte, centrale et complémentaire de yang 5 ▬▬▬. L'essence yin du sujet est bénéfique.

Yin 3

Regarder ma vie
D'un bout à l'autre.

Yin 3 ▬▬ indique que le sujet est humble et prudent. Lorsque le sujet a besoin d'aide et n'est pas certain que l'objet voudra l'aider, il devrait passer en revue son comportement passé face à l'objet et réfléchir aux possibilités : « regarder ma vie d'un bout à l'autre ».

Cette ligne est complémentaire de yang 6 ▬▬▬, mais dans une position incorrecte. L'attitude yin du sujet est neutre.

Yin 4

Pour regarder la gloire d'un pays,
Il vaut mieux être l'hôte du roi.

Yin 4 ▬▬ indique que l'action de l'objet est yin. L'objet non plus ne veut pas se révéler. Pour connaître la véritable situation de l'objet, le sujet doit tirer pleinement profit de chaque opportunité de se rapprocher de l'objet et de l'observer clairement, comme en étant l'hôte d'un roi. Si le sujet reste distant de l'objet, en dehors du « pays » et loin du « roi », il est impossible que le sujet connaisse bien l'objet.

Cette ligne est correcte, mais est en conflit avec yin 1 ▬▬. Cela indique que l'action yin de l'objet est neutre.

Yang 5

Être sage et
Revoir le cours de ma vie
N'est pas à blâmer.

Yang 5 ▬▬▬ indique que l'objet est en position de force et est capable d'apporter l'aide nécessaire. Pour tirer profit de l'objet, le sujet doit clairement se connaître lui-même, à propos de ce dont il manque et dont il a besoin et de ce qu'il a fait par le passé pour aider l'objet et s'adapter à lui, et comment il s'y est adapté. Si le sujet examine ces problèmes attentivement, il ne devrait pas être blâmé.

Cette ligne est correcte, centrale et complémentaire de yin 2 ▬▬. L'essence yang de l'objet est favorable.

Yang 6

Être sage et
Revoir le cours de la vie d'un autre
N'est pas à blâmer

Yang 6 ▬▬▬ indique que l'objet est arrogant, imprudent, égocentrique, autoritaire ou brutal. Quel genre de personne est l'objet ? Qu'est-ce que l'objet fera peut-être au sujet ? Le sujet devrait être irrité par le comportement rude de l'objet, mais devrait aussi observer l'objet attentivement, objectivement et impartialement. Si le sujet le fait, il pourrait obtenir ce qu'il veut.

Cette ligne est incorrecte, mais est complémentaire de yin 4 ▬▬. L'attitude yang de l'objet est neutre.

[5] L'hexagramme ∅:4, le plaisir (Zhou Yi, hexagramme 16)

Le plaisir est représenté par le caractère chinois « Yu », qui veut aussi dire « éléphant ». Le trigramme ∅ ☷, la terre (adaptabilité), est le sujet. Le trigramme 4 ☳, le tonnerre (mouvement), est l'objet. Le sujet se soumet avec plaisir au mouvement de l'objet, de la même manière qu'après un long hiver les êtres vivants de la Terre entendent avec plaisir le son du tonnerre, signal de la pluie à venir.

1—Texte général

Il est bénéfique de nommer un marquis.
Il est bénéfique de déployer l'armée.

Tel l'éléphant endormi réveillé par son maitre et prêt à suivre, le sujet vivait paisiblement et en silence, mais à l'arrivée de l'objet dans sa vie, tout se met à changer. Au début, le sujet doit accomplir quotidiennement des tâches ménagères, comme un empereur nommant un marquis, ou un courtisan, puis commençant les affaires, comme l'empereur déployant une armée. Ce sont les deux étapes d'une sonnette d'alarme. Puis le sujet doit regarder la réalité en face et accompagner l'objet. Peut-être que le sujet n'aura aucune difficulté à s'entendre avec l'objet, car ils sont tous deux humbles, agréables et respectueux, mais ils passeront une période difficile, car ils n'ont que peu de force.

2—Structure

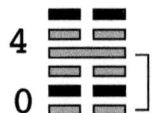

Figure 10.5 : structure de l'hexagramme Ø:4.

Dans cet hexagramme, yin 2 ▬▬ et yin 6 ▬▬ sont corrects. Les quatre autres lignes sont incorrectes. Les lignes inférieures sont complémentaires. Les lignes intermédiaires et supérieures sont en conflit. L'hexagramme Ø:4 est neutre, ou moins favorable.

3—Texte des lignes

Yin 1

Un éléphant barrit.
Cela est défavorable.

Yin 1 ▬▬ indique que le sujet ne dit que ce qu'il veut faire, mais ne veut pas vraiment se consacrer à améliorer la relation, comme un éléphant qui barrit sans se mettre en mouvement. Le sujet et l'objet ont peu de force. S'ils n'avancent pas pour devenir plus riches, améliorer leur santé ou leur position dans l'échelle sociale, ils passeront une période difficile : « c'est défavorable ».

Cette ligne est complémentaire de yang 4 ▬▬▬, mais est dans une position incorrecte. L'action yin du sujet est neutre.

Yin 2

L'éléphant marche sur un chemin cahoteux.
Le chemin cahoteux est terminé avant la fin de la journée.
Rester sur cette voie est favorable.

Yin 2 ▬▬ indique que l'essence yin du sujet le met au départ d'un voyage difficile, comme un éléphant marchant sur un chemin cahoteux ou il ne croisera ni arbre, ni herbe, ni eau. Le sujet ne peut pas recevoir l'aide de l'objet pendant ce voyage, car l'essence de celui-ci est yin aussi. Cependant, l'objet guide le sujet le long du « chemin cahoteux », qui se « terminera avant la fin de la journée ». Ainsi le sujet devrait se montrer patient et continuer à suivre l'objet : « rester sur cette voie est favorable ».

Cette ligne est centrale et dans une position correcte, mais entre en conflit avec yin 5 ▬▬. L'essence yin du sujet est neutre.

Yin 3
L'éléphant a le regard fixe
Et des regrets.
Agir trop tard
Est regrettable.

Yin 3 ▬▬ indique que le sujet ne fait pas confiance à l'objet. Il l'observe avec suspicion et s'examine lui-même et regrette tout ce qui a pu mal se passer, comme l'éléphant debout avec un regard fixe. Le sujet devrait vite arriver à une conclusion. Si accompagner l'objet n'est pas bon, le sujet devrait mettre fermement fin à la relation ; dans le cas contraire, le sujet devrait suivre l'objet sans hésitation : « agir trop tard est regrettable ».

Cette ligne est dans une position incorrecte et en conflit avec yin 6 ▬▬. L'attitude yin du sujet est défavorable.

Yang 4
À suivre les autres,
L'éléphant gagne beaucoup.
Ne doutez pas.
Les amis se rassemblent,
Comme les cheveux tenus par une épingle.

Yang 4 ▬ indique que l'objet pousse la relation vers l'avant. Si le sujet suit l'objet et qu'ils travaillent main dans la main, le sujet tirera profit de la relation et partagera les bénéfices avec l'objet « comme les cheveux tenus par une épingle ».

Cette ligne est dans une position incorrecte, mais est complémentaire de yin 1 ▬▬. L'action yang de l'objet est neutre.

Yin 5
Ceux qui restent sur la voie actuelle
Tomberont malades.
Ceux qui persistent sur la voie actuelle
Ne mourront pas.

Yin 5 ▬▬ indique que l'objet a peu de force et ne peut pas aider le sujet alors que lui en a cruellement besoin : « ceux qui restent sur la voie actuelle tomberont malades. » Cependant, l'objet guide et le sujet avance, alors les choses progressent. Si le sujet persiste à suivre l'objet, ils passeront par cette période difficile : « ceux qui persistent sur la voie actuelle ne mourront pas. »

Cette ligne est centrale, mais est dans une position incorrecte et entre en conflit avec yin 2 ▬▬. L'essence yin de l'objet est moins favorable.

Yin 6

En fermant les yeux,
L'éléphant savoure.
Il n'y a pas à blâmer le changement.

Yin 6 ▬ ▬ indique que l'objet est humble. Chaque côté respecte son homologue. Ils s'entendent très bien et traversent les difficultés ensemble. Le sujet savoure le changement, comme l'éléphant qui ferme les yeux. Le sujet a bien fait de suivre l'objet. Le changement n'est pas à blâmer.

Cette ligne est dans une position correcte, mais est en conflit avec yin 3 ▬ ▬. L'action yin de l'objet est neutre.

6 L'hexagramme Ø:5, la promotion (Zhou Yi, hexagramme 35)

La promotion est une traduction du chinois « Jin », signifiant un avancement dans une position ou mettre en avant son aménité lorsque l'on rend visite à quelqu'un. Le trigramme Ø ☷, la terre (adaptabilité), est le sujet. Le trigramme 5 ☲, le feu (brillant et grimpant), est l'objet. Le feu en position supérieure et la terre en position inférieure forment une image de lever de soleil, symbole de la promotion. Lorsque le Soleil point à l'horizon, le champ s'éclaire.

Lorsque le sujet s'adapte à la luminosité de l'objet, ce dernier s'accroche au sujet, mais l'utilise ou le manipule aussi, élevant le sujet « à une position élevée », « puis » l'envoyant « à la bataille ». Ainsi, l'éclat du feu peut bruler : « rester sur la voie actuelle est vil » pour le sujet.

1—Texte général

Le duc Kang a été honoré.
On lui a offert de nombreux chevaux
Et on l'a interrogé à trois reprises en une seule journée.

Le sujet est dans une position de faiblesse, adaptable et humble. L'objet veut avancer, mais a peu de force et prévoit d'utiliser le sujet pour servir ses propres fins. L'objet est arrogant et autoritaire, manipule l'objet, comme lorsque le roi Wen a honoré son fils, le duc Kang, en lui offrant de nombreux chevaux et en lui posant des questions à trois reprises en une seule journée.

Le texte utilise un évènement historique précis pour illustrer la situation actuelle de la relation, mais les mots « favorable » et « défavorable » ne sont pas utilisés explicitement. La neutralité implique que le sujet ne devrait pas se satisfaire de l'exploit sans rester alerte, à l'affut d'un danger potentiel.

2—Structure

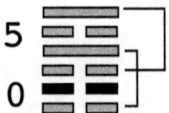

Figure 10.6 : structure de l'hexagramme Ø:5.

Dans cet hexagramme, yin 2 ▬ ▬ est la seule ligne à être dans une position correcte. Les cinq autres lignes sont dans une position incorrecte. Les lignes inférieures et supérieures sont complémentaires, mais les lignes intermédiaires entrent en conflit. L'hexagramme Ø:5 est neutre ou moins favorable.

3—Texte des lignes

Yin 1

La promotion est comme une torture.
Rester sur la voie actuelle est favorable.
Soyez calme et détendu même lorsque la sincérité fait défaut.
Aucun blâme.

Yin 1 ▬ ▬ indique que le sujet ne veut pas être promu, mais l'est tout de même par l'objet : « la promotion est comme une torture. » Apparemment, la promotion n'est pas sincère, mais la situation est favorable au sujet en raison de sa position de faiblesse : « soyez calme et détendu ». Le sujet devrait tout de même profiter de la promotion ; elle fait partie de la tactique de l'objet, et le sujet ne devrait pas être blâmé.

Cette ligne est incorrecte, mais est complémentaire de yang 4 ▬▬. L'action yin du sujet est neutre.

Yin 2

La promotion semble être une source d'angoisse.
Rester sur la voie actuelle est favorable.
La grand-mère pourrait accorder
Une grande faveur.

Yin 2 ▬ ▬ indique que l'objet est moins capable de fournir un bon travail à une position plus élevée : « la promotion semble être une source d'angoisse. » Mais c'est l'objet qui a donné sa promotion au sujet, donc en cas de problème, c'est lui qui devrait s'en charger. L'objet est « la grand-mère », qui « pourrait accorder une grande faveur ».

Cette ligne est centrale et correcte, mais est en conflit avec yin 5 ▬ ▬. L'essence yin du sujet est neutre, ou un peu favorable.

Yin 3

La majorité soutient la promotion.
Les regrets s'estompent.

Yin 3 ▬ ▬ indique que le sujet est aimable, humble, agréable et respectueux. Grâce à cette attitude, le sujet reçoit plus facilement du soutien de la part de l'objet et des autres : « les regrets s'estompent ».

Cette ligne est complémentaire de yang 6 ▬▬, mais est incorrecte. L'attitude yin est neutre.

Yang 4

Être promu, comme une courtilière, puis
Rester sur la voie actuelle est dangereux.

Yang 4 ▬ indique que l'objet veut avancer, mais manque de force essentielle. Ainsi, l'objet promeut le sujet et l'utilise pour avancer plus loin.

Étant promu, le sujet se sent comme une courtilière, qui a cinq aptitudes, mais n'excelle dans aucune. Elle peut voler, mais jamais assez haut pour passer par-dessus une maison. Elle peut grimper, mais sans jamais atteindre le sommet de l'arbre. Elle peut nager, mais ne pourrait jamais traverser une rivière. Elle peut creuser, mais ne peut même pas se recouvrir. Elle peut marcher, mais jamais assez vite pour dépasser quelqu'un. Ayant des aptitudes aussi limitées, la position du sujet n'est pas sure : « rester sur la voie actuelle est dangereux ».

Cette ligne est incorrecte, mais est complémentaire de yin 1 ▬ ▬. L'action yang de l'objet est neutre.

Yin 5

Les regrets s'estompent.
Pas d'inquiétude concernant les pertes et les gains.
Aller de l'avant est favorable.
Cela est bénéfique.

Yin 5 ▬ ▬ indique que l'objet n'a pas assez de force et doit s'accrocher au sujet. Le sujet tire profit de la promotion sans subir de graves pertes. Il n'a pas à s'inquiéter des gains et des pertes : « les regrets s'estompent ».

Le sujet ne veut pas de cette avancée et de cette promotion, mais elle a tout de même lieu. Le sujet devrait céder à ce mouvement vers l'avant et suivre le courant : « pas d'inquiétude concernant les pertes et les gains ».

Cette ligne est centrale, mais dans une position incorrecte et entre en conflit avec yin 2 ▬ ▬. L'essence yin de l'objet est neutre.

Yang 6

Être promu à une position élevée,
Comme à l'extrémité d'une corne, puis
Être engagé dans la bataille contre un autre pays
Ne peut être blâmé, et est dangereux, mais favorable.
Rester sur la voie actuelle est vil.

Yang 6 ▬ indique que l'objet est tellement égocentrique, autoritaire et exigeant qu'il ne reste plus beaucoup de place au sujet pour manœuvrer. Après avoir été promu à une position élevée, le sujet se sent comme « à l'extrémité d'une corne » ; il n'a d'autre choix que d'aller à la bataille pour l'objet. On ne peut pas blâmer cette situation, mais elle est dangereuse ; elle offre une opportunité au sujet de tirer des bénéfices. Cependant, être manipulé par les autres n'est pas une situation joyeuse : « rester sur la voie actuelle est vil ».

Cette ligne est incorrecte, mais est complémentaire de yin 3 ▬ ▬ et est supportée par yin 5. L'attitude yang de l'objet est neutre.

7 L'hexagramme Ø:6, le rassemblement (Zhou Yi, hexagramme 45)

Le rassemblement fait référence à l'action de rassembler les gens. Le trigramme Ø ☷, la terre (adaptabilité), est le sujet. Le trigramme 6 ☱, le lac (plaisir), est l'objet. Le lac sur la terre réunit les ruisseaux et les rivières, essentiellement pour se remplir. La terre pourrait tirer profit de l'humidité et de l'irrigation qui accompagnent ce courant, mais pourrait aussi être tristement déçue, « pleurer et geindre ». Puisque l'objet recherche le plaisir, étant adaptable, il peut partager le plaisir comme il peut le garder pour lui.

1—Texte général

Les choses se passent calmement.
Un roi arrive au temple.
Il est bénéfique de rendre visite à une grande personne.
Les choses se passent calmement.
Rester sur la voie actuelle est bénéfique.
Donner en offrande un grand animal est favorable.
Il est bénéfique d'agir.

Alors que le sujet est faible, l'objet est fort et capable de venir en aide au sujet. Ce dernier ne veut pas améliorer la relation, mais l'objet si, et pousse le sujet vers l'avant. Le respect est mutuel. De manière générale, « les choses se passent calmement ».

Le sujet est malade ou a d'autres problèmes et a besoin d'aide, à l'instar du « roi qui arrive au temple » pour prier un ancêtre de lui accorder sa bénédiction. L'objet est sain ou a d'autres sources de force et de pouvoir. Le sujet devrait être proche de l'objet : « il est bénéfique de rendre visite à une grande personne ». L'objet rencontre le sujet et l'aide : « les choses se passent calmement ». Malgré sa réticence, le sujet devrait rester en contact avec l'objet : « rester sur la voie actuelle est bénéfique ». Le sujet devrait faire preuve de sincérité et de respect envers l'objet : « donner en offrande un grand animal est favorable ».

Avec l'aide de l'objet, le sujet devrait faire quelque chose pour améliorer sa situation : « il est bénéfique d'agir ». Cependant, quoi qu'il faille faire, cela doit être fait correctement. Voici ce qui est implicite : si le sujet ne respecte pas assez l'objet, en offrant un animal de petite ou moyenne taille plutôt qu'un grand, la situation pourrait devenir défavorable. Et sans l'aide de l'objet, le sujet pourrait n'avoir nulle part où aller.

2—Structure

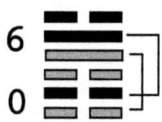

Figure 10.7 : structure de l'hexagramme Ø:6.

Dans cet hexagramme, yin 2, yang 5 et yin 6, sont corrects. Les trois autres lignes, yin 1, yin 3, et yang 4, sont incorrectes. Les lignes intermédiaires et inférieures sont complémentaires. Les lignes supérieures sont en conflit. L'hexagramme Ø:6 est neutre.

3—Texte des lignes

Yin 1

La sincérité est là,
Mais elle n'est pas durable.
Les gens sont en désaccord parfois,
Et d'accord d'autres fois.
Quelqu'un a un comportement inapproprié,
Est très bruyant,
Mais réadopte un comportement acceptable, avec le sourire,
Après quelques reproches sévères.
Puis tout le monde est heureux.
Il n'y a rien d'alarmant.
Il n'y a aucun blâme à aller de l'avant.

Yin 1 ▬▬ indique que le sujet ne veut pas améliorer la relation, mais qu'il y est obligé par l'objet qui lui offre son aide : « la sincérité est là, mais elle n'est pas durable ». L'objet veut une meilleure relation, non pas pour les qualités essentielles du sujet, mais parce qu'il recherche plus de pouvoir : « les gens sont en désaccord parfois, et d'accord d'autres fois ». Lorsqu'il ne se sent plus heureux dans la situation, le sujet pourrait commencer à se disputer avec l'objet, « être très bruyant ». Mais lorsque l'objet répond avec des « reproches sévères », le sujet se soumet à l'objet : « puis tout le monde est heureux ». L'objet continue d'aider le sujet et tout va pour le mieux : « il n'y a rien d'alarmant ». En se réunissant avec l'objet et en « allant de l'avant », le sujet ne devrait pas être blâmé.

Cette ligne est incorrecte, mais est complémentaire de yang 4 ▬▬▬. L'action yin du sujet est neutre.

Yin 2

Être mené par l'autre est favorable.
Aucun blâme.
Être sincère est bénéfique,
Même avec un simple sacrifice.

Yin 2 ▬▬ indique que le sujet est malade, sans emploi ou a d'autres problèmes dans la vie et a besoin d'aide. L'objet est fort et peut guider le sujet dans les moments difficiles. Le sujet devrait accepter cette aide : « être mené par l'autre est favorable. Aucun blâme. » Pour satisfaire l'objet qui offre une telle assistance, « être sincère est bénéfique, même avec un simple sacrifice ».

Cette ligne est centrale, dans une position correcte et est complémentaire de yang 5 ▬▬▬. L'essence yin du sujet est favorable.

Yin 3

Pendant que les gens se réunissent,
Quelqu'un soupire de mécontentement.
Personne n'y gagne.

Il n'y a aucun blâme à aller de l'avant.
Cela est un peu vil.

Yin 3 ▬▬ indique que le sujet respecte l'objet, car il recherche son aide. L'objet est agréable, aimable et gracieux, car il veut le soutien des autres pour servir ses propres intérêts. Donc les deux côtés ont des buts différents : « pendant que les gens se réunissent, quelqu'un soupire de mécontentement ». Le sujet, qui a vraiment besoin d'aide, devrait surmonter cette réticence, « qui ne blâme personne », et ne devrait pas être blâmé de suivre l'objet. Cependant, « c'est un peu vil » lorsque le sujet suit l'objet avec réticence, sans être sincère.

Cette ligne est incorrecte et entre en conflit avec yin 6 ▬▬. L'attitude yin du sujet est moins favorable.

Yang 4

Cela est très favorable.
Aucun blâme.

Yang 4 ▬ indique que l'objet approche le sujet et l'aide : « c'est très favorable ». Le sujet accepte son offre, et il n'y a « aucun blâme ».

Cette ligne est incorrecte, mais est complémentaire de yin 1 ▬▬ et est soutenue par yin 3 ▬▬. L'action yang de l'objet est neutre, ou un peu favorable.

Yang 5

Lorsque les gens se réunissent,
Tout le monde a une position.
Aucun blâme.
La sincérité manque.
Cela est ainsi depuis le départ.
Les regrets s'estompent.

Yang 5 ▬ indique que l'objet est dans une position de force au niveau physique, financier ou spirituel et est capable d'aider le sujet. Le sujet accepte l'aide, car il en a besoin. L'objet l'aide par obligation morale ou quelques autres devoirs, et veut servir ses propres intérêts : « lorsque les gens se réunissent, tout le monde a une position ». Si le sujet peut garder cette réalité à l'esprit, il n'y a « aucun blâme ». Mais le sujet ne devrait pas penser que l'objet offre son aide pour ses beaux yeux : « la sincérité manque ». Depuis le début, le sujet voit qu'il doit suivre l'objet, puis persiste à le suivre pour les bénéfices qu'apporte cette voie : « les regrets s'estompent ».

Cette ligne est correcte, centrale et complémentaire de yin 2 ▬▬. L'essence yang de l'objet est favorable.

Yin 6

Pleurer et geindre.
Aucun blâme.

Yin 6 ▬▬ indique que l'objet a l'air délicat, aimable et agréable, mais manque, en réalité, de sincérité. Cela rend le sujet malheureux, qui s'abandonne aux pleurs et aux plaintes.

Cependant, puisque le sujet tire des bénéfices de l'objet, même s'ils ne sont pas suffisants, il est bon pour le sujet d'être intégré dans les forces de l'objet : « aucun blâme ».

Cette ligne est correcte, mais entre en conflit avec yin 3 ▬▬. L'attitude yin de l'objet est neutre.

8 L'hexagramme ∅:7, le déni (Zhou Yi, hexagramme 12)

Le déni se dit « pi » en chinois, et il signifie aussi « faux » ou « négatif ». Le trigramme ∅ ☷, la terre (adaptabilité), est le sujet. Le trigramme 7 ☰, le ciel (force), est l'objet. Le sujet s'adapte à l'objet puissant comme la terre s'adapte au ciel en recevant l'énergie et en se pliant à son pouvoir. Il n'est pas imaginable que les êtres vivants sur Terre puissent survivre sans la lumière et la chaleur venant du ciel ; de la même manière, il n'est pas imaginable que le sujet puisse vivre (à part dans la souffrance) sans l'assistance de l'objet ou de sa permission.

1—Texte général

Faire face à une mauvaise personne
Est la cause du chagrin.
Il n'est pas bénéfique de rester sur cette voie.
La perte est grande.
Le gain est petit.

Le sujet est faible et veut rester dans un environnement paisible et silencieux en vivant avec les autres de manière amicale. L'objet approche le sujet et lui apporte activement de l'aide. Cela semble être une bonne occasion pour le sujet, mais l'objet est égocentrique et brutal ; il n'est pas la bonne personne pour le sujet, mais une « mauvaise personne ». Cette relation cause du chagrin au sujet. Il gagne à côtoyer l'objet, mais il y perd sa liberté et sa dignité : « La perte est grande. Le gain est petit. »

2—Structure

Figure 10.8 : structure de l'hexagramme ∅:7

Dans cet hexagramme, seules deux lignes, yin 2 ▬▬ et yang 5 ▬, sont dans une position correcte. Les quatre autres lignes, yin 1 ▬▬, yin 3 ▬▬, yang 4 ▬, et yang 6 ▬, sont incorrectes. Bien que toutes les lignes de cet hexagramme soient complémentaires, les quatre positions incorrectes indiquent qu'il est défavorable.

3—Texte des lignes

Yin 1

Lorsqu'on arrache un roseau du sol,
Tous les roseaux sortent ensemble.
Rester sur cette voie est favorable.
Les choses se passent calmement.

Yin 1 ▬▬ indique que le sujet ne veut pas être pleinement impliqué dans la relation, mais que l'objet la pousse vers l'avant. Le sujet est incapable de résister à l'objet et le suit, emmêlé dans la relation comme des roseaux liés les uns aux autres. D'un autre côté, ce lien bénéficie au sujet, car si l'on « arrache un roseau du sol, tous les roseaux sortent ensemble », alors « rester sur cette voie est favorable ».

Cette ligne est incorrecte, mais est complémentaire de yang 4 ▬. L'action yin du sujet est neutre.

Yin 2

La flatterie est camouflée.
Cela semble favorable au méchant,
Mais pas aux bons.
Les choses se passent calmement.

Yin 2 ▬▬ indique que le sujet est malade, souffre de difficultés financières ou a d'autres problèmes dans sa vie. Il a besoin d'aide. Cependant, alors que le sujet essaye de tirer profit de l'objet, il ne devrait pas se sentir flatté ; autrement, bien qu'il puisse obtenir ce dont il a besoin (attention, argent, ou autre assistance), il perdra ses droits, sa liberté et sa dignité. « Cela semble favorable au méchant, mais pas aux bons. » En réalité, sujet et objet sont liés par leurs intérêts communs, sans la distraction de la flatterie, les choses se passeront calmement.

Cette ligne est centrale, correcte et complémentaire de yang 5 ▬. L'essence yin du sujet est favorable.

Yin 3

Dissimuler un problème est honteux.

Yin 3 ▬▬ indique que le sujet est humble et adaptable. En faisant face à l'objet rude, indélicat et autoritaire, le sujet peut vouloir cacher les problèmes. Si le sujet adopte un comportement malhonnête, l'objet pourrait contrôler et utiliser le sujet : « dissimuler un problème est honteux ».

Cette ligne est incorrecte, mais est complémentaire de yang 6 ▬. L'attitude yin du sujet est neutre.

Yang 4

Une commission.
Aucun blâme.
Partager le bénéfice avec les autres.

Yang 4 ▬ indique que l'objet pousse la relation vers l'avant par devoir ou obligation, ou pour utiliser le sujet pour atteindre ses propres objectifs. Il y a « une commission » qui lie le sujet et l'objet et permet au sujet de partager une partie des bénéfices avec l'objet.

Cette ligne est incorrecte, mais est complémentaire de yin 1 ▬▬. L'action yang de l'objet est neutre.

Yang 5

La mauvaise période est terminée.
La situation favorise la personne aimable.
« Le désastre est proche, le désastre est proche. »
Cet avertissement est affiché sur un murier.

Yang 5 ▬ indique que l'objet est fort et aide le sujet. La situation favorise le sujet. Cependant, il devrait être conscient du danger venant de la tendance de l'objet à superviser, manipuler et contrôler les autres. À tout moment, lorsque l'objet n'est pas satisfait du sujet, il pourrait le mettre en péril. Le sujet devrait se rappeler : « le désastre est proche, le désastre est proche » sur les affiches collées à « un murier », qui est surtout planté en Chine pour que ses feuilles nourrissent les vers à soie.

Cette ligne est centrale, correcte et complémentaire de yin 2 ▬▬. Cela indique que l'essence yang de l'objet est favorable.

Yang 6

La mauvaise situation s'est retournée,
Commençant par la tristesse,
Et finissant par le bonheur.

Yang 6 ▬ indique que l'objet est arrogant, dur, exigeant et autoritaire. Au départ, sous le contrôle sévère de l'objet, la situation est très mauvaise pour le sujet. Cependant, tout finit toujours par changer, et l'attitude yang de l'objet puissant le mène vers les problèmes et il est forcé de changer. Si le sujet attend que la situation évolue, il profitera du bonheur. Tant que l'objet reste au pouvoir, le sujet devrait être patient, le suivre et attendre que le changement favorable se produise.

Cette ligne est incorrecte, mais est complémentaire de yin 3 ▬▬. L'attitude yang de l'objet est neutre.

CHAPITRE 11
Lorsque la montagne ☷ est le sujet

Ce chapitre contient les textes du Yi King des huit hexagrammes allant de 1:0 à 1:7. Leur trigramme sujet est le numéro 1, la montagne. Typiquement, la montagne se caractérise par sa capacité à bloquer et arrêter. Les montagnes sont hautes et arrêtent tout ce qui s'approche d'elles. Elles sont stables et ne changent jamais de position.

1 L'hexagramme 1:0, la modestie (Zhou Yi, hexagramme 15)

La modestie est pour les Chinois une vertu importante. Le trigramme 1 ☶, la montagne (arrêt), est le sujet. Le trigramme Ø ☷, la terre (adaptabilité), est l'objet. Contrairement à l'eau, qui parcoure les terres pour former des rivières, des lacs et des océans, contrairement au vent, qui souffle sur les champs en exhibant sa grande puissance, et aussi contrairement au feu, qui brule les forêts et menace les animaux, la montagne se tient sur la terre, silencieuse et modeste quant à sa hauteur, et n'exploite pas ses voisins. Elle se bride elle-même et fait preuve d'honnêteté, d'impartialité et de respect.

Dans le texte de cet hexagramme, vous ne lirez pas des mots aussi négatifs et porteurs de jugement tels que «blâmer», «regrets», «vil», «danger» ou «défavorable». Cela s'explique par le fait que les Chinois tiennent en très haute estime la modestie depuis plus de cinq-mille ans.

1—Texte général

Les choses se passent calmement.

Une personne modeste a un dénouement heureux.

Le sujet et l'objet sont faibles, mais le sujet est un peu plus fort. Alors que l'objet cède au sujet, celui-ci n'en profite pas et se tient fermement aux côtés de l'objet, comme une personne fidèle s'occupant d'un ami alors qu'ils sont tous les deux prisonniers d'une situation très compliquée. Puisqu'ils travaillent main dans la main, «les choses se passent calmement». Le sujet est modeste et inspire la confiance à l'objet; ainsi le sujet a «un dénouement heureux».

2—Structure

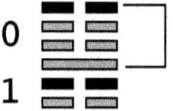

Figure 11.1 : structure de l'hexagramme 1:0

Dans l'hexagramme 1:0, yin 2 ⚋, yang 3 ⚊, yin 4 ⚋ et yin 6 ⚋, sont en position correcte. Les deux autres lignes, yin 1 ⚋ et yin 5 ⚋, sont incorrectes. Les lignes supérieures sont complémentaires et les lignes inférieures et intermédiaires sont en conflit. L'hexagramme 1:0 est neutre ou un peu favorable.

3—Texte des lignes

Yin 1

Une personne réellement modeste fait preuve de
Modestie en partant pour l'aventure,
Comme si elle traversait un grand fleuve.
Cela est favorable.

Yin 1 ▬▬ indique que le sujet n'est pas enclin à faire avancer la relation. Si le sujet change son action du yin au yang, « en traversant un grand fleuve », et fait preuve de modestie lorsqu'il remplit ces missions importantes, la situation lui sera favorable.

Cette ligne est incorrecte et entre en conflit avec yin 4 ▬▬. L'action yin du sujet est défavorable.

Yin 2

Soyez modeste lorsque vous communiquez.
Rester sur la voie actuelle est favorable.

Yin 2 ▬▬ indique que le sujet (tout comme l'objet) est malade, souffre de difficultés financières ou de problèmes sociaux, ou a d'autres problèmes dans la vie qui le désavantagent. Si le sujet fait preuve d'honnêteté et dit la vérité à l'objet sans se vanter, ils travailleront main dans la main et la situation deviendra favorable.

Cette ligne est centrale et correcte, mais est en conflit avec yin 5 ▬▬. L'essence yin du sujet est neutre.

Yang 3

Soyez modeste lorsque l'on vous attribue le mérite.
Une personne charmante a un dénouement heureux.

Yang 3 ▬▬▬ indique que le sujet a l'air arrogant, exigeant et autoritaire, mais est modeste lorsqu'il s'attribue les mérites de quelque chose. Lorsqu'une chose est accomplie, le sujet met toujours la contribution des autres au premier plan de manière objective et impartiale. L'objet sent que le sujet est honnête et sincère. Cette modestie apporte un dénouement heureux au sujet.

Cette ligne est correcte et complémentaire de yin 6 ▬▬. L'attitude yang du sujet est favorable.

Yin 4

Rien n'est néfaste.
Soyez modeste lorsque vous faites face à quoi que ce soit.

Yin 4 ▬▬ indique que, comme le sujet, l'objet cherche à se protéger et n'est pas enclin à aller trop loin dans la relation. « Rien n'est néfaste » pour le sujet ici. Si le sujet est modeste avec tout ce qui lui fait face, l'objet récompensera le sujet par sa confiance et son respect.

Cette ligne est dans une position correcte, mais est en conflit avec yin 1 ▬▬. L'action yin de l'objet est neutre.

Yin 5

Une personne modeste n'essaye pas
De devenir riche en profitant de ses voisins.
Il est bénéfique d'être modeste en cas de guerre.
Rien n'est néfaste.

Yin 5 ▬▬ indique que l'objet est essentiellement en position de faiblesse et a besoin d'aide. Alors le sujet l'aide et ne profite pas de lui, mais travaille avec lui pour traverser les difficultés et reste modeste pendant « la guerre ». L'objet soutient le sujet, ainsi « rien n'est néfaste ».

Cette ligne est centrale, mais est dans une position incorrecte et entre en conflit avec yin 2 ▬▬. L'essence yin de l'objet est neutre.

Yin 6

Soyez modeste lorsque vous communiquez.
Il est bénéfique d'être modeste lorsque l'on
Avance et conquiert un autre pays.

Yin 6 ▬▬ indique que l'objet est humble, agréable et respectueux. Maintenant, le sujet et l'objet travaillent main dans la main pour traverser une période compliquée, comme s'ils « avançaient et conquéraient un autre pays ». Si le sujet est honnête avec l'objet et lui dit la vérité sans se vanter, il est plus probable que l'objet comprend et coopère avec lui. Cela rend leur chemin plus aisé.

Cette ligne est correcte et complémentaire de yang 3 ▬▬. L'attitude yin de l'objet est favorable.

2 L'hexagramme 1:1, arrêter (Zhou Yi, hexagramme 52)

Arrêter indique que la relation est dans une situation embarrassante. L'hexagramme 1:1 est composé de deux trigrammes 1 ▬▬, la montagne (arrêt). Une montagne bloque ce qui vient vers elle et garde la même position. Les deux parties impliquées dans cette relation sont comme deux montagnes : aucune d'elles ne change de position, ne cède à l'autre, ne communique ou n'interagit.

1—Texte général

Elle tient son dos,
Mais ne peut garder son corps.
Elle vient dans sa cour intérieure
Mais ne peut le voir.
Aucun blâme.

Le sujet et l'objet ont peu de force, et aucun n'attire l'autre. Ils n'ont aucun intérêt à améliorer la relation et tous deux sont têtus. Il n'y a ni contact ni communication entre eux deux, et pourtant, ils persistent dans cette relation. Maintenant le sujet essaye de trouver une issue à ce dilemme : « elle tient son dos, mais ne peut garder son corps. Elle vient dans sa cour intérieure, mais ne peut le voir ». Ici, « elle » symbolise le sujet et « il » symbolise l'objet. Le sujet essaye bien de résoudre les problèmes, alors il n'y a « aucun blâme ». Si personne n'essayait de les résoudre, alors ils devraient tous être blâmés.

2—Structure

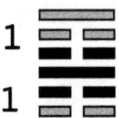

Figure 11.2 : structure de l'hexagramme 1:1

Dans cet hexagramme, yin 2 ▬▬, yang 3 ▬, et yin 4 ▬▬ sont dans une position correcte, mais toutes les lignes analogues sont en conflit. L'hexagramme 1:1 est un peu défavorable.

3—Texte des lignes

Yin 1

Elle tient son orteil.
Aucun blâme.
Il est bon de rester sur la voie actuelle pour toujours.

Yin 1 ▬▬ indique que le sujet n'a aucun intérêt à améliorer la relation. Mais maintenant, il essaye de trouver une issue. Alors il y met un peu d'effort, comme le décrit la phrase « elle tient son orteil ». Le sujet accepte de faire un petit geste. Puisque l'orteil est la partie du corps la plus basse, tenir l'orteil de quelqu'un n'est pas un geste assez fort pour l'empêcher de fuir. Ce n'est qu'un test de l'attitude de l'objet pour voir à quel point il sera facile de le persuader de rester. Puisque le sujet fait de son mieux, il n'y a « aucun blâme ». Ce petit geste modeste faisant office de test devrait continuer jusqu'à ce que les deux parties trouvent un moyen de se parler et de résoudre leurs problèmes : « il est bon de rester sur la voie actuelle pour toujours ».

Cette ligne est incorrecte et entre en conflit avec yin 4 ▬▬. L'action yin du sujet est défavorable. Cela signifie que le sujet devrait continuer dans l'action autant que possible, même si ce n'est qu'en « tenant son orteil », et chercher à changer son action du yin au yang.

Yin 2

Elle tient ses mollets,
Mais il s'en va.
Puisqu'elle ne peut le suivre,
Elle est triste.

Yin 2 ▬▬ indique que le sujet a très peu de pouvoir pour contrôler l'objet. « Elle tient ses mollets », mais ne peut empêcher l'objet de s'enfuir. Elle est triste de ne pas pouvoir le suivre.

Cette ligne est centrale et dans une position correcte, mais est en conflit avec yin 5 ▬▬. L'essence yin du sujet est neutre.

Yang 3

Lorsqu'elle lui tient la taille,
Il frappe, jusqu'à s'en déchirer le muscle.
Cela est dangereux.
Elle sent son cœur bruler.

Yang 3 ▬ indique que l'attitude têtue du sujet inspire un geste dramatique et désespéré: «elle lui tient la taille». Cela permet d'empêcher l'objet de fuir de la relation, mais aboutit à une lutte dangereuse: «Il frappe, jusqu'à s'en déchirer le muscle. C'est dangereux. Elle sent son cœur bruler». La situation est difficile et potentiellement douloureuse pour le sujet.

Cette ligne est correcte, mais est en conflit avec yang 6 ▬. L'attitude yang du sujet est neutre.

Yin 4

Elle tient son corps.
Aucun blâme.

Yin 4 ▬▬ indique que lorsque le sujet essaye d'empêcher les problèmes dans la relation d'empirer, l'objet cède aux efforts du sujet sans résistance. Lorsqu'il «tient son corps», l'objet ne s'enfuit pas. Puisque le sujet essaye de maintenir la relation, il ne devrait pas être blâmé.

Cette ligne est correcte, mais est en conflit avec yin 1 ▬▬. L'action yin de l'objet est neutre.

Yin 5

Elle tient sa joue,
Et lui parle patiemment.
Les regrets s'estompent.

Yin 5 ▬▬ indique que l'objet est faible physiquement, financièrement ou spirituellement et a besoin d'aide. Lorsque le sujet entame une conversation sincère et directe et «tient sa joue», il semble que l'objet ne résiste pas. C'est le point de départ de la résolution des problèmes: «les regrets s'estompent».

Cette ligne est centrale, mais est incorrecte et en conflit avec yin 2 ▬▬. L'essence yin de l'objet est neutre.

Yang 6

Elle l'encourage vivement à arrêter son comportement désagréable.
Cela est favorable.

Yang 6 ▬ indique que le comportement de l'objet est «désagréable», arrogant, indélicat ou destructeur, impliquant peut-être de la violence ou une consommation de drogue ou d'alcool. Encourager l'objet à arrêter ce comportement est favorable au sujet.

Cette ligne est incorrecte et en conflit avec yang 3 ▬. L'attitude yang de l'objet est défavorable.

3 L'hexagramme 1:2, mauvais (Zhou Yi, hexagramme 39)

Mauvais signifie aussi en chinois des difficultés à marcher. Le trigramme 1 ☶, la montagne (arrêt), est le sujet. Le trigramme 2 ☵, l'eau (danger ou difficulté) est l'objet. Une montagne peut bloquer le flux de l'eau. Le sujet est arrogant et têtu, comme la montagne, bloquant les efforts de l'objet pour améliorer la relation ou pour aider le sujet. Cela frustre l'objet et rend la relation embarrassante. En effet, le sujet est faible, comme un animal boiteux, mais s'éloigne tout de même en claudiquant de l'objet, qui est une « grande personne » et pourrait apporter son aide.

1—Texte général

> La situation actuelle est bénéfique au sud-ouest,
> Mais pas au nord-est.
> Il est bénéfique de voir la grande personne.
> Rester sur la voie actuelle est favorable.

Au moment où le roi Wen a révisé le texte du Yi King, il vivait dans le sud-ouest, alors ce terme symbolise la terre natale. Le nord-est symbolise la terre étrangère. Le sujet devrait maintenir la relation et ne pas la rompre : « la situation actuelle est bénéfique au sud-ouest, mais pas au nord-est ». L'objet est fort et est capable d'aider le sujet : « il est bénéfique de voir la grande personne ». Si le sujet peut maintenir la relation et devenir proche de l'objet, « rester sur voie actuelle est favorable ».

2—Structure

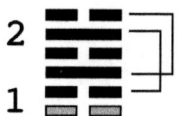

Figure 11.3 : structure de l'hexagramme 1:2

Dans cet hexagramme, cinq lignes sont correctes à l'exception de yin 1 ⚋. Les lignes intermédiaires et supérieures sont complémentaires. Les lignes inférieures sont en conflit. L'hexagramme 1:2 est neutre, ou un peu favorable.

3—Texte des lignes

Yin 1

> Comparé à partir en boitant,
> Revenir en boitant est honorable.

Yin 1 ⚋ indique que le sujet, bien qu'étant en grande difficulté, n'a aucun intérêt à améliorer la relation et veut même s'en retirer, « en boitant ». Mais, en réalité, il ferait mieux de se réinvestir dans la relation : « comparé à partir en boitant, revenir en boitant est honorable ». Le sujet devrait rester avec l'objet, car l'objet aidera le sujet. Cette ligne est incorrecte et entre en conflit avec yin 4 ⚋. L'action yin du sujet est défavorable.

Yin 2

En tant que serviteur du roi,
Je marche en boitant sur une seule jambe.
Ce n'est pas ma faute.

Yin 2 ▬▬ indique que le sujet est en position de faiblesse, « boitant sur une seule jambe ». La situation est difficile, mais ce n'est pas la faute du sujet, car il essaye de travailler avec l'objet, « en tant que serviteur du roi ». Avec l'aide de l'objet, la situation s'améliorera. Si le sujet cède aux difficultés et rompt avec l'objet, la situation empirera. Ce sera la faute du sujet.

Cette ligne est centrale, dans une position correcte et complémentaire de yang 5 ▬. L'essence yin du sujet est favorable.

Yang 3

Comparé à partir en boitant,
Revenir en boitant inverse la situation.

Yang 3 ▬ indique que l'attitude du sujet est têtue, mais il est aussi sincère et honnête, résolument consacré à la relation et insiste pour accepter l'aide de l'objet. En conflit avec ses propres actions visant à s'éloigner de l'objet, le sujet désire intensément être plus proche de lui et révèle les problèmes à l'objet avec honnêteté et sincérité. Cela facilite la tâche de l'objet à aider le sujet. De cette manière, la situation désavantageuse du sujet pourrait être inversée.

Cette ligne est dans une position correcte et est complémentaire de yin 6 ▬▬. L'attitude yang du sujet est favorable.

Yin 4

Comparé à partir en boitant,
Revenir en boitant renforce la connexion.

Yin 4 ▬▬ indique que l'objet est frustré par cette relation et est même prêt à s'en retirer. Dans cette période difficile, si le sujet lutte pour qu'ils se rapprochent, cela améliorera la connexion entre eux deux : « revenir en boitant renforce la connexion ».

Cette ligne est correcte, mais est en conflit avec yin 1 ▬▬. L'action yin de l'objet est neutre.

Yang 5

Boiter fortement.
L'ami vient en aide.

Yang 5 ▬ indique que l'objet est dans une position de force, sain ou jouissant d'un soutien financier ou social, et est capable d'aider le sujet. Lorsque le sujet est en grande difficulté, qu'il « boite fortement », l'objet, « l'ami », lui vient en aide.

Cette ligne est centrale, correcte et complémentaire de yin 2 ▬▬. L'essence yang de l'objet est favorable.

Yin 6

Comparé à partir en boitant,
Revenir en boitant est bien plus favorable.
Il est bénéfique de voir une grande personne.

Yin 6 ▬ ▬ indique que l'attitude de l'objet est yin. L'objet est aimable, humble, agréable, respectueux et gracieux. Si le sujet réussit à ne pas quitter l'objet, mais au contraire revient à lui en boitant avec « une seule jambe », l'objet l'aidera. La situation sera bien meilleure. Le sujet devrait faire l'effort d'approcher l'objet, la « grande personne », qui a la capacité d'aider.

Cette ligne est correcte et complémentaire de yang 3 ▬. L'attitude yin de l'objet est favorable.

4 L'hexagramme 1:3, graduel (Zhou Yi, hexagramme 53)

Graduel indique que la relation se développe graduellement. Le trigramme 1 ☶, la montagne (arrêt) est le sujet. Le trigramme 3 ☴, le vent (souplesse) est l'objet. La montagne peut arrêter le vent ou le détourner lorsqu'il s'en approche, mais elle ne peut pas changer la volatilité du vent. Le sujet voudrait être capable de contrôler l'objet afin que celui-ci ne le contourne pas comme s'il était un obstacle, mais reste auprès de lui, une brise légère plutôt qu'un vent capricieux. Mais dans les circonstances actuelles, le sujet doit être patient et « rester sur la voie actuelle ».

Le texte de cet hexagramme témoigne d'une relation particulière : le mariage. Le sujet est une femme, son mari est l'objet. Le mari est représenté par l'image de l'oie sauvage, ce qui souligne sa mobilité. Mais lorsque l'hexagramme est appliqué à une situation réelle, la relation n'est pas nécessairement celle d'un mariage, et le sujet n'est pas nécessairement une femme.

1—Texte général

Le mariage est favorable à la dame.
Rester sur la voie actuelle est bénéfique.

Le sujet est faible, malade, âgé ou a des difficultés financières, sociales ou spirituelles, et a besoin d'aide. Mais le sujet agit fermement, telle la montagne immobile n'avançant pas. L'objet a une grande force physique, financière, sociale ou spirituelle et est capable d'aider le sujet : « le mariage est favorable à la dame ». Cependant, l'objet est volatil, tel le vent soufflant dans des directions imprévisibles. Le sujet devrait être patient et attendre que l'objet se stabilise graduellement, comme le vent qui s'essouffle : « rester sur la voie actuelle est bénéfique ».

2—Structure

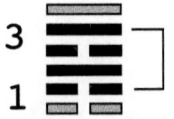

Figure 11.4 : structure de l'hexagramme 1:3

Dans cet hexagramme, quatre lignes sont correctes à l'exception de yin 1 ▬▬ et de yang 6 ▬. Les lignes intermédiaires sont complémentaires. Les lignes inférieures et supérieures sont en conflit. L'hexagramme 1:3 est neutre.

3—Texte des lignes

Yin 1

Une oie sauvage s'approche du rivage.
Un homme va à une dame.
Les rumeurs disent que
Suivre cet homme pourrait être dangereux.
Aucun blâme.

Yin 1 ▬▬ indique que le sujet, la dame, n'approche pas activement l'objet, l'homme, mais reste immobile et s'inquiète du danger de sortir en compagnie de cet homme. Le sujet se protège et prête une attention courtoise aux « rumeurs qui disent que suivre cet homme pourrait être dangereux ». Le sujet ne devrait pas être blâmé.

Cette ligne est incorrecte et en conflit avec yin 4 ▬▬. L'action yin du sujet est défavorable.

Yin 2

Une oie se pose sur un rocher.
Un homme vient à une dame.
Ils boivent et mangent en paix et en harmonie.
Cela est favorable.

Yin 2 ▬▬ indique que le sujet n'a pas un grand pouvoir, mais que l'objet l'approche pour « manger et boire » avec lui « en paix et en harmonie ». La situation actuelle est favorable pour le sujet, car l'objet a beaucoup à offrir.

Cette ligne est centrale, correcte et complémentaire de yang 5 ▬. L'essence yin du sujet est favorable.

Yang 3

Une oie vole jusqu'à un champ.
Son mari part à la guerre.
Il ne revient pas.
La dame tombe enceinte d'un autre homme.
La dame est incapable de nourrir le bébé.
Cela est bon pour son mari, loin,
Se battant avec un envahisseur.
Cela est défavorable pour la dame.

Yang 3 ▬ indique que le sujet est comme une dame qui n'attend pas patiemment que son mari revienne à leur foyer, mais a une aventure avec un autre homme. Son attitude yang a pour résultat de « tomber enceinte d'un autre homme » et d'être « incapable de nourrir le bébé ». Cette attitude yang est défavorable au sujet, car elle peut le pousser à agir de manière irréfléchie lorsqu'il est en position de faiblesse.

Cette ligne est correcte, mais est en conflit avec yang 6 ▬. L'attitude yang du sujet est neutre.

Yin 4

Une oie se pose sur un arbre
Et trouve peut-être un endroit où nicher.
Ce n'est pas un endroit confortable
Pour que l'oie y reste.
La dame attend que son mari revienne.
Aucun blâme.

Yin 4 ▬▬ indique que l'objet n'est pas enthousiaste à l'idée de faire avancer la relation, mais il est perché non loin de là pour le moment. « Une oie se pose sur un arbre » plutôt que sur la terre qui l'a vu naitre, et cet arbre « n'est pas un endroit confortable pour que l'oie y reste ». Le sujet espère sincèrement que la relation s'améliorera et ne devrait pas être blâmé.

Cette ligne est correcte, mais est en conflit avec yin 1 ▬▬. L'action yin de l'objet est neutre.

Yang 5

Une oie s'envole jusque sur une colline.
Son mari part loin avec l'armée.
Elle ne tombe pas enceinte pendant trois ans.
L'ennemi est incapable de vaincre l'armée.
Ultimement, cela est favorable.

Yang 5 ▬ indique que l'objet est fort. Cependant, il doit utiliser cette force pour accomplir sa mission, pas pour aider le sujet : « son mari part loin avec l'armée ». Cela prendra du temps avant que la force de l'objet soit disponible pour aider le sujet : « elle ne tombe pas enceinte pendant trois ans ». Si le sujet est patient, la situation s'améliorera : « ultimement, c'est favorable ».

Cette ligne est centrale, correcte et complémentaire de yin 2 ▬▬. L'essence yang de l'objet est favorable.

Yang 6

L'oie revient à la terre,
Et y reste en laissant beaucoup de plumes.
Les plumes sont très belles
Et peuvent servir de décorations.
Cela est favorable.

Yang 6 ▬ indique que l'objet est arrogant, rude, autoritaire ou égocentrique. Il est aussi prétentieux, telle l'oie qui exhibe ses belles plumes. Comme l'objet, le sujet est autoritaire et exigeant. Mais puisque le sujet est faible et a besoin d'aide, ils pourraient finir par bien s'entendre (après que l'objet finit de mener d'autres batailles et « revient à la terre »). L'objet a quelque chose de valeur à offrir au sujet : « les plumes sont très belles et peuvent servir de décorations. C'est favorable ». Cependant, la valeur des plumes est superficielle et insignifiante. De même, le résultat favorable de cette relation pourrait être insignifiant.

Cette ligne est incorrecte et en conflit avec yang 3 ▬. L'attitude yang de l'objet est défavorable.

5 L'hexagramme 1:4, la tolérance (Zhou Yi, hexagramme 62)

La tolérance est composé en chinois de deux caractères : « petit » et « passer ». Cela signifie : « laissez le petit passer à travers ». Ce que cette phrase implique, c'est : ne laissez pas le grand passer. Le trigramme 1 ☶, la montagne (arrêt), est le sujet. Le trigramme 4 ☳, le tonnerre (mouvement), est l'objet. La tolérance arrive lorsque la montagne étouffe le grondement du tonnerre, mais en laisse passer une petite partie. Le titre implique que dans cette relation, le sujet devrait résoudre les problèmes tant qu'ils sont petits et gérables, comme le son du tonnerre au loin. Laisser les problèmes s'empiler et devenir hors de contrôle peut engendrer des « catastrophes ou des maladies ».

1—Texte général

Les choses se passent calmement.
Il est bénéfique de rester sur la voie actuelle.
On peut faire quelque chose d'insignifiant,
Mais pas d'important.
La voix d'un oiseau qui vole chante :
« Il n'est pas bon de s'envoler vers le ciel, mais vers la terre. »
Cela est très favorable.

Le sujet ne veut pas avancer dans la relation, mais l'objet si. Le sujet est poussé par l'objet jusqu'à ce qu'ils travaillent ensemble : « les choses se passent calmement. Il est bénéfique de rester sur la voie actuelle ».

D'un autre côté, le sujet et l'objet ont peu de force et ne peuvent que tenter de petits exploits : « on peut faire quelque chose d'insignifiant, mais pas d'important ». L'objet est humble, respectueux et prudent, alors que le sujet est arrogant et imprudent. Ainsi, ils s'entendent très bien, mais peuvent négliger le conflit qui se développe. Le sujet devrait écouter « la voix d'un oiseau qui vole » qui dit « qu'il n'est pas bon de s'envoler vers le ciel, mais vers la terre ». Le sujet ne devrait pas seulement accompagner l'objet, tel l'oiseau volant toujours plus haut dans le ciel, mais devrait aussi regarder vers le bas pour découvrir les problèmes tant qu'ils sont encore sous contrôle et descendre en piqué les résoudre. Si le sujet peut suivre ce conseil, la situation lui sera favorable.

2—Structure

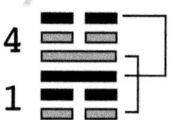

Figure 11.5 : structure de l'hexagramme 1:4

Dans cet hexagramme, yin 2 ▬▬, yang 3 ▬, et yin 6 ▬▬ sont en position correcte, mais les trois autres sont en position incorrecte. Les lignes inférieures et supérieures sont complémentaires et les lignes intermédiaires sont en conflit. L'hexagramme 1:4 est neutre.

3—Texte des lignes

Yin 1

Agir comme un oiseau qui vole est défavorable.

Yin 1 ▬▬ indique que le sujet ne cherche pas à bouger comme un oiseau lorsqu'il entend le son du tonnerre, mais à rester sur place comme une montagne. L'objet pousse le sujet à bouger, mais alors que celui-ci se plie à la force de l'objet, il devrait observer attentivement les changements dans la situation et faire quelque chose pour prévenir les problèmes, à l'inverse de l'oiseau capricieux qui néglige ce qu'il se passe sur la terre ferme.

Cette ligne est incorrecte, mais est complémentaire de yang 4 ▬. L'action yin du sujet est neutre.

Yin 2

On ne rencontre pas le grand-père
Qui est passé,
Mais on rencontre la grand-mère.
On n'atteint pas le roi
Qui est allé trop loin,
Mais l'on atteint le ministre.
Aucun blâme.

Yin 2 ▬▬ indique que le sujet a moins de force et a besoin d'aide. En recherchant l'aide des autres, il devrait accepter les déceptions et faire des compromis. Si le sujet n'arrive pas à atteindre son but premier (« ne rencontre pas le grand-père » ou « n'atteint pas le roi qui est allé trop loin »), mais gagne quelque chose de bénéfique (« rencontre la grand-mère » ou « atteint le ministre »), le sujet ne devrait pas être blâmé.

Cette ligne est centrale et correcte, mais est en conflit avec yin 5 ▬▬. L'essence yin du sujet est neutre.

Yang 3

Si l'animal ne va pas au-delà de la barrière,
Empêchez-le de le faire.
S'il semble qu'il va au-delà de la barrière,
Peu importe, laissez-le partir ou abattez-le.
Cela est défavorable.

Yang 3 ▬ indique que le sujet est arrogant, autoritaire, et exigeant, ce qui l'aide à garder le contrôle. Puisque le sujet et l'objet n'ont aucune ressource, aucune expérience, aucun soutien et que peu de force, il est important que tous les problèmes soient confinés, comme un animal qui « ne va pas au-delà de la barrière ». Si cette prévention échoue et que le problème devient hors de contrôle, ce que le sujet fait à ce moment importe peu, « laissez-le partir ou abattez-le ». Si cela arrive, la relation peut devenir une cause perdue : « c'est défavorable ».

Cette ligne est correcte, complémentaire de yin 6 ▬▬, et est soutenue par yin 2 ▬▬. L'attitude yang du sujet est favorable.

Yang 4

Aucun blâme.
Rencontrez l'animal qui ne passe pas encore.
Soyez conscient du danger de le laisser partir.
Ne le laissez pas partir.
Restez sur cette voie pour toujours.

Yang 4 ▬ indique que l'objet pousse la relation vers l'avant alors que le sujet suit : « aucun blâme ». Cependant, le sujet devrait prêter attention et anticiper les problèmes avant qu'ils ne se présentent : « rencontrez l'animal qui ne passe pas encore ». « Être conscient du danger » lorsque les problèmes lui échappent. « Restez sur cette voie pour toujours », en restant courtois et vigilant au fur et à mesure que la relation se développe.

Cette ligne est incorrecte, mais est complémentaire de yin 1 ▬▬. L'action yang de l'objet est neutre.

Yin 5

Les nuages sont denses
Mais l'heure n'est pas encore à la pluie.
Les nuages viennent de notre faubourg à l'ouest.
Le seigneur chasse un animal dans une caverne
Et l'attrape.

Yin 5 ▬▬ indique que l'objet pousse la relation vers l'avant, mais n'a aucune expérience, ressource ou soutien pour ses actions. Le sujet suit l'objet, mais il est faible et incapable de lui venir en aide. Dans cette relation, il pourrait y avoir des problèmes, mais ils n'ont pas encore fait surface : « les nuages sont denses, mais l'heure n'est pas encore à la pluie ». Au centre de cette situation fragile, le sujet devrait être réaliste et pragmatique, et s'en tenir aux actions possibles et utiles, tel le seigneur « chassant un animal dans une caverne et l'attrapant » pendant que les nuages s'amassent à l'extérieur.

Cette ligne est centrale, mais est incorrecte et en conflit avec yin 2 ▬▬. L'essence yin de l'objet est neutre.

Yin 6

On ne rencontre pas l'animal
Qui passe la barrière.
Un oiseau s'envole,
Cela est défavorable.
On appelle cela une catastrophe,
Ou une maladie.

Yin 6 ▬ ▬ indique que l'objet est humble, agréable, respectueux et gracieux alors que le sujet est arrogant, rude, imprudent et autoritaire. Le sujet s'entend bien avec l'objet, mais les problèmes au sein de cette relation pourraient être facilement négligés. Lorsque les problèmes émergent, ils sont déjà hors de contrôle et ne peuvent être réglés : « on ne rencontre pas l'animal qui passe la barrière ». Lorsque cela se produit, la relation se dégrade et il est très difficile de la faire revenir à son état original, comme un « oiseau qui s'envole ». « C'est défavorable » ; cela mène jusqu'à « une catastrophe ou une maladie ».

Cette ligne est correcte et complémentaire de yang 3 ▬. L'attitude yin de l'objet est favorable.

⑥ L'hexagramme 1:5, le voyage (Zhou Yi, hexagramme 56)

Le voyage suggère que la relation entre le sujet et l'objet ressemble à un propriétaire et à des voyageurs. Le propriétaire reçoit les demandes de réservation des voyageurs, fournit des services et reçoit le paiement ; puis les voyageurs reprennent la route.

Le trigramme 1 ☷, la montagne (arrêt), est le sujet. Le trigramme 5 ☲, le feu (brillant et grimpant), est l'objet. La lumière de l'objet brillant vacille et a besoin de s'accrocher au sujet, comme le voyageur qui a besoin d'un hôtel où passer la nuit. Le sujet n'est pas là pour trop bénéficier de l'objet, et il ne peut pas non plus le blesser, car l'objet est une cible mouvante : « Les voyageurs sont comme des faisans. Si je tire un faisan, il s'envolera avec ma flèche. Je ne gagne rien, mais je perds une flèche ».

1—Texte général

Les choses se passent un peu calmement.
Les voyageurs s'arrêtent toujours près de moi.
Rester sur la voie actuelle est favorable.

L'objet vient au sujet en faisant avancer la relation, mais tous deux ont peu de force, et leur attitude arrogante et brutale entre en conflit. La situation est acceptable, mais n'est pas formidable : « les choses se passent un peu calmement ». Le sujet est dans une position de faiblesse et a besoin d'aide. Si l'objet vient fréquemment au sujet, celui-ci en tirera profit, comme un propriétaire dont le logis est plein : « les voyageurs s'arrêtent toujours près de moi. Rester sur la voie actuelle est favorable ».

2—Structure

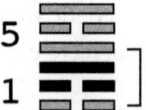

Figure 11.6 : structure de l'hexagramme 1:5

Dans cet hexagramme, seuls yin 2 ▬ ▬ et yang 3 ▬ sont dans une position correcte. Les autres lignes sont incorrectes. Seules les lignes inférieures sont complémentaires. Les autres sont en conflit. L'hexagramme 1:5 est neutre ou moins favorable.

3—Texte des lignes

Yin 1

Les voyageurs sont mesquins.
Ils me posent des problèmes.

Yin 1 ▬ ▬ indique que le sujet ne veut pas améliorer la relation, mais l'objet si. L'objet pousse le sujet à avancer. Cependant, l'essence de l'objet est yin, alors il ne peut pas trop aider le sujet : « les voyageurs sont mesquins ». Quant à son attitude, l'objet (tout comme le sujet) est arrogant, égocentrique et autoritaire : « ils me posent des problèmes ».

Cette ligne est incorrecte, mais est complémentaire de yang 4 ▬. L'action yin du sujet est neutre.

Yin 2

Les voyageurs s'arrêtent chez moi.
Je reçois le paiement
Et embauche un enfant comme domestique.
Restez sur la voie actuelle.

Yin 2 ▬ ▬ indique que le sujet est en position de faiblesse et a besoin d'aide. L'objet vient au sujet et l'aide un peu, comme un voyageur payant une nuit d'hébergement : « les voyageurs s'arrêtent chez moi. Je reçois le paiement et embauche un enfant comme domestique ». Parce qu'il y a ce bénéfice, le sujet devrait rester en contact avec l'objet : « restez sur la voie actuelle ».

Cette ligne est centrale et correcte, mais entre en conflit avec yin 5 ▬ ▬. L'essence yin du sujet est neutre.

Yang 3

Les voyageurs brulent ma maison.
Je perds mon enfant domestique.
Cela est dangereux.

Yang 3 ▬ indique que le sujet est arrogant, rude et autoritaire, tout comme l'objet. Ainsi, ils pourraient se trouver mêlés à un conflit destructeur pour le sujet : « les voyageurs brulent ma maison. Je perds mon enfant domestique ». Ce comportement rude et autoritaire pourrait endommager la relation : « c'est dangereux ».

Cette ligne est correcte, mais est en conflit avec yang 6 ▬. L'attitude yang du sujet est neutre ou moins favorable.

Yang 4

Les voyageurs restent chez moi.
Je reçois beaucoup d'argent dans une monnaie en forme de hache.
Je me sens malheureux.

Yang 4 ▬ indique que l'objet veut une meilleure relation et accepte volontiers d'apporter sa contribution : « les voyageurs restent chez moi. Je reçois beaucoup d'argent dans une monnaie en forme de hache » (monnaie utilisée il y a longtemps et qui avait beaucoup de valeur). Cependant, l'objet est arrogant et exigeant alors le sujet est loin d'apprécier cet échange : « je me sens malheureux ».

Cette ligne est incorrecte, mais est complémentaire de yin 1 ▬▬. L'action yang de l'objet est neutre.

Yin 5
Les voyageurs sont comme des faisans.
Si je tire un faisan,
Il s'envolera avec ma flèche.
Je ne gagne rien, mais je perds une flèche.
Je dois garder ma dignité et vivre jusqu'à la fin.

Yin 5 ▬▬ indique que l'objet est essentiellement faible, mais mobile. Alors que le sujet essaye de blesser l'objet, celui-ci ne peut pas se battre contre lui, mais il peut fuir : « les voyageurs sont comme des faisans. Si je tire un faisan, il s'envolera avec ma flèche. Je ne gagne rien, mais je perds une flèche ». Le sujet ne peut pas tirer profit de la faiblesse de l'objet. Le sujet est aussi faible et arrogant. Bien qu'il n'y ait aucun moyen d'améliorer la situation, « je dois garder ma dignité et vivre jusqu'à la fin ».

Cette ligne est incorrecte et entre en conflit avec yin 2 ▬▬, mais est centrale. L'essence yin de l'objet est neutre ou moins favorable.

Yang 6
Le nid d'un oiseau est brulé.
Les voyageurs sont d'abord enthousiastes et rient,
Mais pleurent de leur tragédie à la fin.
« Les bœufs furent perdus dans le pays du Yi King. »
Cela est défavorable.

Yang 6 ▬▬▬ indique que l'objet (tout comme le sujet) est arrogant, rude, indélicat et exigeant. Cela crée des problèmes dans la relation. L'attitude yang de l'objet peut signifier qu'il aime semer le trouble, mais n'est pas essentiellement une personne cruelle : « le nid d'un oiseau est brulé. Les voyageurs sont d'abord enthousiastes et rient, mais pleurent de leur tragédie à la fin ».

Dans ce texte, Yi King est le nom d'un pays dans les temps anciens. « Les bœufs furent perdus dans le pays du Yi King » fait référence à une histoire qui date des environs de 1900 avant Jésus-Christ. Le duc Hai, accompagné de son frère Heng, menèrent plusieurs charriots et un grand troupeau de moutons et de bœufs dans le pays du Yi King. Les bœufs tiraient les charriots. Les habitants du Yi King n'avaient jamais vu ce mode de transport. Le duc Mianchen, le dirigeant du Yi King, reçut le duc Hai et son entourage et leur demandèrent de lui apprendre à dompter les bœufs de cette manière, et le duc Hai accepta.

Durant son séjour, le duc Hai découvrit la magnifique fille du duc Mianchen. Il la rencontra en secret, mais son frère Heng découvrit le pot aux roses. Lui aussi s'intéressait à la ravissante jeune femme et, de jalousie, révéla leur relation au duc Mianchen. Scandalisé, il exécuta le duc Hai et confisqua tous les charriots, les bœufs et les moutons.

En citant cette histoire, le texte suggère que l'attitude yang de l'objet ne lui est pas bonne.

Mais elle n'est pas bonne pour le sujet non plus, qui est comme le propriétaire dont les voyageurs qu'il accueille se créent eux-mêmes des problèmes ; cela signifie que le propriétaire perd son commerce et y perd également beaucoup.

Cette ligne est incorrecte et entre en conflit avec yang 3 ▬. L'attitude yang de l'objet est défavorable.

7 L'hexagramme 1:6, agréable (Zhou Yi, hexagramme 31)

Agréable est représenté en chinois par le mot « Gan », qui signifie « ressentir » ou « sentir ». Le trigramme 1 ⛰, le lac (plaisir), est l'objet. Le lac est au-dessus de la montagne, comme un réservoir à son sommet qui se déverse en cascades rafraîchissantes jusqu'à ses racines. Pour profiter de la relation, le sujet doit comprendre l'objet, le ressentir ou le sentir. Entretemps, l'objet présente le sujet avec plaisir, comme un ami dont la présence est parfaitement en harmonie avec ses désirs les plus profonds : « le compagnon suit vos pensées ».

1—Texte général

Les choses se passent calmement.
Il est bénéfique de rester sur la voie actuelle.
Se marier à une femme est favorable.

Le sujet ne recherche pas délibérément une meilleure relation, mais l'objet si. L'objet pousse le sujet à avancer dans la relation, l'aide dans ses difficultés et le respectent alors que le sujet est arrogant est autoritaire. « Les choses se passent calmement », car la situation actuelle bénéficie au sujet : « il est bénéfique de rester sur la voie actuelle ». Le sujet devrait autoriser l'objet à se rapprocher : « se marier à une femme est favorable ». Ici, le mariage est une métaphore pour un état bénéfique et agréable ; la relation n'a pas à être conjugale. Et bien que le texte de cet hexagramme décrive le progrès d'une rencontre intime et sensuelle, il peut s'appliquer à n'importe quelle relation dans laquelle le plaisir et la jouissance s'approfondissent à mesure que le sujet et l'objet apprennent à se connaître.

2—Structure

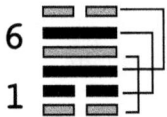

Figure 11.7 : structure de l'hexagramme 1:6

Dans cet hexagramme, yin 2 ▬▬, yang 3 ▬, et yang 5 ▬ sont dans une position correcte. Les trois autres lignes sont incorrectes. Toutes les lignes sont complémentaires. L'hexagramme 1:6 est favorable.

3—Texte des lignes

Yin 1

Ressentez les orteils.

Yin 1 ▬ ▬ indique que le sujet ne veut pas fournir trop d'effort pour pousser la relation plus loin. « Ressentez les orteils » signifie que le sujet ne peut apprécier l'objet que de façon limitée. Ce que fait le sujet pour la relation est insignifiant.

Cette ligne est incorrecte, mais est complémentaire de yang 4 ▬▬. L'action yin du sujet est neutre.

Yin 2

Ressentez les mollets.
Aller plus loin est défavorable.
Garder la situation actuelle est favorable.

Yin 2 ▬ ▬ indique que le sujet est essentiellement incapable de bien connaître l'objet. « Ressentez les mollets » décrit une situation dans laquelle le sujet commence réellement à mieux connaître l'objet, mais ce qu'il sent est insignifiant. À cause des perceptions limitées du sujet, aller en avant créera une situation défavorable pour lui. Le sujet devrait être patient et persistent, et rester à ce niveau d'intimité : « garder la situation actuelle est favorable » au sujet.

Cette ligne est centrale, correcte et complémentaire de yang 5 ▬▬. L'essence yin du sujet est favorable.

Yang 3

Ressentez les cuisses.
Persistez, suivez les autres.
Partir est vil.

Yang 3 ▬▬ indique que le sujet est direct, franc et ouvert à l'objet, ce qui rend la compréhension mutuelle plus aisée. « Ressentez les cuisses » signifie que, grâce à une attitude yang, le sujet apprend à mieux connaître l'objet, et sent même les aspects privés de la situation de l'objet. Le sujet devrait suivre l'objet dans l'avancement de la relation : « persistez, suivez les autres ». Une attitude yang permet au sujet de profiter d'un grand bonheur dans la relation, mais pourrait aussi le rendre arrogant ou imprudent, le faire partir plutôt que le faire suivre l'objet. Cela pourrait rendre l'objet triste : « partir est vil ».

Cette ligne est correcte et complémentaire de yin 6 ▬ ▬. L'attitude yang du sujet est favorable.

Yang 4

Rester sur cette voie est favorable.
Les regrets s'estompent.
En vacillant d'un côté à un autre, le compagnon suit vos pensées.

Yang 4 ▬▬ indique que l'objet pousse activement la relation vers l'avant avec l'inéluctabilité et la jouissance de l'eau d'un lac descendant en cascade de la montagne : « rester sur cette voie est favorable. Les regrets s'estompent ». Puisque le sujet est passif et résistant au progrès, l'objet fait ce que veut le sujet, telle l'eau changeant de direction au gré des rochers et des crevasses : « En vacillant d'un côté à un autre, le compagnon suit vos pensées ».

Cette ligne est incorrecte, mais est complémentaire de yin 1 ▬▬. L'action yang de l'objet est neutre.

Yang 5

Ressentez la chair.

Aucun regret.

Yang 5 ▬ indique que l'objet a de la force et pourrait être bénéfique au sujet. Celui-ci perçoit la chaleur et la vitalité de l'objet : « ressentez la chair ». La situation est gratifiante et agréable : « aucun regret ».

Cette ligne est centrale, correcte, et complémentaire de yin 2 ▬▬. L'essence yang de l'objet est favorable.

Yin 6

Ressentez les joues,

La mâchoire et la langue.

Yin 6 ▬▬ indique que l'objet a un comportement doux, parle gentiment et s'approche respectueusement, ce qui permet au sujet de sentir, ressentir et comprendre avec plus de facilité. Le sujet écoute ce que dit l'objet, et profite de ses manières gracieuses et dociles : « ressentez les joues, la mâchoire et la langue ».

Cette ligne est correcte et complémentaire de yang 3 ▬. L'attitude yin de l'objet est favorable.

8 L'hexagramme 1:7, fuir (Zhou Yi, hexagramme 33)

Le mot chinois pour fuir se prononce de la même façon que « voler » et « gros ». Ces multiples sens apparaissent dans le titre et les textes de cet hexagramme. Le trigramme 1 ☰, le ciel (force), est l'objet. Le sujet a un comportement rude, mais manque de pouvoir, comme le sujet désobéissant d'un monarque tout-puissant. La meilleure voie à suivre pour le sujet dans cette situation est d'échapper au contrôle de l'objet : « Fuir. Rien n'est néfaste ».

1—Texte général

Les choses se passent calmement.

Rester sur la voie actuelle est légèrement favorable.

Le sujet est faible et a besoin d'aide alors que l'objet est fort et capable de l'aider, de le contrôler ou de le détruire. Le sujet ne veut pas s'impliquer profondément dans la relation, mais l'objet l'approche et cherche à le contrôler, comme le Soleil se levant sur la montagne et brillant sur elle incessamment. L'objet est arrogant, indélicat, égocentrique et brutal, mais le sujet, têtu, plutôt que de se plier au pouvoir de l'objet, garde sa dignité, sa liberté et son indépendance. Face à de fortes pressions, le sujet têtu a du mal à maintenir la situation actuelle. À ce moment, aucun problème n'est encore survenu ; le sujet est immobile comme la montagne et supporte la chaleur : « les choses se passent calmement ». Mais il y a peu de profit à la clé dans cette position : « rester sur la voie actuelle est légèrement bénéfique ». Fuir peut être un meilleur choix.

2—Structure

Figure 11.8 : structure de l'hexagramme 1:7

Dans cet hexagramme, trois lignes sont correctes : yin 2 ▬▬, yang 3 ▬, et yang 5 ▬. Les lignes inférieures et intermédiaires sont complémentaires. Les lignes supérieures sont en conflit. L'hexagramme 1:7 est neutre.

3—Texte des lignes

Yin 1

Fuir trop tard,
Comme à la queue d'un incident, est dangereux.
Ce n'est pas un bon moment pour faire quelque chose.

Yin 1 ▬▬ indique que le sujet hésite, ne veut pas fuir, et continue plutôt de se comporter à son habitude. Cela retardera, voire empêchera, une fuite : « fuir trop tard, comme à la queue d'un incident, est dangereux ». Mais maintenant, sous la menace directe de l'objet, « ce n'est pas un bon moment pour faire quelque chose ».

Cette ligne est incorrecte, mais est complémentaire de yang 4 ▬. L'action yin du sujet est neutre.

Yin 2

Une ceinture en cuir
Faites avec le cuir d'un bœuf jaune un lien vers quelqu'un.
Il ne peut s'échapper.

Yin 2 ▬▬ indique qu'au vu de la situation actuelle, le sujet devrait fuir, mais n'en est pas capable. L'essence yin du sujet a créé une dépendance au pouvoir de l'objet, comme « une ceinture faite avec le cuir d'un bœuf jaune ». Ce lien marche dans les deux sens : le sujet peut recevoir l'aide de l'objet, bien que cela demande un sacrifice de liberté.

La situation pourrait ne pas être trop mauvaise pour le sujet. La ligne est centrale, dans une position correcte et est complémentaire de yang 5 ▬, alors l'essence yin du sujet est favorable. Pour tirer des bénéfices, le sujet doit être complémentaire de l'objet, ce qui, dans ce cas, signifie qu'il doit rester à sa place, sous le pouvoir de l'objet.

Yang 3

Lorsque l'on est impliqué dans plusieurs positions,
Fuir est dangereux

Et difficile.
Garder des serviteurs et des concubines est favorable.

Yang 3 ▬ indique que l'attitude entêtée du sujet le mène à croire que fuir est humiliant ou qu'il est trop difficile de s'échapper des liens compliqués que l'on a avec les autres : « on est impliqué dans plusieurs positions ». Dans la situation actuelle, le sujet devrait fuir, mais cela pourrait être dangereux, car le succès de l'opération n'est pas garanti. Avant de fuir, le sujet devrait rendre sa position plus facile en rompant ses connexions avec les autres et en voyageant aussi léger que possible (en ne prenant que le nécessaire) : « garder des serviteurs et des concubines est favorable ».

Cette ligne est correcte, mais est en conflit avec yang 6 ▬. L'attitude yang du sujet est neutre.

Yang 4

Fuir est une bonne action.
Cela est favorable à la personne intelligente.
Ce n'est pas favorable pour l'idiot.

Yang 4 ▬ indique que l'objet pousse agressivement le sujet. Cela encourage le sujet à partir sans hésitation : « fuir est une bonne action ». La personne intelligente est capable d'évaluer la situation et a la volonté de fuir. Adopter une action yin face à l'action yang de l'objet est favorable au sujet. Cependant, un idiot peut adopter une action yang pour résister à l'objet. C'est défavorable.

Cette ligne est incorrecte, mais est complémentaire de yin 1 ▬▬. L'action yang de l'objet est neutre ; cela dépendra de comment répond le sujet : s'il est intelligent, l'action yang de l'objet le fera fuir au bon moment, lui épargnant de lourdes pertes, s'il résiste, l'action yang de l'objet pourrait causer de lourds dommages au sujet.

Yang 5

Fuir est une action honorable.
Rester sur cette voie est favorable.

Yang 5 ▬ indique que l'objet est fort, puissant ou riche. Si le sujet reste sur cette voie, il pourrait recevoir l'aide de l'objet. Cependant, s'il fuit, cela pourrait lui faire manquer la chance de tirer profit de l'objet, mais c'est une « action honorable » dans l'intérêt de sa liberté et de sa dignité.

Cette ligne est centrale, correcte et complémentaire de yin 2 ▬▬. L'essence yang de l'objet est favorable.

Yang 6

On fuit
En volant avec tout ce qui a de la valeur.
Rien n'est néfaste.

Yang 6 ▬ indique que l'objet est arrogant, dur, rude, autoritaire, égocentrique ou exigeant. Cela pousse le sujet à la fuite, « en volant avec tout ce qui a de la valeur », ce qui inclut la famille et l'argent. Fuir signifie que le sujet conserve sa liberté et sa dignité, évite la perte, et a peut-être une autre occasion qui se présente à lui : « rien n'est néfaste ».

    Cette ligne est incorrecte et est en conflit avec yang 3 ▬. L'attitude yang de l'objet est défavorable. Si le sujet fuit en laissant cette situation défavorable derrière lui, la situation pourrait devenir bénéfique.

CHAPITRE 12
Lorsque l'eau ⚏ est le sujet

Ce chapitre contient le texte Yi King des hexagrammes allant de 2:0 à 2:7. Leur trigramme sujet est le trigramme 2, l'eau. Les caractéristiques générales de l'eau sont le danger et la difficulté auxquels le sujet doit faire face ou qu'une personne impose à d'autres.

① Hexagramme 2:0 l'armée (Zhou Yi, hexagramme 7)

L'armée suggère une coopération entre le sujet et l'objet, comme une armée aux prises avec un ennemi commun. Le trigramme 2 ⚏, l'eau (danger et difficulté), est le sujet ; le trigramme 0 ⚏, la terre (l'adaptabilité), est l'objet. L'objet est très faible, en détresse et cède au sujet. Le sujet est fort et en mesure de l'aider, mais éprouve quelques difficultés dans sa confrontation avec l'objet, comme l'eau rencontre des obstacles dans sa course à la surface de la Terre. L'eau doit donc suivre son propre chemin. Pour gagner la guerre, le sujet doit résoudre ses problèmes personnels afin de devenir un bon commandant. « Pour fonder un nouveau pays ou bâtir un héritage familial, il ne faut jamais employer une personne non qualifiée. »

1—Texte général

Restez sur la voie actuelle, elle est favorable à l'aîné.
Aucun blâme.

L'objet est faible et a besoin d'aide, tandis que le sujet est fort et en mesure de l'aider. Le sujet devrait « rester sur la voie actuelle », comme une armée aux prises avec un ennemi commun. Actuellement, le sujet et l'objet sont passifs et désorganisés, comme une armée mal dirigée. Ni le sujet ni l'objet ne se comportent de manière franche et honnête. Ils ressemblent donc à une armée à laquelle il manquerait une bonne communication. Pour triompher, le sujet doit résoudre ces problèmes, se montrer plus fort que l'objet et devenir un bon commandant : cela est « favorable à l'aîné ». Si le sujet fait les efforts nécessaires, il ne peut y avoir « aucun blâme ».

2—Structure

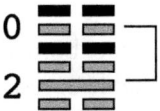

Figure 12.1 : structure de l'hexagramme 2:0

Sur cet hexagramme, seules deux lignes, yin 4 ⚋ et yin 6 ⚋, sont à une place correcte. Les deux lignes intermédiaires sont complémentaires, mais les deux lignes inférieures et les deux lignes supérieures sont en conflit entre elles. L'hexagramme 2:0 est relativement peu favorable.

3—Texte des lignes

Yin 1

Une fois le départ effectué,
L'armée doit se montrer très disciplinée,
Ou une tragédie se produira.

Yin 1 ▬ ▬ indique que le sujet est fatigué ou éprouve une certaine frustration au sein de la relation. Mais l'objet est faible et a besoin d'aide, et le sujet est une personne appropriée pour l'aider. Le sujet doit se montrer à la hauteur de la situation. S'il ne change pas d'attitude pour passer du yin au yang, il sera incapable d'aider l'objet à traverser le moment difficile : « Une fois le départ effectué, l'armée doit se montrer très disciplinée. » Si le sujet reste passif, l'armée manquera toujours d'organisation et perdra la guerre. « Une tragédie se produira. »

Cette ligne se trouve en position incorrecte et entre en conflit avec yin 4 ▬ ▬. L'action yin du sujet est défavorable.

Yang 2

Lors de l'expédition,
La situation est défavorable.
Aucun blâme.
Le roi assigne une mission trois fois.

Yang 2 ▬ indique que le sujet est globalement fort et capable de venir en aide à l'objet. Lorsque le sujet aide l'objet, la situation s'améliore et les efforts du sujet peuvent être récompensés moralement ou matériellement : « Lors de l'expédition, la situation est favorable. Aucun blâme. » Cela encourage le sujet à aider l'objet, à remplir un devoir au nom de l'amitié, de la famille, de l'amour ou des affaires. « Le roi assigne une mission trois fois. »

Cette ligne est centrale et complémentaire avec yin 5 ▬ ▬, mais se trouve en position incorrecte. L'essence yang du sujet est neutre, au mieux, légèrement favorable.

Yin 3

Lorsque l'armée est en proie à la confusion
Il y a tant de pertes,
Les corps des soldats sont évacués par charriots.
La situation est défavorable.

Yin 3 ▬ ▬ indique que le sujet est humble, bon, aimable et respectueux. L'objet, quant à lui, est tout aussi humble, bon, aimable et respectueux que le sujet. Ils se respectent mutuellement, mais sont peut-être incapables de communiquer de manière franche et directe. Ils ne savent pas quoi faire, ce qui peut porter préjudice aux deux : « Lorsque l'armée est en proie à la confusion, il y a tant de pertes, les corps des soldats sont évacués par charriots. Le sujet doit changer son attitude pour passer du yin au yang et dialoguer avec l'objet de manière sincère et honnête afin de trouver une solution ; sans cela, la situation pourrait se révéler défavorable au sujet.

Cette ligne se trouve en position incorrecte et entre en conflit avec yin 6 ▬▬. L'attitude yin du sujet est défavorable.

Yin 4

L'armée bat en retraite.
Aucun blâme.

Yin 4 ▬▬ indique que l'objet refuse de faire avancer la relation et entend même céder à l'ennemi commun, car il ou elle va bientôt se décourager face à l'échec de la progression. « L'armée bat en retraite. » Le sujet comprend la gravité de la situation et fait de son mieux pour y remédier, il n'y a donc « aucun blâme ».

Cette ligne se trouve en position correcte, mais entre en conflit avec yin 1 ▬▬. L'action yin de l'objet est neutre.

Yin 5

Il y a du gibier dans une prairie.
Il est bénéfique de faciliter la communication.
Aucun blâme.
Tandis qu'un fils aîné mène l'armée dans la bataille,
Un fils cadet évacue les corps par charriots.
Rester sur cette voie est pernicieux.

Yin 5 ▬▬ indique que l'objet est en position de faiblesse et a besoin d'aide. Le sujet est fort et lui vient en aide. Les deux travaillent de concert ; il est probable qu'ils progressent. « Il y a du gibier dans une prairie. » Pour le capturer, ils doivent coopérer, communiquer : « Il est bénéfique de faciliter la communication. »

Sachant ce qu'il en est pour l'objet, le sujet est en mesure de l'aider efficacement : « Aucun blâme. » Mais si la communication est insuffisante, plus de pertes sont à craindre : « Tandis qu'un fils aîné mène l'armée dans la bataille, un fils cadet évacue les corps par charriots. » « Rester sur cette voie est pernicieux », car l'évacuation des corps par charriots devrait avoir lieu à l'issue victorieuse de la bataille. Le sujet devrait agir pour l'objet au moment opportun et de la bonne manière ; la coopération est indispensable.

Cette ligne est au centre, en position incorrecte, et entre en conflit avec yang 2 ▬. L'essence yin de l'objet est neutre.

Yin 6

Le grand dirigeant a enseigné
Que pour fonder un nouveau pays, ou
Bâtir un héritage familial,
Il ne faut jamais employer une personne non qualifiée.

Yin 6 ▬▬ indique que l'objet peut être obéissant, humble, respectueux ou prêt à s'adapter, à se plier aux exigences du sujet et suivre ses directives. Quant à lui, le sujet est tout aussi humble que l'objet, ce qui peut poser des problèmes. En l'absence de consignes claires et d'un commandant déterminé, l'objet peut se retrouver confus et perdre sa confiance envers le sujet. Celui-ci doit apprendre et étudier afin d'être à même de comprendre réellement la situation et d'acquérir les capacités nécessaires à la victoire. Le sujet doit devenir une personne qualifiée.

Cette ligne est en position correcte, mais est en conflit avec yin 3 ▪▪. L'attitude yin de l'objet est neutre.

2 Hexagramme 2:1: l'ignorance (Zhou Yi, hexagramme 4)

L'ignorance est illustré par un caractère chinois aux sens multiples : couvrir, ignorant, illettré, recevoir, tricher, ou encore inconscient. Il est souvent utilisé dans le sens d'« éclairer intellectuellement », comme dans la relation entre un professeur et ses élèves.

Le trigramme 2 ☵, l'eau (danger et difficulté) est le sujet : le trigramme 1 ☶, la montagne (arrêter), est l'objet. Le sujet éprouve des difficultés, à l'image de l'eau qui s'écoule et est arrêtée par une montagne sur le chemin de l'océan.

Dans une relation, lorsqu'une personne indolente ne réagit pas aux actions des autres, on peut considérer cette inertie comme une montagne, qui s'oppose au courant. Dans ce cas, le sujet peine à surmonter la paresse de l'objet, tel un professeur frustré de devoir enseigner à un élève ignorant. Le sujet ne devrait pas se donner trop de mal pour rendre service à un objet qui lui résiste : « Ce n'est pas moi qui cherche des élèves, mais ce sont eux qui me supplient de les instruire. »

1—Texte général

> *Tout se passe bien.*
> *Le professeur dit :*
> *« Ce n'est pas moi qui cherche des élèves,*
> *Mais ce sont eux qui me supplient de les instruire.*
> *La question posée recevra réponse immédiatement.*
> *Les questions répétées,*
> *Signes d'impertinence,*
> *Ne recevront nulle réponse. »*
> *Il est bénéfique de rester sur la voie actuelle.*

L'objet est faible et a besoin d'aide. Le sujet est fort et en mesure de l'aider. La réussite est donc envisageable : « Tout se passe bien. » Mais l'objet est arrogant, grossier et exigeant. Le sujet respecte l'objet, mais ce dernier ne vient pas à lui de bonne grâce, ce qui est frustrant, car c'est bien lui qui a besoin d'aide : « Ce n'est pas moi qui cherche des élèves, mais ce sont eux qui me supplient de les instruire. » Le sujet s'efforce malgré tout d'aider l'objet : « La question posée recevra réponse immédiatement. »

Cependant, la solution définitive aux problèmes de l'objet est entre les mains de ce dernier ; il y a une limite à ce dont le sujet est capable. Seul l'objet peut résoudre définitivement ses problèmes grâce à un travail acharné. Et à aucun moment l'objet ne devrait demander au sujet de l'accomplir à sa place : « Les questions répétées, signes d'impertinence, ne recevront nulle réponse. » Tout en aidant l'objet, le sujet doit l'inciter à travailler lui-même. Cela facilitera la progression et soulagera le stress du sujet : « Il est bénéfique de rester sur la voie actuelle » et de ne pas céder aux exigences insensées de l'objet.

2—Structure

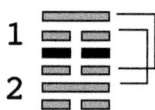

Figure 12.2 : structure de l'hexagramme 2:1

Sur cet hexagramme, yin 4 ▬▬ est la seule ligne à se trouver en position correcte. Les cinq autres se trouvent en positions incorrectes. Les deux lignes inférieures sont en conflit entre elles. Les deux lignes intermédiaires les deux lignes supérieures sont complémentaires entre elles. L'hexagramme 2:1 est neutre, ou relativement peu favorable.

3—Texte des lignes

Yin 1

Le professeur montre à l'ignorant
Le modèle,
Qui ressent la liberté
Gagnée par l'apprentissage,
Comme se libérer de fers et de menottes.
Il est cruel de trop exiger de ses élèves.

Yin 1 ▬▬ indique que le sujet refuse d'avoir quoi que ce soit à faire avec l'objet. Malgré ses réticences, il serait bon que le sujet fasse un effort pour l'objet, même minime ; comme un professeur qui confronte un étudiant ignorant au « modèle, qui ressent la liberté gagnée par l'apprentissage, comme se libérer de fers et de menottes. » Il revient alors à l'objet d'apprendre de cet exemple ; le sujet ne devrait pas se montrer trop pressant avec lui : « Il est cruel de trop exiger de ses élèves. »

Cette ligne se trouve en position incorrecte et est en conflit avec yin 4 ▬▬. L'action yin du sujet est défavorable.

Yang 2

Prendre en charge un ignorant est bénéfique.
Épouser une femme est bénéfique.
Celle-ci peut donner naissance à un enfant
Qui grandira pour devenir un maitre de maison.

Yang 2 ▬ indique que le sujet est en position de force et en mesure de venir en aide à l'objet : « Prendre en charge un ignorant est bénéfique. Malgré la faiblesse, l'obstination et les réticences de l'objet, cette prise en charge peut s'avérer bénéfique : si l'on épouse une femme ignorante, peut-être est-elle stupide, mais son enfant peut s'avérer être un bon maitre de maison.

Cette ligne est au centre et complémentaire avec yin 5 ▬▬, mais se trouve en position incorrecte. L'essence yang de l'objet est neutre.

Yin 3

N'épouse point une femme,

Qui recherche un riche mari,
Puis se perd elle-même.
Cela n'est pas bénéfique.

Yin 3 ▬ ▬ indique que le sujet est modeste et complaisant. Cependant, s'il se laisse trop aller à ces qualités, la situation peut prendre une tournure désagréable, comme lorsqu'une personne importante s'abaisse trop bas dans l'espoir d'aider quelqu'un qui n'en tirera aucun profit : « N'épouse point une femme, qui recherche un riche mari, puis se perd elle-même. » Si le sujet fait preuve de trop de modestie et de complaisance, « cela n'est pas bénéfique. »

Cette ligne se trouve en position incorrecte, mais vient compléter yang 6 ▬. L'attitude yin du sujet est neutre.

Yin 4

Combattre l'ignorance et la paresse
Est mal.

Yin 4 ▬ ▬ indique que l'objet ne désire pas pousser la relation plus avant, tel un étudiant fatigué et ignorant dont le seul désir est de faire la sieste ou de quitter la classe. Si le sujet pousse l'objet à avancer, mais que ce dernier ne se montre pas réceptif, combattre sa paresse fera passer le sujet pour méchant.

Cette ligne est la seule qui se trouve en position correcte, mais entre en conflit avec yin 1 ▬ ▬. L'action yin de l'objet est neutre.

Yin 5

Remédier à l'ignorance juvénile
Est bénéfique.

Yin 5 ▬ ▬ indique que l'objet est en position de faiblesse, comme toute personne atteinte d'« ignorance juvénile ». L'objet a besoin de l'aide du sujet. Tandis que le sujet aide l'objet, il en retire également quelque chose. Cela est bénéfique pour le sujet.

Cette ligne est au centre et complète yang 2 ▬, mais se trouve en position incorrecte. L'essence yin de l'objet est favorable, bien que le sujet doive aider l'objet.

Yang 6

Apprendre à la violence ignorante
Qu'il vaut mieux ne pas être un voleur,
Mais une personne qui défend les autres contre eux.

Yang 6 ▬ indique que l'objet est aux prises avec la « violence ignorante ». Il est bon que le sujet l'aide à changer cette attitude grossière, fasse ressortir en lui le meilleur et lui apprenne qu'« il vaut mieux ne pas être un voleur, mais une personne qui défend les autres contre eux. »

Cette ligne est en position incorrecte, mais complémentaire avec yin 3 ▬ ▬. L'attitude yang de l'objet est neutre.

3 Hexagramme 2:2 le piège (Zhou Yi, hexagramme 29)

Le piège dénote une difficulté au sein d'une relation, telle la sensation d'être pris au piège, sans échappatoire. Dans les temps anciens, les pièges étaient parfois utilisés comme prisons.

Le sujet et l'objet sont tous deux représentés par le trigramme 2 ☵, l'eau (danger et difficulté). Dans la relation correspondante, sujet et objet font tous deux face à des dangers et des difficultés, comme celles qui se développent à partir d'un environnement particulier. Par exemple, si vous vous trouvez dans la salle d'attente d'un aéroport avec un million de dollars dans la poche, que l'avion est prêt à l'embarquement, mais que l'aéroport est frappé d'une grave panne d'électricité, que soudain, vous êtes « pris au piège », que faire ? « Faire preuve de davantage de prudence, ne rien faire. »

1—Texte général

Même pris au piège,
Si l'on est sincère avec autrui,
Les choses se passeront bien.
Les efforts seront récompensés.

Le sujet et l'objet sont tous deux forts, mais aucun des deux ne parvient à utiliser cette force pour faire avancer la relation. Ils sont « pris au piège ». Humbles et prêts à céder l'un à l'autre, ils souffrent d'un manque de communication, d'une absence d'honnêteté dans leurs échanges : « Si l'on est sincère avec autrui, les choses se passeront bien. » Si le sujet échange activement avec l'objet et le convainc de coopérer avec lui, ses « efforts seront récompensés. »

2—Structure

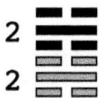

Figure 11.3 : structure de l'hexagramme 2:2.

Sur cet hexagramme, les trois lignes du trigramme-objet sont en position correcte, mais celles du trigramme sujet sont toutes en position incorrecte. Aucune ligne ne vient en compléter une autre. L'hexagramme 2:∅ est neutre, relativement peu favorable.

3—Texte des lignes

Yin 1

Il y a un piège très profond.
On est pris au piège.
Cela est défavorable.

Yin 1 ⚋ indique que le sujet ne fait rien afin d'améliorer la relation, car il ou elle traverse une période difficile, comme prisonnier ou prisonnière d'un piège très profond : « Cela est défavorable. »

Cette ligne est en position incorrecte et entre en conflit avec yin 4 ▬▬. L'action yin du sujet est défavorable. Le sujet peine grandement à faire changer les choses, car il ou elle est comme prisonnier ou prisonnière d'un piège très profond.

Yang 2

Les pièges sont dangereux.
Vise un petit gain, ne sois pas cupide.

Yang 2 ▬ indique que le sujet est fort. Cependant, en cette période très difficile, il est incapable d'en tirer un bénéfice suffisant. Ce qu'il peut faire n'a donc aucune importance. L'objet, quant à lui, est fort, tout comme le sujet. Celui-ci ne peut l'aider, car ce dernier refuse son assistance.

Cette ligne est au centre, mais est en conflit avec yang 5 ▬ et en position incorrecte. L'essence yang du sujet est neutre.

Yin 3

On arrive à un piège périlleux,
Il est profond et dangereux.
On est prisonnier de ce piège
Il faut être plus prudent, ne rien faire.

Yin 3 ▬▬ indique que le sujet est humble, aimable et prêt à s'adapter, tandis que l'objet a une attitude similaire. Cela rend la compréhension mutuelle difficile. Cependant, malgré la difficulté et la dangerosité de la situation, il convient pour le sujet de conserver la même attitude, de se montrer « plus prudent » et de ne rien faire, d'attendre un moment plus propice.

Cette ligne est en position incorrecte et en conflit avec yin 6 ▬▬. L'action yin du sujet est défavorable.

Yin 4

On reçoit un repas simple
D'une fenêtre élevée, par deux paniers.
Dans l'un, il y a un verre de vin.
Dans l'autre, il y a un pot de nourriture.
Aucun blâme finalement.

Yin 4 ▬▬ indique que l'objet refuse de pousser la relation plus avant et d'aider le sujet. Cela est défavorable à ce dernier.

Cependant, il convient pour lui d'être très attentif à tout changement de situation, même le plus subtil, comme « un repas simple » jeté à un prisonnier d'une haute fenêtre de la prison. Ce petit changement aide le sujet à traverser la période difficile et peut conduire à un dénouement heureux.

Cette ligne est en position correcte, mais entre en conflit avec yin 1 ▬▬. L'action yin de l'objet est neutre.

Yang 5

Le piège n'est pas entièrement rempli.
Seul son fond accidenté est recouvert de poussière.
Aucun blâme.

Yang 5 ▬ indique que l'objet est fort et capable d'enrichir la relation, de remplir le piège de terre. Toutefois, son action est yin et il n'est pas prêt à faire beaucoup d'efforts pour améliorer la relation. Ainsi, le piège peut être rempli de terre, mais pas suffisamment pour permettre une évasion. Seul son fond accidenté est recouvert de terre. Le sujet n'est pas responsable de cette situation, car il ne peut contrôler les actions de l'objet : « Aucun blâme. »

Cette ligne est en position correcte, mais est en conflit avec yang 2 ▬. L'essence yang de l'objet est neutre.

Yin 6

L'un et l'autre sont attachés ensemble par une corde
Et pris au piège dans un buisson épineux.
Pendant trois ans, ils ne parviennent pas à se libérer.
Cela est défavorable.

Yin 6 ▬▬ indique que l'objet est tout aussi humble, agréable et désireux de s'adapter que le sujet. Cela est préjudiciable à leur compréhension mutuelle et à la résolution des problèmes complexes au sein de leur relation. Le sujet se sent comme attaché à l'objet « par une corde et pris au piège dans un buisson épineux ». Ils sont dans l'impasse, désespérés, comme s'ils n'allaient pas parvenir à se libérer « pendant trois ans ».

Cette ligne est en position correcte, mais est en conflit avec yin 3 ▬▬. L'action yin de l'objet est neutre.

4 Hexagramme 2:3, l'inondation (Zhou Yi, hexagramme 59)

En chinois, le titre de l'hexagramme 2:3 est « huan », ce qui signifie « fondre » ou « disparaître », mais il est très rarement utilisé seul. Ce caractère est souvent doublé, comme ceci : « huan huan », auquel cas il renvoie à une énorme inondation. Parfois, ce caractère est combiné à un autre, « san », ce qui donne « huansan » ; « laxisme » ou « paresse ». L'inondation à laquelle renvoie cet hexagramme est capable de balayer maisons, cultures, arbres, et animaux, de noyer des champs et de tuer un grand nombre de personnes. Le trigramme 2 ☵, l'eau (danger et difficulté), est le sujet ; le trigramme 3 ☴, le vent (flexibilité), est l'objet. La direction du vent change constamment ; le sujet a donc du mal à le suivre. Cette situation est comparable à une inondation, à une incontrôlable catastrophe pour le sujet. Néanmoins, cette inondation peut être évitée à condition que le sujet prenne des mesures appropriées.

1—Texte général

Tout se passe bien ; un roi se rend à un temple.
Il est bénéfique de traverser une rivière.
Il est bénéfique de rester sur la voie actuelle.

Dans cette relation, le sujet et l'objet sont tous deux forts. Le sujet cède facilement à l'intimidation de la part de l'objet : « Tout se passe bien ». Cependant, aucune de deux parties ne souhaite bonifier la relation. Ainsi, chacun devient indifférent à l'autre, la relation et ses bénéfices sont détériorés, comme par une dangereuse inondation qui balaie tout sur son passage. La situation du sujet est délicate. Afin d'éviter un désastre, il serait bon qu'il fasse preuve de courage et fasse un grand pas en avant dans la relation : « Il est bénéfique de traverser une rivière. Il est bénéfique de rester sur la voie actuelle », de préserver et d'enrichir la relation.

2—Structure

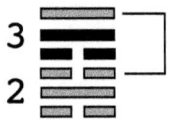

Figure 12.4 : structure de l'hexagramme 2:3

Dans cet hexagramme, yin 4 ▬ ▬ et yang 5 ▬ sont en position correcte. Les quatre autres lignes, yin 1 ▬ ▬, yang 2 ▬, yin 3 ▬ ▬, et yang 6 ▬, sont en position incorrecte. Les deux lignes supérieures sont complémentaires, mais les deux lignes inférieures et les deux lignes intermédiaires sont en conflit entre elles. L'hexagramme 2:3 est relativement peu favorable.

3—Texte des lignes

Yin 1

Un puissant cheval sauve quelqu'un.
Cela est favorable.

Yin 1 ▬ ▬ indique que le sujet ne souhaite pas faire avancer la relation, tandis que l'attitude de l'objet est également yin. La relation est alors vouée à l'éclatement, tels l'eau et le vent forçant le passage dans des directions différentes. Cela risque d'être préjudiciable au sujet. Afin d'éviter cela, il serait bon que ce dernier change d'attitude pour passer du yin au yang. L'action yang est tel un puissant cheval, capable de porter le sujet au-dessus de l'eau, hors de danger.

Cette ligne est en position incorrecte et en conflit avec yin 4 ▬ ▬. L'action yin du sujet est défavorable.

Yang 2

En avance sur l'inondation,
On court se réfugier en hauteur.
Les regrets s'évanouissent.

Yang 2 ▬ indique que le sujet est globalement fort, ce qui peut le sauver d'une situation dangereuse et changeante. Il est bon qu'il fasse appel à cette force, comme une personne « en avance sur l'inondation » qui court se réfugier « en hauteur ». Si le sujet agit ainsi, « les regrets s'évanouissent ». Il n'a pas besoin d'aide de la part de l'objet, et comme l'essence de celui-ci est également yang, le sujet n'a nul besoin de lui venir en aide. L'essence yang du sujet n'améliore pas la relation, mais le sauve de la catastrophe.

Cette ligne est au centre, mais est en conflit avec yang 5 ▬ et en position incorrecte. L'essence yang du sujet est neutre.

Yin 3

L'inondation se rapproche de notre position.
Aucun blâme.

Yin 3 ▬▬ indique que le sujet est aimable, modeste et prêt à s'adapter. Cependant, son attitude passive est inefficace face à la situation, car des deux côtés, les actions sont yin. Cela place le sujet dans une situation dans laquelle «l'inondation se rapproche de [sa] position», mais l'attitude yin du sujet n'est pas à blâmer : «Aucun blâme».

Cette ligne est en position incorrecte, mais vient compléter yang 6 ▬▬. L'attitude yin du sujet est neutre.

Yin 4

L'inondation ravage une zone d'habitation.
Il semble qu'il y ait une colline dans la zone inondée.
Sa présence est très bénéfique.
Elle est inespérée.

Yin 4 ▬▬ indique que l'objet ne souhaite pas pousser la relation plus avant. Comme le sujet ne le désire pas non plus, les problèmes au sein de la relation s'aggravent grandement, telle une inondation qui «ravage une zone d'habitation». Cela porte préjudice non seulement aux perspectives du sujet, mais aussi à celles de l'objet. Si ce dernier prend conscience de la dangerosité de cette situation et décide de changer de conduite, cette décision sauvera la relation et sera très bénéfique, telle «une colline dans la zone inondée». Ce changement, s'il survient, est imprévisible. Il est «inespéré […]».

Cette ligne est en position correcte, mais est en conflit avec yin 1 ▬▬. L'action yin de l'objet est neutre.

Yang 5

Une terrible inondation survient.
Les résidents crient.
L'inondation envahit le palais du roi.
Aucun blâme.

Yang 5 ▬▬ indique que l'objet est globalement fort. Comme aucune des deux parties n'est prête à remédier à la situation, celle-ci peut se dégrader jusqu'à évoluer en catastrophe, de telle manière qu'il y a une «terrible inondation» et que «les résidents crient». La force de l'objet est surpassée, comme lorsque «l'inondation envahit le palais du roi». Étant donné que l'objet ne souhaite pas bonifier la situation, le sujet n'est pas responsable de son impuissance soudaine. «Aucun blâme» sur lui.

Cette ligne est en position correcte, mais est en conflit avec yang 2 ▬▬. L'essence yang de l'objet est neutre.

Yang 6

L'inondation emporte le sang,

> *Au loin, des corps font surface.*
> *Aucun blâme.*

Yang 6 ▬ ▬ indique que l'objet est impoli, indélicat, présomptueux, autoritaire ou égocentrique. Savoir cela aide le sujet à comprendre l'objet et à se défaire de ses illusions quant à leur relation, comme «l'inondation emporte le sang». «Le sang» démontre que le problème de cette relation est fatal. «L'inondation emporte le sang» suggère que ce problème relationnel se soldera par un affrontement violent et éprouvant. Les «corps» font référence aux dommages occasionnés. Leur apparition «au loin» dénote que l'attitude yang de l'objet détériore la relation, peut-être de manière irrémédiable. Le sujet n'est pas responsable. «Aucun blâme» ne peut lui être adressé.

Cette ligne est en position incorrecte, mais vient compléter yin 3 ▬ ▬. L'attitude yang de l'objet est neutre.

5 Hexagramme 2:4 la solution (Zhou Yi, hexagramme 40)

La solution indique que, bien que la relation actuelle présente de nombreux problèmes, ces derniers ont une solution. Le trigramme 2 ☵, l'eau (danger et difficulté), est le sujet ; le trigramme 4 ☳, le tonnerre (mouvement), est l'objet. Le sujet est fort, mais est entravé par des problèmes et incapable de se mouvoir. L'objet vient libérer le sujet. Il est bon que celui-ci saisisse cette occasion de trouver une solution, comme lorsque «le duc tire sur le faucon et l'emporte» après qu'il soit «[venu] se poser au sommet d'un mur».

1—Texte général

> *La situation actuelle favorise le sud-ouest.*
> *Lorsqu'il n'y a nulle destination digne d'intérêt,*
> *Faire demi-tour est bénéfique.*
> *Lorsqu'il y a une destination digne d'intérêt,*
> *Il est bon d'avancer rapidement.*

Le «sud-ouest» fait référence à la région Zhou, sur laquelle régnait le roi Wen. Le sujet est fort, mais éprouve des difficultés dans la relation. Il ne peut utiliser sa force pour tirer profit d'une coopération avec l'objet ou aider celui-ci, car il ne souhaite pas bonifier la relation. Le sujet hésite et se comporte de manière excessivement humble et est trop prompt à s'adapter, car il ou elle appréhende le danger de se confronter à l'objet.

En réalité, l'objet est faible et a besoin d'aide ; la situation favorise le sujet, le «sud-ouest». L'objet cherche activement à se rapprocher du sujet, ce qui donne l'occasion à celui-ci de lui venir en aide. La solution dépend de la marche à suivre. «Lorsqu'il n'y a nulle destination digne d'intérêt, faire demi-tour est bénéfique»: en l'occurrence, l'objet sollicite activement l'aide du sujet qui a alors l'occasion de consolider sa position de force et de se rapprocher de l'objet. «Lorsqu'il y a une destination digne d'intérêt, il est bon d'avancer rapidement»: dans ce cas, tandis que l'objet est humble, confiant, malléable et respectueux envers le sujet, il est bon que celui-ci dialogue avec l'objet avec sincérité et l'amène fermement vers le progrès.

2—Structure

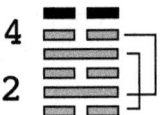

Figure 12.5 : structure de l'hexagramme 2:4

Dans cet hexagramme, une seule ligne, yin 6 ▬ ▬, est en position correcte. Les cinq autres lignes, y compris les trois lignes du trigramme sujet, sont en position incorrecte. Les deux lignes supérieures sont en conflit entre elles. Les deux lignes inférieures et les deux lignes intermédiaires sont complémentaires. L'hexagramme 2:4 est neutre ou peu favorable.

3—Texte des lignes

Yin 1

There is no blame.

Yin 1 ▬ ▬ indique que le sujet ne souhaite pas pousser la relation plus avant. Il y a des raisons à cela, par exemple il se peut que le sujet ne soit pas prêt à aller plus loin avec l'objet, qu'il n'ait aucun intérêt à faire cela ou qu'il ait été autrefois blessé par l'objet. Ces problèmes relationnels ne sont pas le fait du sujet. « Aucun blâme » ne peut lui être adressé.

Cette ligne est en position incorrecte, mais vient compléter yang 4 ▬. L'action yin du sujet est neutre.

Yang 2

Dans un champ, on a capturé trois renards,
Et trouvé une flèche jaune.
Rester sur cette voie est bénéfique.

Yang 2 ▬ indique que le sujet est fort et capable de parvenir à des résultats : « Dans un champ, on a capturé trois renards, et trouvé une flèche jaune. » La relation n'est pas exempte de problèmes, mais il est bon que le sujet ne se décourage pas. En situation difficile, il ou elle doit camper sur ses positions : « Rester sur cette voie [lui] est bénéfique ».

Cette ligne est en position incorrecte, mais est complémentaire avec yin 5 ▬ ▬ et soutenue par yin 1 ▬ ▬. L'essence yang du sujet est neutre ou légèrement favorable.

Yin 3

Un homme porte quelque chose,
Tout en montant à cheval,
Cela attire les voleurs.
Rester sur cette voie est pernicieux.

Yin 3 ▬ ▬ indique que le sujet fait preuve de trop de politesse et de prudence, comme une personne qui « porte quelque chose, tout en montant à cheval ». Lorsque l'on est à cheval, il est d'usage de déposer son chargement sur le dos de sa monture ; mais ici, au contraire, la personne porte elle-même son fardeau. Ainsi, on ressemble à une personne riche et maladroite, ce qui incite les voleurs à penser que l'on est une bonne cible. Faire preuve de trop de politesse et de prudence est préjudiciable. Il est bon que le sujet change d'attitude pour passer du yin au yang et se comporte de manière plus ferme et franche.

Cette ligne est en position incorrecte, entre en conflit avec yin 6 ▬ ▬, et neutralise yang 2. L'attitude yin du sujet est défavorable.

Yang 4
Les amis viennent nous démêler les orteils.
Ils nous viennent en aide.
Ils sont sincères.

Yang 4 ▬▬▬ indique que l'objet agit afin d'améliorer la relation. Tandis que le sujet est entravé par des problèmes, l'objet vient l'aider à les résoudre. « Les amis viennent nous démêler les orteils. ». L'objet fait cela, car il ou elle souhaite sincèrement entretenir de meilleures relations avec le sujet.

Cette ligne est en position incorrecte, mais est complémentaire avec yin 1 ▬ ▬ et soutenue par yin 3 ▬ ▬. L'action yang de l'objet est neutre ou légèrement favorable.

Yin 5
On était entravé.
On est libéré.
Cela est bénéfique.
La sincérité est présente.
On est aidé par des personnes normales.

Yin 5 ▬ ▬ indique que l'objet est moins fort ; il s'agit d'une personne normale et non exceptionnelle. Cependant, tandis que le sujet est entravé par des problèmes, l'objet arrive et parvient à lui venir en aide avec une force moindre, mais suffisante pour le libérer de ses problèmes. L'action de l'objet démontre sa sincérité. Il est bon que le sujet soit lui aussi sincère.

Cette ligne est en position incorrecte, mais vient compléter yang 2 ▬▬▬. L'essence yin de l'objet est neutre ou légèrement favorable.

Yin 6
Un faucon vient se poser au sommet d'un mur.
Le duc tire sur le faucon et l'emporte.
Il n'y a nul préjudice.

Yin 6 ▬ ▬ indique que l'objet est humble, malléable et prompt à s'adapter, tel un faucon qui vient se poser au sommet d'un mur, au lieu de s'élever dans les airs. Il souhaite rester sur place, et non voler. L'attitude yin de l'objet permet au sujet de pouvoir le toucher et dialoguer avec lui plus facilement. Il est bon que le sujet change d'attitude afin de passer du yin au yang et tente sa chance, comme le « duc tire sur le faucon et l'emporte ». Si il ou elle opère ce changement, il ou elle sera à même de contrôler la situation et de coopérer avec l'objet : « Il n'y a nul préjudice. »

Cette ligne est à une position correcte, mais entre en conflit avec yin 3 ▬▬. L'attitude yin de l'objet est neutre. Cependant, la solution n'est pas de changer l'attitude de l'objet du yin au yang, mais de changer l'attitude du sujet. Si celui-ci change d'attitude et passe du yin au yang, l'hexagramme devient l'hexagramme 3:4, Persévérance.

⑥ Hexagramme 2:5, l'imperfection (Zhou Yi, hexagramme 64)

L'imperfection est constitué de deux caractères chinois ; « wei », ce qui signifie « pas encore » et « ji » ; traverser, en référence à l'histoire d'un renardeau contraint de traverser une rivière et qui se mouille la queue. Le trigramme 2 ☵, l'eau (danger et difficulté) est le sujet ; le trigramme 5 ☲, le feu (lumière et ténacité) est l'objet. Il s'empare du sujet et le manipule dans son propre intérêt. Le sujet est fort, mais cède à la manipulation de l'objet et perd de vue ses intérêts. La situation est imparfaite. Si le sujet sacrifie sa dignité et laisse l'objet l'utiliser à sa guise, « mouille sa propre tête », cela n'est pas bien.

1—Texte général

Tout se passe bien.
Un renardeau tente de traverser la rivière,
Se mouille la queue.
Cela n'est pas bénéfique.

Le sujet est fort, tandis que l'objet est faible. Le sujet est à même de veiller à ses propres intérêts et d'aider l'objet, ainsi, « tout se passe bien ». Toutefois, le sujet, malléable, cède à l'objet, tel un renardeau contraint de traverser la rivière se mouille la queue. La situation n'est « pas bénéfique ».

2—Structure

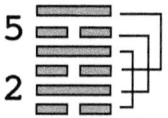

Figure 12.6: structure de l'hexagramme 2:5

Dans l'hexagramme 2:5, toutes les lignes sont complémentaires avec leurs lignes correspondantes, mais leurs positions sont erronées. L'hexagramme 2:5 est défavorable.

3—Texte des lignes

Yin 1

Le renardeau se mouille la queue.
Cela est dommageable.

Yin 1 ▬▬ indique que le sujet ne désire pas faire avancer la relation, mais cède à la volonté de l'objet. L'image du renardeau qui se mouille la queue de manière indue tandis qu'il traverse la rivière illustre une situation « dommageable » pour le sujet.

Cette ligne est en position incorrecte, mais complémentaire avec yang 4 ▬▬▬. L'action yin du sujet est neutre.

Yang 2

Un renardeau tire les roues d'un charriot pour traverser la rivière.
Rester sur la voie actuelle est bénéfique.

Yang 2 ▬ indique que le sujet est fort et prêt à faire tous les efforts nécessaires pour atteindre son objectif, comme le renardeau qui tire les roues d'un charriot pour traverser le lit asséché d'une rivière. L'essence de l'objet est yin, ainsi, le sujet peut faire le nécessaire au regard de l'objet. Rester sur la voie actuelle, maintenir et tirer profit de cette force supérieure est bénéfique au sujet. Si celui-ci perd cette force supplémentaire, il risque de devenir insignifiant par rapport à l'objet et de se faire malmener par lui. La situation peut alors devenir défavorable.

Cette ligne complète yin 5 ▬▬, mais se trouve en position incorrecte. L'essence yang du sujet est neutre.

Yin 3

Le renardeau ne parvient pas à traverser la rivière.
Partir en expédition est une entreprise périlleuse.
Il est bénéfique de traverser une grande rivière.

Yin 3 ▬▬ indique que le sujet est humble, aimable et prêt à s'adapter. Un manque de confiance ou d'estime de soi peut faire échouer le sujet dans sa mission, comme le renardeau qui « ne parvient pas à traverser la rivière ». Sans un changement de mentalité, se lancer dans une entreprise ambitieuse, comme « une expédition » peut être dangereux. Il est bon que le sujet change radicalement d'attitude, par exemple, en changeant de rive.

Cette ligne vient compléter yang 6 ▬, mais est n position incorrecte. L'attitude yin du sujet est neutre.

Yang 4

Rester sur cette voie est bénéfique.
Les regrets s'évanouissent.
Étonnamment habitué à combattre Guifang,
À la troisième année, on obtient une récompense d'une grande nation.

« Combattre Guifang » est une référence à la guerre menée par le roi Wen, monarque de la région de Zhou et réformateur du texte Yi King. Après avoir été libéré de prison par l'empereur Shangzhou, du grand gouvernement de Shang (« une grande nation »), le roi Wen fut autorisé par celui-ci à déclarer la guerre aux petits pays qui résistaient au grand gouvernement. Au cours de la troisième année qui suivit sa libération de prison, le roi Wen fut récompensé par l'empereur Shangzhou pour avoir combattu Guifang, un petit pays au nord de Shang.

Yang 4 ▬ montre que l'objet utilise le sujet dans son propre intérêt, tout comme l'empereur Shangzhou utilisa le roi Wen pour combattre Guifang. Si le sujet se plie aux désirs de l'objet comme le fit le roi Wen, il sera récompensé: « Rester sur cette voie est bénéfique » au sujet. Si le sujet emploie convenablement ses forces dans la poursuite de cet objectif, « les regrets s'évanouissent ». Cette ligne est en position incorrecte, mais complète yin 1 ▬▬. L'action yang de l'objet est neutre.

Yin 5

Rester sur cette voie est bénéfique.
Il n'y a nul regret.
Par son présent essentiel, l'homme prouve sa sincérité.
Cela est favorable.

Yin 5 ▬▬ indique que l'objet a peu de force et a besoin de l'essence yang du sujet. Celui-ci lui vient en aide et est récompensé : « Rester sur cette voie est bénéfique. Il n'y a nul regret. »

L'aide du sujet est essentielle, il vient en aide à l'objet en toute sincérité. Ainsi, ce dernier lui fait confiance et se repose sur lui : « Cela est favorable ».

Cette ligne est en position incorrecte, mais vient compléter yang 2 ▬. L'essence yin de l'objet est neutre.

Yang 6

Faire preuve de sincérité
En buvant
N'est point blâmable.
Faire preuve de sincérité
En mouillant sa propre tête
N'est pas une bonne chose.

Yang 6 ▬ indique que l'objet est arrogant, impitoyable, autoritaire ou agressif. Si le sujet souhaite faire preuve de sincérité et de cordialité, à la manière dont deux personnes se démontrent leur confiance en buvant ensemble, cela est utile à conserver de bonnes relations. Le sujet ne devrait pas en être blâmé. S'il se comporte de manière trop humble et permet à l'objet de faire preuve d'arrogance et d'abuser de sa gentillesse, comme le renardeau contraint de traverser une rivière et qui se retrouve entièrement immergé, cela n'est pas bien.

Cette ligne est en position incorrecte, mais complémentaire avec yin 3 ▬▬. L'attitude yang de l'objet est neutre.

[7] Hexagramme 2:6, l'adversité (Zhou Yi, hexagramme 47)

L'adversité indique que le sujet est dans une mauvaise passe, et qu'il doit mener une lutte acharnée pour faire face à la situation. Le trigramme 2 ☵, l'eau (danger et difficulté) est le sujet ; le trigramme 6, le lac (plaisir), est l'objet. L'eau des terres qui s'écoule vers le lac ne peut généralement pas changer sa trajectoire, tandis que le lac prend plaisir à placer l'eau sous son contrôle. Le sujet est dans une situation périlleuse, étant contrôlé, manipulé ou utilisé par l'objet.

1—Texte général

Les choses se font en douceur.
S'efforcer constamment d'être une bonne personne est favorable et irréprochable.
Ne pas croire aux promesses des autres.

Le sujet est fort et prudent dans la relation, c'est pourquoi «les choses se font en douceur». L'objet est également fort, et très agressif. Il veut contrôler le sujet qui réagit de manière passive. Le sujet doit constamment s'efforcer d'être une bonne personne, protégeant ses propres intérêts et préservant la liberté, l'indépendance et la dignité. Le sujet et l'objet sont tous deux humbles, agréables et respectueux. Face à l'agressivité de l'objet, le sujet doit être prudent et vigilant: «Ne pas croire aux promesses des autres».

2—Structure

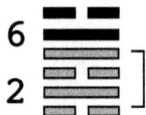

Figure 12.7: structure de l'hexagramme 2:6

Dans cet hexagramme, yang 5 ▬ et yin 6 ▬▬ sont en positions correctes. Les quatre autres lignes sont en position incorrecte. Les deux lignes inférieures sont complémentaires, mais les deux lignes supérieures et les deux lignes intermédiaires sont en conflit entre elles. L'hexagramme 2:6 est relativement peu favorable.

3—Texte des lignes

Yin 1

Errer dans une forêt d'arbres nus,
Ou tomber dans une vallée isolée,
On disparait pendant trois ans.

Yin 1 ▬▬ indique que le sujet ne souhaite pas faire avancer la relation, contrairement à l'objet. Le sujet est poussé et contrôlé par l'objet, comme s'il «errait dans une forêt d'arbres nus», un endroit sans abri et sans nourriture où il est très difficile d'y survivre; ou qu'il «tombait dans une vallée isolée» profonde et dans laquelle il est difficile de s'échapper. Sous le contrôle de l'objet, le sujet se sent disparaitre dans une telle forêt ou vallée pendant trois ans. La situation est délicate et susceptible de rester longtemps ainsi.

Cette ligne est en position incorrecte, mais complémentaire avec yang 4 ▬. L'action yin du sujet est neutre.

Yang 2

Manquer de nourriture et de boisson,
Souffrir de l'adversité,
On arrive en prison dans des vêtements rouges.
Prier est la seule chose que l'on puisse faire.
Avancer est défavorable.
Aucun blâme.

Yang 2 ▬ indique que le sujet à de la force, mais ne peut s'en servir, car il est sous le contrôle de l'objet, tel un prisonnier qui manque de nourriture et de boisson, et qui porte un uniforme rouge. Dans cette situation contraignante, le sujet ne peut rien faire d'autre que prier. «Avancer est défavorable» au sujet qui doit garder son assurance et sa patience, en attendant une meilleure chance. Il fait de son mieux, il n'y a donc aucun blâme.

Cette ligne est centrale, mais se trouve en position incorrecte et en conflit avec yang 5 ▬. L'essence yang du sujet est relativement peu favorable.

Yin 3

Pris au piège parmi les rochers,
Lié à une vigne épineuse,
Ou incapable de voir sa femme
Lorsqu'il entre dans sa maison,
Il est dans une situation défavorable.

Yin 3 ▬▬ indique que le sujet est humble, capable de s'adapter, ou agréable. Il cède devant l'objet, comme « pris au piège parmi les rochers » ou « lié à une vigne épineuse ». Le sujet est impuissant, comme l'est un homme « incapable de voir sa femme lorsqu'il entre dans sa maison ».

Cette ligne est en position incorrecte et en conflit avec yin 6 ▬▬. L'attitude yin du sujet est relativement peu favorable.

Yang 4

On est emprisonné dans une cage métallique sur un charriot.
Le charriot se déplace très lentement.
Cela est mauvais.
Il y a une fin.

Yang 4 ▬ indique que l'objet fait avancer la relation, mais le sujet n'est pas prêt à le suivre volontairement. Le sujet est forcé de suivre l'objet, comme « emprisonné dans une cage métallique, sur un charriot qui se déplace lentement ». L'action yang de l'objet est mauvaise pour le sujet. Néanmoins, il s'agit là d'une situation instable, et les choses vont changer : si le sujet demeure patient et fort, il y aura une fin à l'adversité.

Cette ligne est en position incorrecte, mais complémentaire avec yin 1 ▬▬. L'action yang de l'objet est neutre.

Yang 5

Le nez et les pieds sont sectionnés.
On est vêtus de rouge.
Plus tard, on est libéré.
Cela est bénéfique.
De faire une offrande et de sacrifier.

Yang 5 ▬ indique que l'objet à de la force et du pouvoir. Le sujet souffre de l'impact de l'objet, étant torturé, comme s'il avait « le nez et les pieds sectionnés » et qu'il était « vêtu de rouge », ce qui représente l'uniforme d'un prisonnier. En revanche, l'objet ne souhaite pas être trop dur avec le sujet, car il compte l'utiliser. Finalement, le sujet sera « libéré ». Cette adversité, finalement, s'avèrera favorable au sujet d'une certaine manière : « Cela est bénéfique de faire une offrande et de sacrifier. »

Cette ligne est centrale, mais se trouve en position incorrecte et en conflit avec yang 2 ▬. L'essence yang de l'objet est relativement peu favorable.

Yin 6

Coincé dans les vignes et les mauvaises herbes,
On se rappelle de regretter ce qui est regrettable.
Aller de l'avant est favorable.

Yin 6 ▬▬ indique que l'objet est capable de s'adapter, agréable ou flexible. Cette attitude yin rend l'objet instable. Il est difficile pour le sujet d'échapper au contrôle de l'objet, il se sent comme « coincé dans les vignes et les mauvaises herbes ». Il est temps pour le sujet de réfléchir à ce qu'il y a de bon et de mauvais dans cette situation, afin de « regretter ce qui est regrettable ». Si le sujet peut tirer une leçon de cette adversité, et changer à travers une action, une attitude, ou bien les deux, du yin au yang, « aller de l'avant est favorable ».

Cette ligne est en position incorrecte et en conflit avec yin 3 ▬▬. L'attitude yin de l'objet est relativement peu favorable.

8 Hexagramme 2:7, poursuivre (Zhou Yi, hexagramme 6)

Poursuivre indique que le sujet cherche une protection, tel un plaignant qui s'adresse aux tribunaux pour demander justice. Le trigramme 2 ☵, l'eau (danger et difficulté) est le sujet ; le trigramme 7, le ciel (force), est l'objet. L'objet est si puissant et intimidant que le sujet doit le poursuivre en justice afin de protéger ses propres intérêts. La position du sujet est périlleuse et vulnérable, comme l'eau qui est exposée à la pleine puissance du soleil. L'issue est incertaine : le sujet pourrait perdre l'affaire, ou gagner une protection qui ne durerait surement pas, comme une personne à qui « l'on attribue une ceinture en cuir », puis « la ceinture lui est retirée trois fois en une journée ».

1—Texte général

Il y a de la sincérité,
Mais aucune communication.
On est vigilant.
Cela est favorable à mi-parcours,
Mais défavorable au final.
Il est bénéfique de consulter une personne avisée.
Il n'est pas bénéfique de traverser une grande rivière.

Le sujet et l'objet sont tous deux forts, mais l'objet l'est davantage. Le sujet ne souhaite pas avancer dans la relation, contrairement à l'objet. Le sujet est poussé par l'objet, arrogant, brut et autoritaire. Le sujet cède à l'objet.

Le sujet traite sincèrement avec l'objet, mais reste passif et réticent : « Il y a de la sincérité, mais aucune communication ». Sous le contrôle de l'objet, le sujet « est vigilant », prêt à se défendre avec la force nécessaire. À mi-parcours, lorsque le sujet ne communique pas avec l'objet, mais est sincère et respectueux, l'objet apprécie son obéissance, et peut ignorer les problèmes mineurs : « Cela est favorable à mi-parcours ». Mais à la fin, lorsque les problèmes deviennent si graves que l'objet ne peut plus les accepter, la situation devient défavorable. Même si le sujet demeure sincère et vigilant, le manque de communication peut provoquer une incompréhension de la part de l'objet et causer du tort au sujet.

Lorsque le pouvoir de l'objet est écrasant, le sujet ne doit pas rester seul, mais requérir l'aide d'une personne avisée telle qu'un parent, un professeur, un supérieur ou un ami. Il doit consulter cette dernière, afin de trouver un accord satisfaisant au conflit. Le sujet ne doit pas s'embarquer seul dans une action majeure, passant d'une rive à l'autre d'une grande rivière.

2—Structure

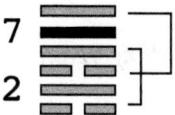

Figure 12.8 : structure de l'hexagramme 2:7

Dans cet hexagramme, yang 5 ▬ est la seule ligne en position correcte. Les autres lignes sont en position incorrecte. Les deux lignes inférieures et les deux lignes supérieures sont complémentaires, mais les deux lignes intermédiaires sont en conflit entre elles. L'hexagramme 2:7 est relativement peu favorable.

3—Texte des lignes

Yin 1

Ne pas toujours poursuivre en justice.
La discussion avec les autres
Mène souvent à une fin favorable.

Yin 1 ▬▬ indique que le sujet ne souhaite pas avancer dans la relation, contrairement à l'objet. Le sujet ne peut poursuivre une vie paisible dans cette situation. Cependant, poursuivre en justice n'est pas toujours une bonne idée. Mieux vaut communiquer avec l'objet lorsqu'un problème survient, avant que ce dernier ne s'aggrave : « La discussion avec les autres mène souvent à une fin favorable ».

Cette ligne est en position incorrecte, mais complémentaire avec yang 4 ▬. L'action yin du sujet est neutre.

Yang 2

Ayant échoué au procès,
On rentre et se cache chez soi.
Afin d'éviter d'être torturé,
Il offre la terre de trois-cents familles en guise d'amende.

Il y a une histoire à propos du roi Wen, monarque de la petite région de Zhou. À l'époque, le gouvernement central de Chine appartenait à la dynastie Shang, dirigé par l'empereur Shangzhou. Alors que le territoire des Shang rétrécissait, la dynastie Zhou s'agrandissait, devenant de plus en plus puissante. Afin de contenir le pouvoir grandissant de la dynastie Zhou, l'empereur Shangzhou jeta le roi Wen en prison pendant sept ans. Le roi Wen offrit alors les terres de trois-cents familles afin d'éviter la torture, voire la peine de mort, et d'être libéré.

Yang 2 ▬ indique que le sujet a de la force. Néanmoins, contenu par le puissant objet, il ne peut exercer cette force et doit trouver un compromis avec celui-ci, comme l'a fait le roi Wen. Lorsque la situation est mauvaise, comme le cas d'un échec dans un procès, le sujet doit déployer toute la force nécessaire à sa protection, à l'image du roi Wen qui a offert « la terre de trois-cents familles ».

Cette ligne est en position incorrecte et en conflit avec yang 5 ▬, mais soutenue par yin 1 ▬▬. L'essence yang du sujet est neutre, ou relativement peu favorable.

Yin 3

Vivre sur les réussites passées est dangereux,
Mais la fin sera favorable.
Si l'on sert le pays,
Il n'y aura aucun succès.

Yin 3 ▬▬ indique qu'étant contenu et menacé par le puissant objet, le sujet doit être courtois et prudent. « Vivre sur les réussites passées est dangereux », car cela ne servira pas le sujet dans la circonstance actuelle, aucun nouveau succès n'est possible dans cette situation. Néanmoins, si le sujet garde systématiquement l'attitude yin, attendant que le pouvoir de l'objet diminue naturellement, la fin sera favorable. La « région » fait référence à l'objet. Même si le sujet est poli et respectueux, il ne doit pas s'attendre au même comportement de la part de l'objet, car l'attitude de ce dernier est yang. L'objet est arrogant, obstiné et coriace. « Si l'on sert le pays, il n'y aura pas de succès ».

Cette ligne est en position incorrecte, mais complémentaire avec yang 6 ▬. L'attitude yin du sujet est neutre.

Yang 4

Après avoir échoué au procès,
On se tourne vers une vie paisible.
Rester sur cette lancée est favorable.

Yang 4 ▬ indique que l'objet pousse le sujet à avancer dans la relation, comme une injustice qui inciterait quiconque à demander le procès. Puisque l'objet est très fort, le sujet échoue dans sa demande et peut subir une perte. Puisque l'objet est trop fort pour que l'on puisse gagner face à lui, le sujet ne doit pas chercher à se venger ni continuer à se battre ; au contraire, il doit entamer une « vie paisible ». « Rester sur cette lancée est favorable » au sujet.

Cette ligne est en position incorrecte, mais complémentaire avec yin 1 ▬▬. L'action yang de l'objet est neutre.

Yang 5

Le procès est très favorable.

Yang 5 ▬ indique que l'objet est fortuné, ou dans une position de force. Si le sujet se bat avec l'objet, il pourrait être vaincu. Lorsque les problèmes s'aggravent, le sujet doit tenter le procès afin de protéger ses droits, et récupérer les éventuelles pertes. Le conflit entre le sujet et l'objet doit cesser et le sujet devrait pouvoir vivre paisiblement : « Le procès est très favorable » pour le sujet.

Cette ligne est la seule ligne en position correcte, mais est en conflit avec yang 2 ▬. L'essence yang de l'objet est neutre. Si le sujet agit convenablement, en engageant un procès, la situation lui sera favorable.

Yang 6

Parfois, on nous attribue une ceinture en cuir.
La ceinture est retirée trois fois en une journée.

La « ceinture en cuir » fait référence à une ceinture, autrefois présentée comme un symbole d'honneur pour un officiel du gouvernement.

Yang 6 ▬ indique que l'objet est arrogant, dur et franc. Il ne peut tolérer l'humiliation ou la défaite. Le sujet doit veiller à conserver tout ce qu'il a gagné. Même si l'objet perd de temps à autre, il tentera de priver le sujet de sa victoire : « La ceinture est retirée trois fois en une journée ».

Cette ligne est en position incorrecte, mais complémentaire avec yin 3 ▬▬. L'attitude yang de l'objet est neutre.

CHAPITRE 13
Lorsque le vent ☴ est le sujet

CE CHAPITRE CONTIENT LE TEXTE « Classique des changements » de huit hexagrammes de 3:0 à 3:7. Leur trigramme principal est le trigramme 3, qui symbolise le vent. La caractéristique typique du vent est la flexibilité. Cela peut signifier l'adaptabilité ou la volonté de céder, mais aussi un coup menaçant et une grande puissance.

1 hexagramme 3:0 l'évolution (Zhou Yi, hexagramme 46)

L'évolution indique que la relation se développe, avance, progresse, une situation favorable au sujet. Le trigramme 3 ☴, qui veut dire vent (flexibilité), est le sujet ; et le trigramme 0 ☷, qui veut dire terre (adaptabilité), est l'objet. Face à un objet adaptable et souple, le sujet est capable de se déplacer librement, comme le vent souffle sur un vaste champ ouvert, mais il n'y a aucun gain réel.

1—Texte général

Les choses se passent très bien.
Il est avantageux de visiter une grande personne.
Ne vous inquiétez pas.
L'expédition vers le sud-est favorable.

Dans l'antiquité, le « sud » se référait à une région chaude, moins développée que le centre de la Chine. « L'expédition vers le sud » indique que si le sujet se dirige dans la bonne direction, aller de l'avant est favorable.

Dans la relation actuelle, « les choses se passent naturellement. » C'est le moment pour le sujet d'avancer. Il pourrait y avoir quelques problèmes, et s'ils se produisent, le sujet devrait chercher l'aide d'une « grande personne », un patron, un chef, un parent, un ami ou un enseignant. Lorsque le sujet reçoit de l'aide de celle-ci, il n'y a pas d'inquiétude et « évoluer est bénéfique » au sujet.

2—Structure

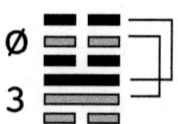

Figure 13.1 : structure de l'hexagramme 3:0

Il y a trois lignes dans les bonnes positions, yang 3 ▬, yin 4 ▬▬, et yin 6 ▬▬. Les trois autres sont dans des positions incorrectes. Les deux lignes médianes et supérieures sont complémentaires, mais les deux lignes inférieures sont en conflit les unes avec les autres. L'hexagramme 3:0 est neutre, ou un peu favorable.

3—Texte des lignes

Yin 1

Au niveau du premier yin,
L'avancement est permis, et très favorable.

Yin 1 ▬▬ indique que le sujet ne veut pas évoluer. En attendant, l'action de l'objet est aussi yin ; l'objet ne veut pas progresser non plus. Si le sujet continue à insister sur une action de yin, alors la relation ne sera pas améliorée et la situation ne bénéficiera pas au sujet.

Le sujet devrait se rendre compte que puisque l'objet est adaptable, une action qui progresse ne rencontrera aucune résistance. La situation actuelle invite le sujet à avancer. Le sujet devrait profiter de cette chance très favorable pour progresser.

Cette ligne est dans une position incorrecte et en conflit avec yin 4 ▬▬. Le texte conseille très clairement au sujet de prendre une action yang.

Yang 2

Être sincère.
Il est bon de faire des offrandes simples.
Cela évite la condamnation.

Yang 2 ▬▬▬ indique que l'essence du sujet possède de la force et est capable d'aider l'objet. En même temps, l'essence de l'objet est yin ; il est dans une position faible et a besoin d'aide. En aidant l'objet, le sujet devrait être sincère. S'il l'est, même un peu d'aide sera gratifiant pour l'objet. Le sujet devrait rendre l'offre simple et facile à accepter pour ce dernier ; dans ce cas « il n'y aura aucun reproche » pour le sujet.

Cette ligne est dans une position incorrecte, mais complémentaire à yin 5 ▬▬. L'essence yang du sujet est neutre.

Yang 3

On avance dans une ville vide.

Yang 3 ▬▬▬ indique que l'attitude du sujet est arrogante, dure ou imprudente. Quand le sujet avance avec une attitude yang et ne rencontre aucune résistance, c'est comme avancer dans une ville vide. D'autre part, comme la ville est vide, il n'y a pas d'accueil amical et chaleureux pour l'avancement du sujet. Le sujet n'obtient aucun gain réel ; il ne fait que passer.

Cette ligne est en position correcte et complémentaire à yin 6 ▬▬, mais supprime yang 2 ▬▬▬. L'attitude yang du sujet est neutre, ou un peu favorable.

Yin 4

Le roi fait une offrande sur le mont Qi.
Cela est favorable.
Cela est sans condamnation.

Ce passage fait référence au roi Ji Chang, le leader du pays Zhou, qui a modifié le texte du classique des changements. Le mont Qi était à Zhou.

En citant l'histoire dudit roi faisant une offrande, le texte souligne l'action yin de l'objet, qui ne s'oppose pas à l'avancée du sujet. Cette action yin de l'objet est favorable et irréprochable pour le sujet, de sorte qu'il devrait saisir l'occasion d'avancer.

Cette ligne est dans une position correcte, mais est en conflit avec yin 1 ▬▬. L'action yin de l'objet est neutre.

Yin 5

Rester sur ce parcours est convenable.
L'un deux fait un pas de l'avant.

Yin 5 ▬▬ indique que l'objet est en position de faiblesse et a besoin de l'aide du sujet. Ce besoin de l'objet invite le sujet à avancer, comme un escalier ascendant pour qu'il grimpe. Le sujet devrait utiliser cette opportunité: « Maintenir ce cap est convenable. »

Cette ligne est dans une position incorrecte, mais centrale et complémentaire à yang 2 ▬▬▬. L'essence yin de l'objet est neutre, ou peu convenable.

Yin 6

Progresser silencieusement.
Il est avantageux de rester indéfiniment sur ce parcours.

Yin 6 ▬▬ indique que l'attitude de l'objet est humble, adaptative, agréable ou obéissante. Il n'y a pas de querelle, pas de protestation, pas de combat. Le sujet avance paisiblement, en silence, et devrait « garder indéfiniment ce cap ».

Cette ligne est dans une position correcte, et complémentaire à yang 3 ▬▬▬. L'attitude yin de l'objet est favorable.

2 Hexagramme 3:1, l'obstacle (Zhou Yi, hexagramme 18)

L'obstacle suggère qu'il y a des problèmes, ou des complications dans la relation. Le troisième trigramme ☴, qui est le vent (flexibilité), représente le sujet; et le premier trigramme ☶, étant la montagne (arrêt), représente l'objet. Le vent qui souffle est arrêté par la montagne, ce qui cause des problèmes. Le sujet veut être flexible dans la relation, mais l'objet l'empêche de se déplacer librement.

1—Texte général

Les choses vont très bien.
Il est profitable de traverser une grande rivière,
Dans un cycle de trois jours en arrière,
Et trois jours en avant.

Il y a des problèmes dans la relation. Cependant, lorsque ceux-ci sont identifiés, les solutions arriveront en temps voulu; alors les choses iront très bien et il sera profitable pour le sujet d'aller de l'avant. Les choses changent constamment, « dans un cycle de trois jours en arrière et de trois jours en avant. » Le sujet flexible devrait céder aux changements et trouver des moyens de résoudre les problèmes, comme le retour d'une rive d'un large fleuve à l'autre.

2—Structure

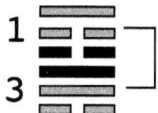

Figure 13.2 : structure de l'hexagramme 3:1

Deux lignes, yang 3 ▬ et yin 4 ▬▬ dans les bonnes positions. Les autres sont dans des positions incorrectes. Les deux lignes médianes sont complémentaires ; les lignes inférieures et supérieures sont en conflit. Cet hexagramme démontre le caractère négatif de la situation actuelle.

3—Texte des lignes

Yin 1

En tant que fils,
Il résout les problèmes hérités de son père.
Ce qui lui est irréprochable, mais reste dangereux.
Il connaitra une fin heureuse.

Les « problèmes hérités de son père » se réfèrent à des problèmes masculins, peut-être des conflits dans les affaires, les finances ou le travail, ou impliquant des collègues et des amis.

Yin 1 ▬▬ indique que le sujet ne veut pas résoudre ces problèmes difficiles qui se sont accumulés dans la relation. Mais si les problèmes restent non résolus, la situation n'est pas à son avantage.

Le texte conseille au sujet de transposer l'action du yin au yang, en essayant de résoudre des problèmes comme un devoir, « tel qu'un fils, résout les difficultés laissées par son père. » Il pourrait être dangereux de chercher à les régler, mais si c'est le cas, la situation connaitra une meilleure fin, sans condamnation pour le sujet.

Cette ligne est dans une position incorrecte et en conflit avec yin 4 ▬▬. L'action yin du sujet est défavorable. Le texte conseille au sujet de prendre une action yang.

Yang 2

Ne pas passer trop de temps
À résoudre les problèmes hérités de sa mère.

Les « difficultés héritées de sa mère » se réfèrent à des problèmes féminins, tels que des problèmes domestiques ou personnels.

Yang 2 ▬ indique que le sujet a assez de force pour venir à bout de ces difficultés domestiques ou personnelles. Le sujet devrait aborder les problèmes sérieusement, comme un fils pourrait considérer un héritage de sa mère ; mais devrait également les résoudre rapidement : « Ne pas y passez pas trop de temps. »

Cette ligne est dans une position incorrecte, mais complémentaire à yin 5 ▬▬. L'essence yang du sujet est neutre.

Yang 3

Il règle les problèmes
Hérité de son père,
Mais des regrets demeurent sur des questions futiles.
Il n'existe aucune condamnation en ce qui concerne celles qui sont importantes.

Yang 3 ▬ indique que l'attitude du sujet est arrogante, grossière ou vulgaire. Pendant ce temps, l'attitude de l'objet est également yang, de sorte qu'il pourrait être tout aussi têtu. En essayant de résoudre tant de problèmes difficiles, le sujet pourrait faire des erreurs qui pourraient être un peu regrettables, mais s'il fait un effort sincère de résolution, il n'y aura pas de répercussions majeures.

Cette ligne est en position correcte, mais est en conflit avec yang 6 ▬. L'attitude yang du sujet reste neutre.

Yin 4

Avoir du retard en résolvant les problèmes.
Laissés par son père est méchant.

Encore une fois, la référence ici est conférée aux types de problèmes masculins. Ceux en dehors de la maison et le foyer.

Yin 4 ▬▬ indique que le manque d'engagement de l'objet à régler ces problèmes difficiles pourrait retarder la recherche d'une solution. La tendance de l'objet à obstruer les efforts du sujet est méchante, mesquine et contreproductive.

Cette ligne est dans une position correcte, mais est en conflit avec yin 1 ▬▬. L'action yin de l'objet demeure neutre.

Yin 5

Résoudre les problèmes laissés par son père
Est une initiative honorable.

Yin 5 ▬▬ indique que l'objet est en position de faiblesse et a besoin du soutien du sujet. Cela crée une bonne occasion pour le sujet de résoudre ces problèmes épineux et d'être apprécié pour l'effort honorable.

Cette ligne est dans une position incorrecte, mais complémentaire au yang 2 ▬. L'essence yin de l'objet est neutre.

Yang 6

Ne soyez pas assujetti à un roi,
Soyez respectable.

Yang 6 ▬ indique que l'attitude de l'objet est arrogante, snob, dure, imprudente ou dominatrice, comme un « roi ». Le sujet ne doit pas être trop obéissant et obséquieux, mais doit éviter les tendances intimidantes de l'objet, afin de prôner son respect.

Cette ligne est dans une position incorrecte et en conflit avec yang 3 ▬. L'attitude yang de l'objet est défavorable.

3 Hexagramme 3:2, le puits (Zhou Yi, hexagramme 48)

Le puits symbolise la relation de dépendance entre le sujet et l'objet : L'eau du puits est une source vitale de vie pour les habitants des environs, qui en ont besoin pour boire, cuisiner et se laver.

Le trigramme 3 ☴, qui est le vent (flexibilité), représente le sujet ; et le trigramme 2 ☵, étant l'eau (difficulté et danger), est l'objet. L'objet cause des problèmes que le sujet doit résoudre, comme les citoyens d'une ville qui réparent leur ancien puits.

1—Texte général

Une ville pourrait changer.
L'emplacement d'un puits ne change jamais.
Le niveau d'eau à l'intérieur d'un puits ne diminue ni n'augmente.
Les gens vont et viennent chercher de l'eau.
Avant d'atteindre le sommet du puits
Le pot se retourne.
Crée une situation défavorable.

Le terme « personnes » désigne à la fois le sujet et l'objet, impliqués dans la relation symbolisée par un puits. Malgré les nombreux problèmes, la relation reste utile et bénéfique pour les deux parties. Cependant, ils sont parfois frustrants, comme lorsqu'un pot transporté vers le haut se retourne et se vide avant d'atteindre le sommet du puits. De tels problèmes sont défavorables au sujet qui a besoin d'eau.

2—Structure

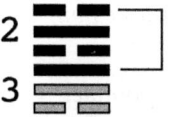

Figure 13.3 : structure de l'hexagramme 3:2

Dans cet hexagramme, deux lignes, yin 1 ▬ ▬ et yang 2 ▬ sont dans des positions incorrectes, et les quatre autres lignes dans des positions correctes. Les deux premières lignes sont complémentaires l'une de l'autre, mais les lignes du bas et du milieu sont en conflit.

L'hexagramme 3:2 est neutre, avec une situation favorable compensée par des problèmes. Les deux lignes dans des positions incorrectes et les conflits entre les deux lignes inférieures et les deux lignes médianes symbolisent les problèmes.

3—Texte des lignes

Yin 1

L'eau dans le puits est boueuse,
Non potable.
Même les oiseaux refusent de la boire.

Yin 1 ▬ ▬ indique que le sujet ne veut pas résoudre les problèmes dans la relation.

Pendant ce temps, l'action yin de l'objet montre que l'objet est tout aussi réticent à faire un effort. Les problèmes languissent, comme de l'eau boueuse dans le puits. La situation actuelle n'est pas agréable, même pour les oiseaux.

Cette ligne est dans une position incorrecte et en conflit avec yin 4 ▬ ▬. L'action yin du sujet est défavorable.

Yang 2

Le mur du puits s'est effondré.
Il y a des poissons au fond de l'eau.
Les gens jettent des pierres à la carpe.
Il y a une fuite dans le pot.

Yang 2 ▬ indique que le sujet a une forte essence et est capable de résoudre les problèmes dans la relation, malgré la réticence initiale. La force du sujet n'a pas encore été exercée, et reste immobile, comme de l'eau dans le puits. Le mur du puits s'est effondré, de sorte que l'eau ne peut pas être maintenue à un niveau utile, et devient à la place une mare de carpe peu profonde. Le pot fuit et ne peut pas être utilisé pour aller chercher de l'eau. Au lieu d'avoir de l'eau pour la vie, les gens jettent des pierres sur les poissons pour s'amuser. La situation de la relation est terrible, même si l'essence du sujet est le yang.

Cette ligne est dans une position incorrecte et en conflit avec yang 5 ▬. L'essence yang du sujet est défavorable.

Yang 3

La boue dans le puits a été extraite.
L'eau ne peut toujours pas être utilisée pour être bue.
Je me sens triste.
Ce puits pourrait fournir de l'eau potable.
Si le roi est brillant,
Les gens peuvent être favorisés.

Yang 3 ▬ indique que l'attitude du sujet est arrogante, imprudente, brutale ou intimidante, mais aussi franche et honnête. Habituellement, les gens n'aiment pas traiter avec une personne arrogante, et ont peu de chances de coopérer. Même si le sujet fait quelque chose pour améliorer la relation, beaucoup de problèmes restent non résolus : « La boue a été enlevée. L'eau ne peut toujours pas être utilisée pour être bue. » Avant que l'eau puisse être potable, il faut en faire plus ; la paroi du puits doit être fixée et la corde et le pot doivent être prêts à l'emploi. Pour résoudre les problèmes dans la relation, le sujet et l'objet doivent travailler ensemble.

« Je » se réfère au sujet, et « le roi » se réfère à l'objet. Dans cette situation terrible, le sujet se sent triste et veut que l'objet coopère intelligemment, afin qu'ils puissent travailler dans le but d'un résultat favorable.

Cette ligne est dans une position correcte et complémentaire à yin 6 ▬ ▬. L'attitude yang du sujet est favorable.

Yin 4

Le mur du puits a été carrelé.
Il n'y aura pas de condamnation.

Yin 4 ▬ ▬ indique que l'objet ne veut pas résoudre les problèmes dans la relation, mais pourrait céder s'il est poussé par le sujet à coopérer, comme lors de la réparation de la doublure du puits avec de nouvelles tuiles.

Si le sujet pousse l'objet à avancer et obtient la coopération de l'objet, ce sera un acte irréprochable.

Cette ligne est dans une position correcte, mais est en conflit avec yin 1 ▬ ▬. L'action yin de l'objet est neutre.

Yang 5

Le puits fournit de l'eau de source propre et fraiche,
De l'eau potable.

Yang 5 ▬ indique que l'objet, comme le sujet, a suffisamment de force pour résoudre les problèmes. Si la coopération peut être réalisée, cela créera un potentiel pour « de l'eau de source propre et fraiche, de l'eau potable ». Mais si le sujet et l'objet ne coopèrent pas, rien ne se passera.

Cette ligne est dans une position correcte, mais est en conflit avec yang 2 ▬. L'essence yang de l'objet est neutre.

Yin 6

Les gens viennent chercher de l'eau dans le puits.
Le puits est à découvert.
Être sincère est très opportun.

Yin 6 ▬ ▬ indique que l'attitude de l'objet est humble, adaptable ou agréable, ce qui devrait faciliter la résolution des problèmes. Une fois les problèmes résolus, une relation utile peut être rétablie : « Les gens pourront venir chercher de l'eau dans le puits ».

Afin de garder la relation harmonieuse et ouverte, comme dans « le puits reste à découvert », le sujet doit être sincère en traitant avec l'objet. Si le sujet accomplit cela, la situation restera très opportune.

Cette ligne est dans une position correcte, et complémentaire à yang 3 ▬. L'attitude yin de l'objet est favorable.

[4] Hexagramme 3:3, la soumission (Zhou Yi, hexagramme 57)

La soumission suggère une relation où les deux côtés sont également flexibles, et le sujet doit trouver un moyen de céder à l'objet le cas échéant. Le sujet et l'objet sont représentés par le trigramme 3 ☴, le vent (flexibilité). Le sujet devrait trouver la « direction du vent » de l'objet et céder avec souplesse au « vent », soit en s'abritant de celui-ci, soit en hissant une voile pour exploiter sa puissance.

1—Texte général

Les choses vont comme sur des roulettes.
Il est bénéfique de faire quelque chose.
Il est fructueux de consulter une personne formidable.

L'objet est volatile et il n'est pas facile pour le sujet de s'adapter à tous les changements opérés au niveau de l'objet. Il y a donc des problèmes dans la relation, mais ils ne sont pas très graves : « Les choses se passent comme sur des roulettes. » Le sujet est flexible et prêt à suivre l'objet ; la difficulté réside dans l'anticipation de ce que l'objet a l'intention de faire. Le sujet devrait faire un effort pour connaître, comprendre et suivre l'objet. Il ne devrait pas être seul dans ce cas, mais devrait consulter une personne expérimentée, peut-être un patron, un parent, un enseignant ou un conseiller, pour obtenir des suggestions sur comment procéder avec prudence.

2—Structure

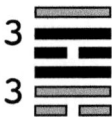

Figure 13.4 : structure de l'hexagramme 3:3

Dans cet hexagramme, yang 3 ▬, yin 4 ▬▬, et yang 5 ▬ sont dans des positions convenables, et les trois autres lignes sont dans des positions incorrectes. Aucune ligne n'est complémentaire. L'hexagramme 3:3 est neutre, ou un peu désavantageux.

3—Texte des lignes

Yin 1

Faites des allers-retours.
Il est avantageux de rester sur le chemin.
Un guerrier suit.

Yin 1 ▬▬ indique que le sujet ne veut pas avancer dans la relation, et l'objet non plus. Si les deux parties continuent ainsi, les problèmes ne seront jamais résolus ; la relation ne sera jamais améliorée. Le sujet devrait varier, des allers-retours, exigences et compromissions, offrandes et des retraites, en essayant de trouver ce qui fonctionne. Le guerrier attaque l'ennemi, et évite aussi de se faire blesser. Il avance à certains moments et se retire à d'autres. Le sujet doit rester vigilant comme un guerrier, en gardant une action yang et en faisant preuve de souplesse.

Le texte conseille clairement au sujet de changer l'action du yin au yang, tout en restant flexible.

Cette ligne est dans une position incorrecte et en conflit avec yin 4 ▬▬. L'action yin du sujet est défavorable.

Yang 2

On se cache sous un lit,
Donner la priorité aux autres,

Comme des prêtres et des magiciens
Se soumettant à Dieu ou au destin.
Cela est favorable et irréprochable.

Yang 2 ▬ indique que l'essence du sujet est forte, mais l'utilisation de cette force réduit la flexibilité. Puisque l'objet est tout aussi fort, le sujet ne doit pas être en compétition directe, mais plutôt céder à l'objet, comme les prêtres et les magiciens se soumettent à Dieu ou au destin. Si le sujet le fait, la situation sera favorable, et si quelque chose ne va pas, le sujet ne devrait pas être condamné.

Cette ligne est dans une position incorrecte et en conflit avec yang 5 ▬. The yang essence of the subject is unfavorable.

Yang 3
Céder involontairement et à contrecœur
Est méchant.

Yang 3 ▬ indique que l'attitude du sujet est arrogante ou autoritaire. Lorsque la situation exige de céder, le sujet doit réagir spontanément et gracieusement. Avec une attitude yang, le sujet ne devrait pas être peu disposé et réticent. Il est bon de se soumettre, mais de le faire sans véritable humilité.

Cette ligne est dans une position correcte, mais est en conflit avec yang 6 ▬. L'attitude yang du sujet est neutre.

Yin 4
Le regret disparait.
Pendant la chasse au champ
On se retrouve gratifié de trois types de jeu.

Yin 4 ▬▬ indique que l'objet ne veut pas avancer, ce qui offre une bonne chance au sujet d'avancer. Si le sujet saisit cette chance, il ou elle ne le regrettera pas. Le sujet pourrait avancer comme un chasseur dans un champ, obtenant trois types de jeu. Mais si le sujet ne s'empare pas de cette chance, il y aura des regrets et rien de gagné.

Cette ligne est dans une position correcte, mais est en conflit avec yin 1 ▬▬. L'action yin de l'objet est neutre.

Yang 5
Demeurer sur ce parcours est favorable.
Le regret disparait.
Il est bénéfique.
Ne pas initier une chose.
Mais de la finir.
Varier tous les trois jours
Est avantageux.

Yang 5 ▬ indique que l'essence de l'objet est forte. Le sujet ne doit pas remettre en question cette force : « Rester sur ce terrain est avantageux » et « le regret s'efface ». Il est bénéfique pour le sujet de conserver sa force et de s'abstenir d'initier quoi que ce soit. Laisser l'objet s'y mettre, en utilisant sa force jusqu'à ce qu'il soit faible. Lorsqu'il s'affaiblit, il sera temps pour le sujet de mettre fin au conflit favorablement. Le sujet devrait fréquemment varier de stratégie, pour suivre les changements du côté de l'objet : « Diversifier tous les trois jours est avantageux. »

Cette ligne est dans une position correcte, mais est en conflit avec yang 2 ▬. L'essence yang de l'objet est neutre, mais le texte indique au sujet comment rendre cette situation favorable.

Yang 6

Il se cache sous un lit.
Il abandonne une hache acérée pour se défendre.
Rester sur ce parcours est défavorable.

Yang 6 ▬ indique que l'objet est arrogant, intimidant ou autoritaire. Si le sujet est soumis et craintif, comme si quelqu'un se cachait sous un lit et abandonnait une hache aiguisée qui aurait pu servir à la légitime défense, alors l'objet en profiterait et infligerait plus de dégâts. « Rester sur ce parcours est défavorable », et aussi évitable, car être flexible ne signifie pas abandonner sa propre force. Le sujet possède suffisamment de force, la hache acérée, pour pouvoir se soumettre à l'objet dans une mesure appropriée, et attendre la meilleure occasion pour continuer.

Cette ligne est dans une position correcte, mais est en conflit avec yang 3 ▬. L'attitude yang de l'objet est neutre.

5 Hexagramme 3:4, la persistance (Zhou Yi, hexagramme 32)

La persistance suggère que le sujet devrait être persistant en gardant une bonne relation avec l'objet. Le trigramme 3 ☴, qui est le vent (flexibilité), représente le sujet ; et le trigramme 4 ☳, qui est le tonnerre (mouvement), est l'objet. Le sujet doit continuer à céder à un objet en mouvement, afin de garder la relation bénéfique.

1—Texte général

Les choses se passent bien.
Il n'y a pas d'accusation.
Il est alors avantageux de rester sur le parcours actuel.
Il est bénéfique de faire quelque chose.

Le sujet n'est pas intéressé à faire avancer la relation, mais l'objet l'est. Alors que l'objet n'a pas de force, le sujet en a. Le sujet est arrogant ; l'objet est respectueux. Le sujet et l'objet sont complémentaires dans tous les aspects : « Les choses se passent bien ». Il aide l'objet avec force et prend de l'élan à partir de l'objet. Il ne devrait pas être accusé ; le parcours actuel est bénéfique. Si le sujet fait activement quelque chose au lieu de simplement réagir à une poussée de l'objet, il pourrait tirer davantage parti du changement.

2—Structure

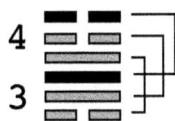

Figure 13.5 : structure de l'hexagramme 3:4

Dans cet hexagramme, yang 3 ▬ et yin 6 ▬▬ sont dans des positions correctes. Les quatre autres lignes sont dans des positions incorrectes. Toutes les paires de lignes sont complémentaires. L'hexagramme 3:4 est neutre, ou un peu favorable.

3—Texte des lignes

Yin 1

Drainer la boue avec persistance.
Rester sur ce parcours est défavorable
Et pas bénéfique.

Yin 1 ▬▬ indique que le sujet ne veut pas continuer dans la relation, mais que l'objet pousse le sujet à bouger. Bien que la force du sujet aide l'objet, celui-ci peut être insatisfait. Cela pourrait causer des problèmes et compromettre la relation. Le sujet doit persister à faire quelque chose pour éviter les ennuis, comme le drainage de la boue pour garder une voie d'eau ouverte. « Rester sur ce parcours est défavorable et pas bénéfique » pour le sujet, donc quelque chose doit changer. Le texte souligne l'aspect négatif de l'action yin du sujet, incitant celui-ci à une action plus déterminée qui peut améliorer la relation.

Cette ligne est dans une position incorrecte, mais complémentaire avec yang 4 ▬. L'action yin du sujet est neutre.

Yang 2

Le regret disparait.

Yang 2 ▬ indique que l'essence du sujet est forte, ce qui est bénéfique à la relation au lieu d'être une source de regret.

Cette ligne est dans une position incorrecte, mais complémentaire à yin 5 ▬▬. L'essence yang du sujet est neutre.

Yang 3

Soyez vertueux ou faites face à l'humiliation.
Rester sur ce parcours est mauvais.

Yang 3 ▬ indique que l'attitude du sujet est arrogante, autoritaire, grossière ou dominatrice, mais aussi véridique et honnête, tandis que l'attitude complémentaire de l'objet est modeste, respectueuse, confiante et prête à faire des compromis. Cependant, pour garder une bonne relation avec l'objet, le sujet doit être constamment vertueux, véridique et honnête : « Sois vertueux ou affronte l'humiliation ». S'il n'est pas modéré par la vérité et la sincérité, l'empressement de l'objet peut paraitre mauvais.

Cette ligne est dans une position correcte et complémentaire à yin 6 ▬▬. L'attitude yang du sujet est favorable.

Yang 4

Il n'y a aucun jeu sur le terrain.

Yang 4 ▬ indique que l'objet se bat pour ses propres intérêts, sans tenir compte du sujet. La situation ressemble à une chasse où il emballe tous les animaux, ne laissant rien pour le sujet : « Il n'y a pas de jeu sur le terrain. » Pendant ce temps, parce que l'action du sujet est yin, le sujet se contente de laisser l'objet gagner ce concours. Même s'il n'y a pas de gain provenant de l'agressivité de l'objet, le sujet n'en souffre pas non plus.

Cette ligne est dans une position incorrecte, mais complémentaire à yin 1 ▬ ▬. L'action yang de l'objet est neutre.

Yin 5

Soyez vertueux en persévérant.
Rester sur ce parcours favorise les femmes,
Mais pas les hommes.

Yin 5 ▬ ▬ indique que l'objet a moins de force et a besoin de l'aide du sujet, qui a une essence de yang et qui est pleinement capable d'offrir cette aide.

Le sujet devrait toujours être honnête et sincère tout en prolongeant cette aide : « Soyez vertueux avec persévérance. » Le résultat de la relation dépend de la façon dont le sujet traite l'objet. Si le sujet offre un soutien souple à l'objet, comme le ferait une femme, il sera récompensé favorablement pour le geste. Mais s'il oblige l'objet à accepter de l'aide, d'une manière grossière ou sans tact, celui-ci ne se souciera pas des bonnes intentions du sujet et, en fait, sera irrité par le sujet.

Cette ligne est dans une position incorrecte, mais complémentaire à yang 2 ▬. L'essence yin de l'objet est neutre.

Yin 6

Quand les autres hésitent,
Il est difficile d'être persistant.
Cela est défavorable.

Yin 6 ▬ ▬ indique que l'attitude de l'objet est humble, agréable, polie ou respectueuse, mais peut aussi être trompeuse ou obséquieuse. Puisque l'attitude du sujet est yang, il est facile de mal interpréter les doux sourires et les compromis de l'objet. Si l'objet vacille, le sujet doit rester vigilant : « Quand les autres hésitent, il est difficile d'être persistant. » Puisque la persistance est très importante pour le sujet, cette situation peut être défavorable.

Cette ligne est dans une position correcte, et complémentaire à yang 3 ▬. L'attitude yin de l'objet est favorable. Mais le texte avertit le sujet d'être sur ses gardes pour un éventuel côté négatif de l'attitude yin de l'objet.

6 Hexagramme 3:5, le chaudron (Zhou Yi, hexagramme 50)

Le chaudron prend son imagerie des vaisseaux que les anciens utilisaient pour la cuisine ou pour les rituels, comme on le voit aujourd'hui dans les temples bouddhistes.

L'hexagramme 3:5 décrit la position du sujet dans une relation où l'objet est brillant et également accrochant.

Le trigramme 3 ☴, qui est le vent (flexibilité) représente le sujet, et le trigramme 5 ☲, qui est le feu (luminosité ou accrochage) représente l'objet. Lorsque le sujet sert son but, comme un chaudron utilisé pour la cuisine et le rituel, l'objet a besoin de la chaudière pour l'utiliser et le décorer. Même l'objet n'aime pas le chaudron, mais ne peut pas le blesser.

1—Texte général

La situation est très favorable.

Favorise le bon déroulement des choses.

L'objet est lumineux et s'accroche au sujet, comme une flamme caressant la surface d'un chaudron. Lorsque le sujet se comporte de manière appropriée, en utilisant la luminosité de l'objet à une bonne finalité, « la situation est très favorable » au sujet et « les choses se déroulent très bien ». Sinon, le sujet pourrait se bruler.

2—Structure

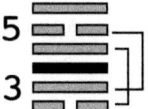

Figure 13.6 : structure de l'hexagramme 3:5

Yang 3 ▬ est la seule ligne en position correcte. Les autres lignes sont dans des positions incorrectes. Les deux lignes du bas et les deux lignes du milieu sont complémentaires, tandis que les lignes supérieures sont en conflit. L'hexagramme 3:5 est neutre, ou un peu favorable. Le texte souligne le côté positif de la situation actuelle, mais la structure suggère qu'il peut y avoir des problèmes, comme l'indiquent les nombreuses lignes dans des positions incorrectes.

3—Texte des lignes

Yin 1

Quand un chaudron est bouleversé,

Cela est l'occasion de le débarrasser de toutes choses.

Épouser une concubine.

La concubine donne naissance à un enfant.

Il n'y a aucune condamnation.

Yin 1 ▬▬ indique que le sujet ne veut pas avancer dans la relation, bien que l'objet le fasse - comme le montre l'action yang de l'objet. Le sujet a été poussé, comme « un chaudron bouleversé ». Ce renversement pourrait en fait être une opportunité pour résoudre les problèmes dans la relation, comme une chance de vider les débris d'un chaudron bouleversé. Le sujet pourrait se sentir mal à l'aise poussé, comme un homme qui épouse une concubine quand il n'y a pas d'enfants avec sa femme. Mais le résultat final n'est pas mauvais. La situation bénéfique se produit naturellement, comme une concubine donnant naissance à un enfant, et le sujet ne doit pas être accusé.

Cette ligne est dans une position incorrecte, mais complémentaire à yang 4 ▬. L'action yin du sujet est neutre.

Yang 2

Le chaudron est plein de nourriture.
Mon rival me déteste,
Mais ne peut pas me blesser.
Cela est favorable.

Yang 2 ▬ indique que l'essence du sujet est forte, riche, bien éduquée, réussie dans les affaires, expérimentée, professionnelle, puissante, ou soutenue par d'autres. Certaines personnes pourraient ne pas aimer, et même détester, le sujet. Elles sont représentées par l'objet, l'ennemi du sujet ou d'autres qui sont envieux ou en désaccords. Tous pourraient causer des problèmes au sujet, mais ne pourraient pas sérieusement le blesser, parce qu'il est dans une position forte. La situation est lui est favorable.

Cette ligne est dans une position incorrecte, mais centrale et complémentaire à yin 5 ▬▬. L'essence yang du sujet est neutre, ou un peu favorable. Le texte souligne le côté positif de l'essence yang, encourageant le sujet à maintenir cet aspect.

Yang 3

Le chaudron ne pouvait pas être déplacé,
Car sa poignée est endommagée.
La délicieuse viande du faisan à l'intérieur
Ne pouvait pas être consommée.
Quand la pluie arrive,
Tous les regrets s'en vont.
La fin est favorable.

Yang 3 ▬ indique que l'attitude du sujet est arrogante, égocentrique, rude, grossière ou autoritaire. Cette attitude yang empêche les autres d'être proches du sujet, comme un chaudron qui ne peut pas être utilisé à cause d'un manche endommagé. Le sujet a une force intérieure qu'il ne peut pas porter, comme « la délicieuse viande du faisan à l'intérieur » du chaudron qui « ne pouvait pas être consommée ». Il serait bon que l'attitude du sujet change du yang au yin ; c'est-à-dire être humble, respectueux, agréable, doux et gracieux. Cela changerait la situation et permettrait une fin favorable, comme la douce pluie qui purifie de tous les regrets. Si l'attitude du sujet ne peut pas changer, ce sera comme une pluie bénéfique qui ne viendra jamais. Cette ligne est dans une position correcte, mais elle est en conflit avec yang 6 ▬. L'attitude yang du sujet est neutre.

Yang 4

La jambe du chaudron est cassée,
Et le repas des messieurs est renversé,
Produisant un gros désordre.
Ce qui est défavorable.

Yang 4 ▬ indique que l'objet pousse le sujet plus loin qu'il n'est prêt à partir. La poussée rend le sujet inconfortable et maladroit, comme un chaudron avec une jambe cassée. Cela pourrait entrainer un grand désordre pour le sujet dans le domaine des affaires, en interrompant un calendrier, un plan, une routine ou un budget, ou contrarier les gens qui font des affaires, telles que les clients, collègues, patrons, parents et amis : le repas est renversé et crée un gros désordre. » C'est défavorable.

Le texte met l'accent sur le côté négatif de l'action yang de l'objet. Mais si le sujet répond rapidement et gracieusement à la poussée de l'objet, alors le désordre est évitable.

Cette ligne est dans une position incorrecte, mais complémentaire à yin 1 ▬ ▬. L'action yang de l'objet est neutre.

Yin 5

Le chaudron reçoit une poignée jaune,
Attachée à un bâton d'or.
Il est avantageux de rester sur ce parcours.

Yin 5 ▬ ▬ indique que l'objet a moins de force et a besoin de l'aide du sujet. Le sujet est dans une position forte pour aider l'objet. Si le sujet offre ce dont l'objet a besoin, la relation sera améliorée, comme un chaudron qui a été réparé, avec « une poignée jaune attachée à un bâton d'or. » Le sujet sera récompensé pour ces contributions et profitera de la relation : « Il est bénéfique de maintenir ce cap. « Mais si le sujet ne veut pas aider l'objet, il n'obtiendra rien.

Cette ligne est dans une position incorrecte, mais centrale et complémentaire à yang 2 ▬. L'essence yin de l'objet est neutre, ou un peu favorable.

Yang 6

Le chaudron est attaché à un bâton de jade.
Cela est une situation bénéfique et très favorable.

Yang 6 ▬ indique que l'attitude de l'objet est arrogante, autoritaire et grossière, mais peut aussi être véridique et honnête. La fixation d'un bâton en jade faite de matière précieuse rend le chaudron plus utile. Si le sujet offre de l'aide d'une manière authentique, il pourrait être récompensé équitablement, bien que l'objet puisse être arrogant et impoli.

Ce texte souligne la nature positive de l'attitude yang de l'objet et ne mentionne pas sa nature négative. Le sujet doit être prudent face à un objet dont l'attitude est Yang. Parce que l'objet a moins de force et s'accroche au sujet, la favorabilité envers le sujet est variable. Mais la situation peut toujours être bénéfique pour le sujet, comme indiqué par la poignée de jade utile et belle. Cette ligne est dans une position incorrecte et en conflit avec yang 3 ▬, mais elle est supportée par yin 5 ▬ ▬. L'attitude yang de l'objet est neutre, ou un peu favorable.

[7] Hexagramme 3:6, la surcharge (Zhou Yi, hexagramme 28)

La surcharge se compose de deux caractères chinois : « grand » et « franchir », signifiant « trop », « écrasant ». Cela implique que la situation est un lourd fardeau pour le sujet, mais pas un désastre.

Le trigramme 3 ☴, qui est le vent (flexibilité), représente le sujet, et le trigramme 6 ☱, qu'est le lac (plaisir) représente l'objet. Le sujet veut se détendre, sans aucun intérêt à avancer, tandis que l'objet poursuit activement le plaisir et l'excitation. Cela donne au sujet l'impression d'être surchargé.

1—Texte général

Le faisceau de support principal est plié.
Aller de l'avant est bénéfique.
Rend les choses agréables.

Le sujet ne veut pas progresser dans la relation, mais l'objet veut aller plus loin, donc pousse le sujet avec une telle force que le sujet a l'impression que « le faisceau de support principal est plié. » Mais le sujet est essentiellement assez fort pour gérer cette relation, et devrait se transformer en une action yang : « Aller de l'avant est bénéfique. » Si le sujet avance activement, au lieu d'être poussé par l'objet, le sujet ne ressentira pas de pression, et « les choses » iront « doucement ».

2—Structure

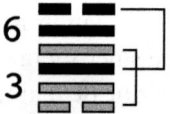

Figure 13.7 : structure de l'hexagramme 3:6

Dans cet hexagramme, trois lignes, yang 3 ▬, yang 5 ▬, et yin 6 ▬▬, sont dans des positions correctes ; les trois autres sont dans des positions incorrectes. Les deux lignes inférieures et supérieures sont complémentaires. Les deux lignes du milieu sont en conflit les unes avec les autres. L'hexagramme 3:6 est neutre.

3—Texte des lignes

Yin 1

Faire un bloc avec une couche d'herbe blanche est irréprochable.

Yin 1 ▬▬ indique que l'action du sujet est yin. Le sujet ne veut pas avancer dans la relation, alors que l'objet le fait. Poussé par l'objet, le sujet tente de se protéger, comme s'il « faisait un bloc avec une couche d'herbe blanche et douce » avant de se coucher par terre. Sous pression, essayant d'agir avec prudence, le sujet est irréprochable.

Cette ligne est dans une position incorrecte, mais complémentaire à yang 4 ▬. L'action yin du sujet est neutre.

Yang 2

Le saule flétrissant produit une pousse.
Un vieil homme épouse une jeune femme.
Cette situation est bénéfique.

Yang 2 ▬ indique que le sujet a une force essentielle, est en bonne santé, bien éduqué ou bien entraîné, puissant ou soutenu par d'autres, mais ne veut pas avancer ; alors il est comme un « saule flétri », comme un « vieil homme ». Parce qu'il est poussé par l'objet à se déplacer, la situation est similaire au saule flétrissant produisant un germe, ou le vieil homme épousant une jeune femme. Cela peut être une situation bénéfique, quand tout est considéré: le saule peut se dessécher, mais le germe peut grandir pour devenir un nouvel arbre ; l'homme est vieux, mais sa jeune femme pourrait donner naissance à un bébé qui pourrait atteindre l'âge adulte. Le sujet a été poussé par l'objet pour aller de l'avant, mais céder à la pression peut être enrichissant : « La situation est bénéfique ».

Cette ligne est dans une position incorrecte, et en conflit avec yang 5 ▬, mais aidée par yin 1 ▬▬. L'essence yang du sujet est neutre, ou un peu favorable.

Yang 3
Le faisceau de support principal se courbe.
La situation est défavorable.

Yang 3 ▬ indique que l'attitude du sujet pourrait être arrogante, autoritaire, intimidante, grossière, insouciante ou véridique et honnête. Le sujet est sous pression, mais a la force et est dans une position solide, comme la poutre de soutien principale d'un bâtiment. Le sujet doit gagner le respect en faisant ce qu'il pense être juste, et non en se « soumettant ». S'il tient compte de l'avertissement dans le texte et continue d'être véridique, honnête et droit, alors la situation sera favorable.

Cette ligne est dans une position correcte et complémentaire à yin 6 ▬▬. L'attitude yang du sujet est favorable.

Yang 4
La poutre de support principal se bombe.
La situation est favorable.
Être impliqué avec un autre est regrettable.

Yang 4 ▬ indique que l'objet veut pousser la relation vers l'avant. Cela résout certains des problèmes dans la relation, soulageant le sujet d'un lourd fardeau. « La poutre principale de soutien se gonfle », mais ne s'effondre pas, donc « la situation est favorable » pour le sujet. Cependant, il doit être vigilant, éviter d'être trompé ou piégé, conserver sa force et rester respectable, droit et indépendant : « Être impliqué avec un autre est regrettable. »

Cette ligne est dans une position incorrecte, mais complémentaire à yin 1 ▬▬. The yang action of the object is neutral.

Yang 5
Un saule desséché produit des fleurs.
Une vieille dame épouse un jeune homme.
Il n'y a aucune accusation,
Ni honneur.

Yang 5 ▬ indique que l'essence de l'objet a de la vitalité, comme un jeune homme, ou une fleur fraîche. En revanche, le sujet a aussi la force, mais parce qu'il n'a aucun intérêt à avancer, il ressemble à un saule fané, ou une vieille dame. Maintenant, le sujet et l'objet se rejoignent dans une relation productive : « Un saule desséché produit des fleurs » et « une vieille dame épouse un jeune homme ». Les fleurs sur le saule fané sont belles, mais ne peuvent pas durer longtemps. Quand une « vieille dame » épouse un jeune homme, ils peuvent se sentir heureux, mais ne peuvent pas avoir d'enfants. Leur famille ne peut pas durer longtemps. Étant humble, agréable, en position de force, et poussant la relation, l'objet ne se préoccupe que de son propre bénéfice et peut partir une fois qu'une action n'est pas bénéfique. Si cela se produit, « il n'y a pas d'accusation ni d'honneur » pour le sujet.

Cette ligne est dans une position correcte, mais est en conflit avec yang 2 ▬. L'essence yang de l'objet est neutre.

Yin 6

Traverser une rivière à gué
Avec le haut de la tête immergée dans l'eau,
Est défavorable,
Mais irréprochable.

Yin 6 ▬▬ indique que l'attitude de l'objet est yin. L'objet est humble, agréable, adaptatif, respectueux ou gracieux, mais insaisissable pour le sujet. Alors que l'objet pousse le sujet vers l'avant, le sujet ne connait pas bien l'objet, donc progresser dans la relation est comme traverser une rivière quand le fond est invisible. Le sujet devrait être prudent en répondant à l'objet, et conscient que « patauger sur une rivière avec le sommet de la tête immergée dans l'eau est défavorable. » La nature trompeuse de l'objet cause des ennuis. Mais ce n'est pas la faute du sujet ; le sujet ne devrait pas être accusé.

Cette ligne est dans une position correcte, complémentaire à yang 3 ▬, mais supprimant le cinquième yang. L'attitude yin de l'objet est neutre.

8 Hexagramme 3:7, la rencontre (Zhou Yi, hexagramme 44)

La rencontre décrit une situation actuelle où le sujet rejoint un objet qu'il ne veut pas voir. Le trigramme 3 ☴, qui est le vent (flexibilité), représente le sujet, et le trigramme 7 ☰, qui est ciel (force), représente l'objet. Le sujet veut prendre son temps pour faire les choses et n'a aucun intérêt à avancer. En revanche, l'objet est très agressif et très puissant. Le sujet ne veut pas le voir, mais ils finissent par se rencontrer.

1—Texte général

Ne pas épouser une femme
Qui est trop forte.

Ce texte offre un avertissement très clair. Dans la relation actuelle, l'objet est très agressif, très fort et arrogant, comme le soleil qui brille du ciel. Le sujet veut simplement survivre et n'a aucun intérêt à s'impliquer ou à rivaliser avec l'objet. Cependant, en réalité, le sujet doit s'entendre avec l'objet, qu'il le veuille ou non : le « mariage » entre le sujet et la « femme » forte existe déjà. Le sujet devrait être prudent et vigilant, afin de gérer les problèmes qui suivent cette rencontre.

2—Structure

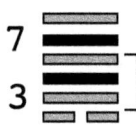

Figure 13.8: structure de l'hexagramme 3:7

Dans cet hexagramme, yang 3 ▬ et yang 5 ▬ sont dans des positions correctes, mais les quatre autres lignes sont dans des positions incorrectes. Les deux lignes du bas sont complémentaires, tandis que les lignes du haut et du milieu sont en conflit. L'hexagramme 3:7 est moins favorable.

3—Texte des lignes

Yin 1

Un charriot est arrêté avec un frein métallique.
Rester sur ce parcours est favorable.
Aller de l'avant parait défavorable.
Faire des allers-retours comme une truie maigre.

Yin 1 ▬▬ indique que le sujet ne veut pas avancer dans la relation. Pendant que l'objet est très déterminé, le sujet doit rester immobile, comme « un charriot » qui « est arrêté avec un frein métallique. » « Rester sur ce parcours est favorable » au sujet. Puisque l'objet est très fort et arrogant, « aller de l'avant est défavorable » pour le sujet. Le sujet devrait arrêter de bouger, essayer de rester calme et tranquille, ne pas marcher nerveusement sur la route comme une truie maigre.

Cette ligne est dans une position incorrecte, mais complémentaire à yang 4 ▬. L'action yin du sujet est neutre.

Yang 2

Il y a un poisson dans la cuisine,
Mais servir ce poisson à un invité n'est pas bénéfique.
Il n'y a aucune condamnation.

Yang 2 ▬ indique que l'essence du sujet est riche, bien éduquée ou bien formée, saine, désirable ou soutenue par d'autres. Cet avantage est comme avoir un « poisson » dans la cuisine, ou des œufs dans votre panier. L'objet est très agressif et veut aborder le sujet comme un « invité » lors d'une visite. Celui-ci n'est pas seulement très gourmand, mais aussi très fort et arrogant : il va profiter du sujet, manger ou emporter le « poisson » gratuitement. Traiter l'objet trop gentiment, et lui servir le « poisson » n'est pas bénéfique. Le sujet protège sa propre vie privée et son indépendance, et ne devrait pas être blâmé.

Cette ligne est dans une position incorrecte et en conflit avec yang 5 ▬, mais aidé par yin 1 ▬▬. L'essence yang du sujet est neutre.

Yang 3

Il est très difficile de marcher sans peau sur les fesses.
Cette situation est dangereuse,
Mais irréprochable.

Yang 3 ▬ indique que le sujet pourrait être arrogant, grossier, rude, intimidant, autoritaire, ou véridique et honnête. L'attitude de l'objet est également yang. Lorsque le sujet est arrogant, l'objet se défend, ce qui lui donne du fil à retordre. Il est très difficile pour le sujet de s'entendre avec l'objet, et l'inconfort rend le sujet vulnérable, comme s'il marchait « sans chair sur les fesses ». Il peut y avoir des querelles et des bagarres, « cette situation est dangereuse », mais il n'y a pas de condamnation à défendre les droits du sujet.

Cette ligne est dans une position correcte, mais est en conflit avec yang 6 ▬. L'attitude yang du sujet est neutre.

Yang 4

Le poisson dans la cuisine a disparu.

Cela provoque une conséquence défavorable.

Yang 4 ▬ indique que le sujet souffre de la perte suite à l'action yang de l'objet. L'objet pourrait être très agressif, profitant du sujet, volant le « poisson » du sujet. L'action yang de l'objet crée une discorde dans la relation.

Cette ligne est dans une position incorrecte, mais complémentaire à yin 1 ▬▬. L'action yang de l'objet est neutre. Le texte souligne sa nature négative, mais l'action yang de l'objet pourrait également résoudre certains des problèmes de la relation.

Yang 5

Un melon était sous les feuilles d'un goji.

Le talent a été caché.

Une opportunité se présente,

Comme des météorites traversant le ciel.

Yang 5 ▬ indique que l'objet pourrait être aussi brillant que le sujet. En raison de l'action yin, le talent du sujet a été caché. Lorsque le sujet rencontre l'objet, l'objet expose le talent de ce dernier. Cette rencontre crée une opportunité inattendue pour le sujet, comme des météorites traversant le ciel.

Cette ligne est dans une position correcte, mais est en conflit avec yang 2 ▬. L'essence yang de l'objet est neutre.

Yang 6

La rencontre a lieu à une intersection.

Cela est méchant, mais irréprochable.

Yang 6 ▬ indique que l'attitude de l'objet est yang. L'objet peut être arrogant, grossier, rude, dominateur, autoritaire, ou simplement véridique et honnête comme le sujet. L'action du sujet est yin ; le sujet ne veut pas rencontrer l'objet. Mais cette rencontre indésirable peut arriver de toute façon, simplement parce que le sujet et l'objet sont « à une intersection ». Cela peut être désagréable pour le sujet, mais ce n'est pas sa faute.

Cette ligne est dans une position incorrecte et en conflit avec yang 3 ▬. L'attitude yang de l'objet est défavorable.

CHAPITRE 14
Lorsque le tonnerre ☳ est le sujet

Ce chapitre contient le texte des classiques de changements de huit hexagrammes de 4:0 à 4:7. Leur sujet est le trigramme 4, le tonnerre. La caractéristique typique du tonnerre est le mouvement. Il ne se réfère pas à des types spécifiques de mouvements, tels que courir, voler ou lancer, mais plutôt à l'impulsion du mouvement lui-même : commencer, initier ou se disposer à accomplir quelque chose. L'image du tonnerre souligne l'impact vibrant et choquant de cette force sur les autres ; et implique également une faiblesse associée, comme celle d'un nouveau-né, une force émergente.

1 Hexagramme 4:0, le retour (Zhou Yi, hexagramme 24)

Le retour évoque le temps après l'hiver, quand le printemps arrive et que les saisons commencent un nouveau cycle annuel. Après un divorce, on commence une nouvelle relation avec une autre personne ; c'est un retour. Après avoir été licencié, on commence un nouvel emploi ; c'est aussi un retour. L'on sort d'une maison, puis, après un certain temps, revient à la maison ; c'est aussi un retour. L'hexagramme 4:0 symbolise le nouveau départ d'une relation après être sorti d'une relation ancienne.

Le trigramme 4 ☳, qui est le tonnerre (mouvement), représente le sujet ; le trigramme 0 ☷, qui est la terre (adaptabilité), représente l'objet. Au début d'une nouvelle relation, le sujet veut aller de l'avant, tenter sa chance. L'objet s'adapte à l'initiation du sujet, fournissant un vaste champ dans lequel le sujet peut avancer. Mais le sujet manque de force et ne peut pas aller trop loin ; après la tentative initiale, il ou elle doit revenir.

1—Texte général

Les choses se passent bien.
Faire des allers-retours est inoffensif.
Les amis rendent visite sans accusation.
Les choses tournent autour d'un cycle d'une semaine.
Il est bénéfique de faire quelque chose.

Le début de cette nouvelle relation se passe très bien : le sujet veut avancer, mais manque de force et d'expérience. Hésiter est inoffensif. L'objet répond à l'initiative du sujet qui initie l'interaction et ne doit pas être blâmé.

Il faut faire preuve de patience ici. Les choses dans le monde se développent toujours selon des trajectoires en spirale, et on ne peut s'attendre à ce qu'une relation se déroule rapidement le long d'une trajectoire rectiligne. La référence à un « cycle d'une semaine » suggère qu'il y aura une résolution en temps utile. En attendant la fin du cycle, le sujet devrait continuer à bouger : « Il est bénéfique de faire quelque chose. »

2—Structure

Figure 14.1 : structure de l'hexagramme 4:Ø

Yang 1 ▬, yin 2 ▬ ▬, yin 4 ▬ ▬, et yin 6 ▬ ▬, sont dans des positions correctes ; et les deux autres lignes, dans des positions incorrectes. Les deux lignes de fond sont complémentaires l'une de l'autre. Les deux lignes médianes et les deux lignes supérieures sont en conflit. L'hexagramme 4:Ø est neutre.

3—Texte des lignes

Yang 1

Faire demi-tour
Après ne pas être allé très loin.
Est inoffensif, pas regrettable,
Peut-être même très favorable.

Yang 1 ▬ indique que le sujet veut avancer, mais manque de force et d'expérience. « Faire demi-tour après ne pas aller très loin » pourrait être un moyen de réserver des forces, avec des leçons ayant été tirées du dernier cycle. Se retourner est inoffensif, pas regrettable ; il peut même être très favorable à la préparation du cycle suivant.

Cette ligne est dans une position correcte, et complémentaire à yin 4 ▬ ▬. L'action yang du sujet est favorable.

Yin 2

Se retourner après s'être reposé
Est favorable.

Yin 2 ▬ ▬ indique que l'essence du sujet est yin. Le sujet n'a pas assez de force pour aller très loin. Lorsque le sujet n'a pas la force nécessaire pour continuer à avancer, il doit s'arrêter et faire une pause, en évitant les erreurs et les pertes, puis retourner à l'endroit d'origine. Si sujet ignore ce manque de force et continue sans se reposer et battre en retraite, il pourrait ne pas progresser au cycle suivant et la situation pourrait devenir défavorable.

Cette ligne est dans une position correcte, mais est en conflit avec yin 5 ▬ ▬. L'essence yin du sujet est neutre.

Yin 3

Se préoccuper de l'idée de faire demi-tour
Est dangereux
Pourtant irréprochable.

Yin 3 ▬ ▬ indique que l'attitude du sujet peut être modeste, souple et respectueuse. Après avoir avancé d'une certaine distance, il est temps de faire demi-tour, mais le sujet succombe à l'objet et accepte ses exigences, pour lesquelles il n'a vraiment pas assez de force. « Se préoccuper de revenir en arrière est dangereux », car pour avoir une meilleure relation à l'avenir, le sujet doit battre en retraite.

Cette ligne est dans une position incorrecte et en conflit avec yin 6 ▬▬. L'attitude yin du sujet est défavorable.

Yin 4
Faites demi-tour seul à mi-chemin.

Yin 4 ▬▬ indique que l'objet ne veut pas initier une action, et préfère suivre le sujet. En cours d'avancement, le sujet contrôle la situation et les gains. C'est favorable pour le sujet. Quand il est temps de reculer, le sujet doit se retourner seul, laissant l'objet et ne le laissant pas suivre. Si l'objet est autorisé à suivre, le sujet peut ne pas être en mesure de contrôler la situation et pourrait subir une perte. Le sujet devrait se souvenir de la règle : « Revenez seul à mi-chemin ».

Cette ligne est dans une position correcte, et complémentaire avec yang 1 ▬▬▬. L'action yin de l'objet est favorable.

Yin 5
Revenir en arrière après avoir été persisté
N'est pas regrettable.

Yin 5 ▬▬ indique que l'essence de l'objet a moins de force et a besoin de l'aide du sujet. Parce que le sujet se sent fatigué et a besoin de se reposer et de se retirer, l'objet invite le sujet à revenir en arrière. Si le sujet ne recule pas, la demande de l'objet n'est pas satisfaite et cela peut entrainer des problèmes pour le sujet.

Cette ligne est dans une position incorrecte et en conflit avec yin 2 ▬▬. L'essence yin de l'objet est défavorable.

Yin 6
Se retourner avec confusion
Est défavorable et gênant.
Cela est particulièrement défavorable au roi d'un pays qui mène une guerre.
Le roi sera incapable de maitriser l'ennemi dans dix ans et finalement subira une terrible défaite.

Yin 6 ▬▬ indique que l'attitude de l'objet pourrait s'avérer délicate, confondant le sujet quand il est temps pour une retraite. Le sujet ne sait pas vraiment ce que fait l'objet. Cela lui crée des problèmes sur le chemin du retour ou lors de la progression suivante.

Dans l'Antiquité, la Chine était divisée en plus d'une centaine de petits pays. Fréquemment, le roi d'un pays a lancé une guerre contre un autre pays. Après une avance, si le roi demeure incertain des circonstances et ne prend pas les mesures appropriées pour revenir au bon moment, il serait « incapable de maitriser l'ennemi dans dix ans et subirait une terrible défaite à la fin ».

D'un autre côté, l'objet pourrait être humble, adaptatif et agréable. Après avoir avancé, si le sujet travaille dur pour sécuriser la situation, se repose, obtient la coopération de l'objet pour que la situation soit transparente, alors pendant la retraite et dans le futur, il pourrait bénéficier de la coopération de l'objet. Cette ligne est dans une position correcte, mais est en conflit avec yin 3 ▬ ▬. L'attitude yin de l'objet est neutre.

2 Hexagramme 4:1, l'attention (Zhou Yi, hexagramme 27)

L'attention suggère que le sujet devrait prendre soin de lui-même. En chinois, le caractère « soin » veut aussi dire la joue, la zone du visage autour de la bouche, ce qui implique la nourriture.

Le trigramme 4 ☳, qui est le tonnerre (mouvement), représente le sujet; et l'objet qui est le trigramme 1 ☶, représente la montagne (arrêt). Le sujet veut bouger, poursuivre l'aventure, mais est retardé ou bloqué par l'objet. Au lieu d'essayer de tirer profit des autres, le sujet devrait dépendre de ses propres ressources.

1—Texte général

> *Maintenir le cap actuel est favorable.*
> *En regardant les autres manger,*
> *Cherchez de la nourriture vous-même.*

Le sujet veut faire avancer la relation. L'objet est flexible, en suivant le sujet, de sorte que « rester sur le parcours actuel est favorable ». Le sujet est faible et veut améliorer sa situation avec l'aide de l'objet. Il envie l'objet, comme une personne affamée qui regarde les autres manger. Mais l'objet est têtu, refusant de partager tout avantage avec lui. « Cherchez vous-même de la nourriture » est un conseil pour le sujet humble et obéissant; après avoir été repoussé, il doit tenter d'améliorer la situation seul.

2—Structure

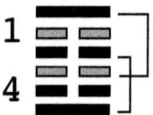

Figure 14.2 : structure de l'hexagramme 4:1

Yang 1 ▬, yin 2 ▬ ▬, et yin 4 ▬ ▬ sont dans des positions correctes; les autres sont dans des positions incorrectes. Les deux lignes du bas et celles du haut sont complémentaires l'une de l'autre, et les deux lignes du milieu sont en conflit. L'hexagramme 4:1 est neutre.

3—Texte des lignes

Yang 1

> *Vous avez abandonné une tortue divine*
> *Pour regarder ma bouche mâcher*
> *Un gros morceau de viande.*
> *Cela est défavorable.*

Avec une action yang, le sujet veut profiter des autres, les prendre pour acquis, ou même tricher, cambrioler ou voler pour un gain personnel. Cette façon « est défavorable » au sujet. Le sujet devrait chercher à s'améliorer par ses propres efforts, comme aller à l'université pour obtenir une meilleure éducation, faire de l'exercice pour être en meilleure santé ou économiser de l'argent.

Cette ligne est dans une position correcte, et complémentaire à yin 4 ▬▬. L'action yang du sujet est neutre.

Yin 2

Vous voulez manger la nourriture des autres.
Ceci une mauvaise façon de se nourrir.
Ils ont de la nourriture qui s'accumule comme une colline.
Assaillir les autres est défavorable.

L'essence du sujet est faible, mais il ne peut acquérir de la force de l'objet : « Vous voulez manger la nourriture des autres ; c'est la mauvaise façon d'en chercher ». « Même si l'objet est mieux loti, avec « la nourriture s'accumulant comme une colline « le sujet ne devrait pas profiter de la richesse de l'objet. « Attaquer les autres est défavorable », ce qui signifie qu'il n'y a rien à gagner en exploitant la bonne fortune de l'objet.

Cette ligne est dans une position correcte, mais est en conflit avec yin 5 ▬▬. L'essence yin du sujet est neutre.

Yin 3

Vous ne prenez pas soin de vous.
Maintenir le cap actuel est défavorable.
Ne vivez pas de cette façon pendant dix ans.
Rien n'est bénéfique.

L'attitude du sujet est conforme et souple, et non autosuffisante. Lorsque le sujet tente d'obtenir de l'aide de l'objet, il est rejeté. Il est exhorté à ne pas laisser cette situation se prolonger indéfiniment, parce que cela ne lui fera aucun bien.

Cette ligne est dans une position incorrecte, mais complémentaire avec yang 6 ▬. L'attitude yin du sujet est neutre.

Yin 4

Mangez la nourriture des autres.
Ceci est favorable.
Votre désir d'attention
Ressemble à un tigre traqueur.
Cela est irréprochable.

L'action de l'objet est yin, indiquant qu'il y aura peu de résistance au sujet. Le sujet est irréprochable, comme un tigre affamé en quête de nourriture, et sera traité favorablement par l'objet.

Cette ligne est dans une position correcte, et complémentaire avec yang 1 ▬. L'action yin de l'objet est neutre.

Yin 5

Même si cela est la mauvaise façon,

Rester sur ce parcours est favorable.

Ne traversez pas la grande rivière.

L'essence de l'objet est faible, de sorte que le désir du sujet de tirer profit de ce dernier peut avoir des résultats favorables. Mais le sujet est averti de ne pas aller trop loin, et de profiter de la tendance de l'objet à céder : « Ne traversez pas la grande rivière ».

Cette ligne est dans une position incorrecte et en conflit avec yin 2 ⚋. L'essence yin de l'objet est défavorable.

Yang 6

Être pris en charge par d'autres personnes

Est dangereux, mais favorable.

Cela est bénéfique de traverser la grande rivière.

L'objet peut être soumis en action et en essence, mais son attitude est Yang. Cela signifie que l'objet peut être arrogant, autoritaire, grossier, véridique ou honnête. Le sujet profite de l'objet, « être pris en charge par les autres », et cette dépendance peut être dangereuse, mais aussi favorable. Le sujet devrait être humble, agréable et respectueux, rester proche de l'objet et poursuivre cette dépendance. « Il est avantageux de traverser la grande rivière ».

Cette ligne est dans une position incorrecte, mais complémentaire à yin 3 ⚋. L'attitude yang de l'objet est neutre.

3 Hexagramme 4:2, la perspective (Zhou Yi, hexagramme 3)

La perspective indique l'espoir dans une relation. En chinois, le titre de cet hexagramme signifie aussi « stocker ». Le trigramme 4 ☳, qui est le tonnerre (mouvement) représente le sujet, et le trigramme 2 ☵, qui est l'eau (difficulté et danger) représente l'objet. Le désir du sujet de se déplacer entrainera des difficultés à suivre l'objet. La perspective de cette relation dépend de la façon dont le sujet traite cette difficulté.

1—Texte général

Les choses se déroulent très bien.

Il est bénéfique de maintenir le cap actuel.

N'allez pas trop loin.

Il est avantageux de nommer un ministre.

Le sujet veut faire avancer la relation, et peut le faire « en douceur ». « Il est bénéfique de rester sur la trajectoire actuelle, d'avancer à un rythme qui est bon pour le sujet, et aussi gérable à l'objet. L'objet a de la force et est capable d'aider le sujet. Cependant, il ne fait pas confiance au sujet parce que ce dernier n'est pas simple. Le sujet doit rester près de l'objet, mais « ne pas aller trop loin ». La relation devrait être négociée et formalisée, de la même manière qu'un roi nomme un « ministre », assignant des missions et s'appuyant sur celui-ci. Cela permet à l'objet d'avoir confiance au sujet ; les deux peuvent travailler ensemble pour développer une perspective favorable pour la relation.

2—Structure

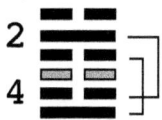

Figure 14.3 : structure de l'hexagramme 4:2

Yang 3 ▬ est la seule ligne dans une position incorrecte, et les deux lignes du bas et les celles du milieu sont complémentaires. L'hexagramme 4:2 tend à être favorable.

3—Texte des lignes

Yang 1

L'un d'eux fait les cent pas.
Il est bénéfique de rester sur ce parcours
Et de nommer un ministre.

L'action du sujet est yang, indiquant un désir de faire avancer la relation. Mais le progrès est sujet à des retards, « On fait les cent pas. » Le sujet doit être patient et persévérant face à l'objet, car « Il est bénéfique de rester sur ce parcours ». Le sujet doit être proche de l'objet et en dépendre, construisant la relation comme un roi nommant un ministre et assignant des missions de plus en plus substantielles.

Cette ligne est en position correcte et complémentaire avec yin 4 ▬▬. L'action yang du sujet est favorable.

Yin 2

Hésitent et tergiversent,
Une bande de cavaliers errent.
Ce ne sont pas des voleurs,
Mais ils cherchent à se marier.
Il n'y a pourtant pas de femme prête à se marier
Jusqu'à dix ans plus tard.

L'essence du sujet est le yin. Le sujet a moins de force et a besoin de l'aide de l'objet. L'objet ne connaît pas ou ne comprend pas très bien le sujet et n'est pas disposé à lui faire des faveurs. Le sujet est troublé, comme une bande de cavaliers, « hésitant », « vacillant », « tergiversant » et « errant ». Le sujet doit traiter l'objet avec sincérité et honnêteté, en montrant que la « bande de cavaliers » « n'est pas des voleurs », « mais cherchent à se marier ». Puis, avec le temps, la situation changera, « Dix ans plus tard », il y aura une « femme prête à se marier ».

Cette ligne est en position correcte et complémentaire à yang 5 ▬. L'essence yin du sujet est favorable.

Yin 3

Sans guide,
Chasser le cerf dans une forêt
N'est pas bénéfique.

Il vaut mieux abandonner,
Sinon, il y aura des ennuis.

L'attitude du sujet peut être humble et inclinante, une image reflétant l'attitude de l'objet. Le sujet se méfie de l'objet et des perspectives de la relation, car trop de choses sont inconnues. Poursuivre cette relation, c'est comme « chasser le cerf dans une forêt ». Le sujet n'a pas de « guide ». Aller plus loin n'est pas bénéfique. Le sujet doit adopter une attitude de vérité. Sinon, les perspectives seront faibles.

Cette ligne est dans une position incorrecte et en conflit avec yin 6 ▬▬. L'essence yin du sujet est défavorable.

Yin 4

Une bande de cavaliers se promènent.
Ils sont à la recherche du mariage.
Aller de l'avant est favorable et bénéfique.

L'action yin de l'objet cède la place au sujet. Ce dernier pousse la relation vers l'avant, comme « une bande de cavaliers errants, à la recherche du mariage. » L'objet acquiesce. « Aller de l'avant est favorable et bénéfique » pour le sujet.

Cette ligne est en position correcte et complémentaire à yang 1 ▬. L'action yin de l'objet est favorable.

Yang 5

On fait des progrès comme stocker de la graisse.
Le fait de rester sur ce parcours pendant une courte période est favorable.
Rester trop longtemps est défavorable.

L'essence yang de l'objet offre de la force et de l'aide au sujet. Le sujet récolte les bienfaits de l'essence de l'objet, comme « stocker de la graisse ». Mais comme l'objet est méfiant à l'égard du sujet, « rester trop longtemps sur ce cap est défavorable ». Le sujet doit être véridique et direct, ce qui mettra l'objet en confiance.

Cette ligne est en position correcte et complémentaire à yin 2 ▬▬. L'essence yang de l'objet est favorable.

Yin 6

Une bande de cavaliers se promènent.
Ils pleurent des larmes sanglantes
Qui coulent sur leurs visages comme des ruisseaux.

L'attitude yin de l'objet est ce qui cause sa méfiance à l'égard du sujet. Même si le sujet vient avec une bonne volonté, « à la recherche le mariage », il n'y a pas de progrès, « une bande de cavaliers se promènent ». Le sujet ne peut pas obtenir ce qu'il veut, alors les cavaliers « pleurent de larmes de sang ».

Cette ligne est dans une position correcte, mais est en conflit avec yin 3 ▬▬. L'attitude yin de l'objet est neutre, même si le texte souligne la nature négative de cette ligne. Si l'attitude du sujet peut être plus véridique et directe, la suspicion de l'objet pourrait être surmontée, et l'errance et les larmes pourraient prendre fin.

4 Hexagramme 4:3, le gain (Zhou Yi, hexagramme 42)

Le gain promet des avantages pour le sujet. Le trigramme 4 ☳, qui est le tonnerre (mouvement), représente le sujet, et l'objet qui est le trigramme 3 ☴, représente le vent (flexibilité), suggérant la relation fluide et agréable d'une danse, où un partenaire mène et l'autre suit. Sans aucun doute, le sujet gagne.

1—Texte général

Il est avantageux d'aller plus loin.
Cela est bénéfique de traverser la grande rivière.

Le sujet veut faire avancer la relation. L'objet consent, suit et fait ce que veut le sujet. Le sujet devrait profiter de cette opportunité, « Il est bénéfique d'aller plus loin. » La situation actuelle favorise la prise de risque, « Il est bénéfique de traverser la grande rivière. »

2—Structure

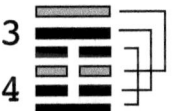

Figure 14.4 : structure de l'hexagramme 4:3

Dans cet hexagramme, quatre lignes, yang 1 ▬, yin 2 ▬▬, yin 4 ▬▬, et yang 5 ▬ sont dans des positions correctes. Toutes les lignes sont complémentaires avec les lignes correspondantes. L'hexagramme 4:3 est favorable.

3—Texte des lignes

Yang 1

Cette situation promet un excellent travail,
Cela est très favorable et irréprochable.

L'action du sujet est yang. Le sujet veut avancer dans la relation. L'objet est favorable et productif. Le sujet devrait prendre cette chance exceptionnelle, « cette situation est très favorable et irréprochable. »

Cette ligne est dans une position correcte, et complémentaire à yin 4 ▬▬. L'action yang du sujet est favorable.

Yin 2

Il est impossible de refuser la contribution d'une
Tortue qui vaut dix paires de coquillages.
Il est favorable de rester sur ce cours pour toujours.
Le roi accomplit un rituel
Priant ses ancêtres pour qu'ils lui rendent service.
Cette situation est favorable.

En raison d'une essence yin, le sujet a peu de force et a besoin d'aide. L'objet a de la force, comme le montre le cinquième yang ▬ et est prêt à aider le sujet, en contribuant avec « une tortue valant dix paires de coquillages ». Une paire de coquillages était une sorte de monnaie ancienne. La relation entre le sujet et l'objet ressemble à celle d'un « roi » et de « ses ancêtres », où la faveur est demandée et reçue.

Cette ligne est en position correcte et complémentaire à yang 5 ▬. L'essence yin du sujet est favorable.

Yin 3

Recevoir de l'aide au mauvais moment
Est irréprochable.
Tenir un comprimé de jade et
En parlant avec précaution,
Comme marcher au milieu d'une route,
Le seigneur est conseillé dans ce cas.

Avec une attitude yin, le sujet traite l'objet comme un « seigneur » et parle à l'objet d'une manière polie et sérieuse. Le sujet est très poli, comme un serviteur tenant une tablette de jade, qui était utilisée par les serviteurs de l'empereur comme symbole de leur sincérité et de leur loyauté. Le sujet choisit délibérément des mots et des actions, comme s'il marchait prudemment au milieu d'une route. Quand le sujet passe un mauvais moment, il est irréprochable de recevoir de l'aide de l'objet, comme le ferait le serviteur d'un seigneur.

Cette ligne est dans une position incorrecte, mais complémentaire à yang 6 ▬. L'attitude yin du sujet est neutre.

Yin 4

Marchant au milieu d'une route,
On s'adresse avec précaution au seigneur.
Qui accepte les conseils de chacun.
Sur cette base,
La capitale est déplacée.

L'objet suit le sujet et fait ce que le sujet veut. Le sujet respecte l'objet en tant que « seigneur » et parle avec l'objet avec beaucoup de soin, comme s'il marchait au milieu d'une route. L'objet écoute le sujet et suit sa suggestion, même sur des questions très importantes, comme un « seigneur » suivant les conseils d'un serviteur et déplaçant la capitale du pays.

Cette ligne est en position correcte et complémentaire à yang 1 ▬. L'action yin de l'objet est favorable.

Yang 5

La sincérité fait que les gens se sentent mieux.
Cela est certainement très favorable.
La sincérité donne envie d'être plus vertueux.

L'essence de l'objet est le yang, donc il est assez fort pour aider le sujet. Le sujet traite l'objet sincèrement, faisant en sorte qu'il se sente prêt à aider. « C'est certainement très favorable » pour le sujet. La sincérité exprimée dans la relation encourage le sujet à être « plus vertueux ».

Cette ligne est en position correcte et complémentaire à yin 2 ▬▬. L'essence yang de l'objet est favorable.

Yang 6
N'aidez pas
Mais battez.
Ne pas être constamment vertueux
Est défavorable.

L'attitude de l'objet est yang, ce qui signifie qu'il peut être grossier et autoritaire dans une situation défavorable. Lorsque le sujet n'est ni sincère ni poli, l'objet ne lui apporte aucune aide, mais bat le sujet. Si le sujet veut faire avancer la relation et en tirer profit, il doit être sincère et poli, vertueux et avec persévérance. Sinon, la situation est défavorable au sujet.

Cette ligne est en position correcte et complémentaire à yin 3 ▬▬. L'attitude yang de l'objet est favorable.

[5] Hexagramme 4:4, le choc (Zhou Yi, hexagramme 51)

Le choc implique que quelque chose se produit soudainement dans la relation, comme un coup de tonnerre. Le trigramme du sujet et celui du tonnerre représentent tous deux le trigramme 4 ☳. Le sujet veut obtenir un résultat, et l'objet veut faire autre chose. Ils ne se synchronisent pas les uns avec les autres, et parfois s'affrontent, comme des têtes de tonnerre qui s'assemblent. Cependant, ni le sujet ni l'objet n'a un grand pouvoir. Les problèmes ne sont pas fatals.

1—Texte général

Les choses se déroulent très bien.
Même s'il y a d'horribles coups de tonnerre,
Le bruyant bavardage et le rire demeurent.
Le tonnerre effraie les gens sur des centaines de kilomètres.
Personne ne perd une cuillère ou une tasse.

Le sujet et l'objet sont faibles et polis. Ils s'entendent bien. « Tout se passe bien. » Ils sont très actifs. Parfois, alors que le sujet veut faire quelque chose, l'objet travaille sur autre chose. Sans coordination, ils s'affrontent les uns avec les autres, mais ils n'ont pas vraiment l'intention de se faire du mal, « Même si les horribles coups de tonnerre, le bavardage bruyant et le rire demeurent. Le sujet, tout comme l'objet, a peu de force et est humble. Le tonnerre effraie les gens sur une centaine de kilomètres ; pourtant personne ne perd une cuillère ou une tasse.

2—Structure

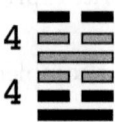

Figure 14.5 : structure de l'hexagramme 4:4

Dans cet hexagramme, trois lignes, yang 1 ▬, yin 2 ▬▬, et yin 6 ▬▬, sont dans des positions correctes, et les trois autres sont dans des positions incorrectes. Aucune ligne n'est complémentaire. L'hexagramme 4:4 est neutre ou moins favorable.

3—Texte des lignes

Yang 1

Après un horrible tonnerre,
Le bavardage bruyant et le rire reprennent.
Cette situation est favorable.

Le sujet prend une action yang pour améliorer la relation. L'objet ne l'anticipe pas. Ils s'affrontent comme un « horrible tonnerre ». Alors chacun réalise la bonne volonté de l'autre et ils communiquent poliment avec « les bavardages bruyants et les rires qui reprennent ». « Cette situation est favorable » pour le sujet.

Cette ligne est en position correcte, mais est en conflit avec yang 4 ▬. L'action yang du sujet est neutre.

Yin 2

Le tonnerre vient férocement,
Soucieux à l'idée de perdre beaucoup d'argent,
Il grimpe les neuf collines.
Ne cherchez pas l'argent perdu.
Il sera récupéré dans sept jours.

L'essence du sujet est faible. Lorsque le sujet se heurte avec l'objet, il a peu de force pour éviter les dommages. « Inquiet de perdre beaucoup d'argent, on grimpe les neuf collines », à la recherche d'un endroit plus sûr. Le sujet et l'objet sont faibles, humbles et respectueux. Personne ne veut rester dans une situation désagréable. Le choc est transitoire, et la perte est temporaire, « L'argent sera récupéré dans sept jours. »

Cette ligne est en position correcte, mais est en conflit avec yin 5 ▬▬. L'essence yin du sujet est neutre.

Yin 3

Le tonnerre fait peur.
Marcher en dessous de lui est inoffensif.

Avec une attitude yin, le sujet est humble et effrayé par le tonnerre. Il cède à l'objet pour éviter d'endommager la relation. De cette façon, les problèmes ne peuvent pas être résolus. Le sujet devrait changer d'attitude pour être honnête et sincère. Lorsqu'ils s'affrontent, celui-ci doit procéder calmement avec l'objet pour trouver le bon chemin, « Marcher sous le tonnerre est inoffensif ».

Cette ligne est dans une position incorrecte et en conflit avec yin 6 ▬▬. L'attitude yin du sujet est défavorable.

Yang 4

Le tonnerre provoque une coulée de boue.

Avec une action yang correspondant à celle du sujet, l'objet entre en conflit avec le sujet, comme un coup de tonnerre. Il a peu de force, donc le choc endommage un peu la relation, mais pas sévèrement. « Le tonnerre provoque un glissement de boue, mais ne provoque pas l'effondrement de la maison. »

Cette ligne est dans une position incorrecte et en conflit avec yang 1 ▬. L'action yang de l'objet est défavorable.

Yin 5

Le tonnerre fait sans cesse du bruit.
Le peuple ne perd rien,
Mais a des ennuis.

L'essence de l'objet est en mauvais état. Il veut tirer profit du sujet, mais c'est impossible. Ils se disputent et se battent fréquemment, « Le tonnerre fait constamment du bruit ». Ils ont peu de force. Leur conflit ne nuit pas gravement à la relation, mais les rend malheureux, « Le peuple ne perd rien, mais a des problèmes ».

Cette ligne est dans une position incorrecte et en conflit avec yin 2 ▬▬. L'essence yin de l'objet est défavorable.

Yin 6

Craignant le tonnerre,
Les gens regardent autour d'eux.
Il n'est pas avantageux de prendre des risques.
Le tonnerre ne nous frappe pas,
Mais frappe d'autres.
Il n'y a aucun blâme.
Un différend survient dans la relation conjugale.

L'attitude de l'objet est humble et polie. Lorsque le sujet se heurte à lui/elle, il ou elle s'inquiète de leur relation, « craignant le tonnerre, les gens regardent autour d'eux ». Le sujet doit être prudent pour éviter que la situation ne se détériore, « Il n'est pas avantageux de prendre des risques ». Dans une relation quotidienne, comme celle entre un commerçant et un client, « le tonnerre ne nous frappe pas, mais frappe les autres » et le sujet ne doit pas être blâmé. Cependant, dans une relation étroite, comme une relation conjugale, le sujet devrait aussi faire preuve de retenue, de sorte que personne ne soit blessé par le conflit. Sinon, « un différend survient dans la relation conjugale ».

Cette ligne est en position correcte, mais est en conflit avec yin 3 ▬▬. L'attitude yin de l'objet est neutre.

6 Hexagramme 4:5, la morsure (Zhou Yi, hexagramme 21)

La morsure est l'expression d'une douleur potentielle. On souffre lorsqu'on est mordu par quelque chose. Si l'on meurt de faim et que l'on mord quelque chose de dur ou d'empoisonné, on souffre aussi.

Le trigramme 4 ☳, le tonnerre (mouvement), est le sujet et le trigramme 5 ☲, le feu (luminosité et accrochage), est l'objet. Le sujet a moins de pouvoir, mais il est très actif. En se déplaçant vers l'objet, il souffre, étant brulé par le « feu ». Il est dans une situation difficile, comme celui qui subit la torture.

1—Texte général

Les choses avancent très bien.

Même en prison.

Le sujet et l'objet sont différents dans leurs attitudes. L'objet peut être dominateur. Le sujet est très actif et veut aller de l'avant, mais est limité par l'objet. Il a peu de force, est incapable de briser le blocage, et vit dans une situation difficile, comme un prisonnier en prison. D'autre part, le sujet est adaptatif. Même dans une telle situation difficile, il cède, « Les choses se passent très bien ».

2—Structure

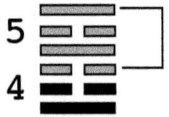

Figure 14.6 : structure de l'hexagramme 4:5

Deux lignes, yang 1 ▬ et yin 2 ▬▬, sont en position correcte ; les quatre autres lignes sont en position incorrecte. Les deux lignes du bas et celles du milieu sont en conflit l'une avec l'autre, et seules les deux lignes du haut sont complémentaires. L'hexagramme 4:5 est défavorable.

3—Texte des lignes

Yang 1

Lorsqu'on est retenu par des chaines,

Le mal se situe au niveau des orteils.

Il n'y a aucun de blâme.

Avec une action yang, le sujet veut aller de l'avant, mais l'objet peut avoir des idées différentes et vouloir aller ailleurs. Cette contrainte nuit un peu au sujet, blessant « les orteils ». Le sujet essaye de faire ce qui est le mieux pour la relation et ne devrait pas être blâmé.

Cette ligne est en position correcte, mais est en conflit avec yang 4 ▬. L'action yang du sujet est neutre.

Yin 2

On veut bien croire au morceau de viande tendre avec la peau.
Même le nez touche la viande.
Il n'y a aucun blâme.

Une essence yin place le sujet en position de faiblesse, comme une personne affamée, « On veut bien croire au morceau de viande tendre avec la peau, où même le nez touche la viande ». Le sujet lutte intensément pour survivre et ne devrait pas être blâmé.

Cette ligne est en position correcte, mais est en conflit avec yin 5 ▬▬. L'essence yin du sujet est neutre.

Yin 3

Lorsqu'on mord dans un morceau de viande salée
Et qu'on trouve que la viande est empoisonnée.
Il y a une légère détresse, mais pas de blâme.

Avec une attitude yin, le sujet est adaptatif et agréable. Afin de maintenir et d'améliorer la relation, le sujet cède à une situation désagréable, « On mord dans un morceau de viande salée, et on trouve que la viande est empoisonnée ». « Il y a une légère détresse », mais le sujet ne devrait pas être blâmé pour avoir accepté la situation toxique.

Cette ligne est dans une position incorrecte, mais complémentaire à yang 6 ▬. L'attitude yin du sujet est neutre.

Yang 4

On mord dans un morceau de viande sèche avec un os
Et on y trouve une pointe de flèche en métal dans la viande.
Il est bénéfique de lutter avec acharnement.
Rester sur le cap actuel est favorable.

Avec une action yang, l'objet donne du fil à retordre au sujet. La viande d'un animal capturé lors de la chasse est de très mauvaise qualité, avec une « pointe de flèche en métal » qui reste. Le sujet cède à la situation difficile, continuant à lutter avec acharnement. Il est possible que la situation puisse enfin s'améliorer, « rester sur le cap actuel est favorable ».

Cette ligne est dans une position incorrecte et en conflit avec yang 1 ▬. L'action yang de l'objet est défavorable.

Yin 5

On mord dans un morceau de viande sèche
Et on trouve un minuscule morceau d'or.
Rester sur ce parcours est dangereux,
Mais irréprochable.

L'essence de l'objet est le yin ; ce qu'il a à offrir est de mauvaise qualité, « On mord dans un morceau de viande sèche et on trouve un minuscule morceau d'or ». Avaler de l'or pourrait causer la mort, « Rester sur ce parcours est dangereux. » Mais encore une fois, le sujet est déclaré irréprochable dans la situation.

Cette ligne est dans une position incorrecte et en conflit avec yin 2 ▬▬. L'essence yin de l'objet est défavorable.

Yang 6

L'on porte un joug en bois.
Il mal aux oreilles.
Cette situation défavorable.

L'attitude yang de l'objet est arrogante et intimidante, mettant une grande pression sur le sujet, comme un joug qui fait mal aux oreilles. La situation est défavorable pour ce dernier. Mais l'attitude humble et adaptative du sujet complète l'intimidation, donc si le sujet cède à la situation actuelle et est patient, en attendant un changement favorable, cela pourrait éventuellement se produire dans le futur.

Cette ligne est dans une position incorrecte, mais complémentaire au à yin 3 ▬▬. L'attitude yang de l'objet est neutre.

7 Hexagramme 4:6, suivre (Zhou Yi, hexagramme 17)

Suivre se réfère aux changements suivants dans le monde extérieur, ou suivre d'autres personnes. Le trigramme 4 ☳, le tonnerre (mouvement) est le sujet et le trigramme 6 ☱, le lac (plaisir) est l'objet. Le sujet a moins de pouvoir, mais il est très actif. Le sujet suit l'objet et partage son plaisir.

1—Texte général

Les choses se déroulent très bien.
Il est bénéfique de maintenir le cap actuel.
Il n'y a aucune accusation.

Le sujet et l'objet sont de forces opposées ; le sujet est faible et l'objet fort. Le sujet suit l'objet. En suivant l'objet, il bénéficie, « Il est profitable de rester sur le cap actuel ». Lorsque le sujet suit l'objet et fait de son mieux, « il n'y a pas de faute ».

2—Structure

Figure 14.7 : structure de l'hexagramme 4:6

Quatre lignes, yang 1 ▬, yin 2 ▬▬, yang 5 ▬, et yin 6 ▬▬, sont en position correcte et les deux autres lignes sont en position incorrecte. Les deux lignes du bas et celles du haut sont en conflit l'une avec l'autre ; les deux lignes du milieu sont complémentaires. L'hexagramme 4:6 est légèrement favorable.

3—Texte des lignes

Yang 1

Suivez les changements dans le monde extérieur.

En restant sur cette voie, cela est favorable.
Sortir et interagir avec les autres
Ouvre la voie du succès.

Avec une action yang, le sujet veut aller de l'avant, mais il est en position de faiblesse et a besoin d'aide. L'objet est en position de force et veut aller de l'avant. Le sujet doit suivre l'objet, et non pas essayer de diriger. « Rester sur cette voie est favorable » pour le sujet. Il apprend et profite de l'objet à travers cette action, « Sortir et interagir avec les autres ouvre la voie du succès ».

Cette ligne est en position correcte, mais est en conflit avec yang 4 ▬. L'action yang du sujet est neutre.

Yin 2

Garder des liens avec une personne insignifiante
Cause la perte d'une personne formidable.

L'essence du sujet est le yin, il a donc peu de force et a besoin d'aide. L'objet, une « personne formidable », a une grande force et est capable d'aider le sujet. Le sujet doit garder des liens avec lui, pas avec d'autres personnes. Si le sujet n'est pas clairement conscient de la situation et garde des liens avec d'autres personnes qui ne peuvent pas l'aider, il perdra ce lien avec l'objet, « Garder des liens avec une personne insignifiante entraine la perte d'une personne formidable ».

Cette ligne est en position correcte et complémentaire à yang 5 ▬. L'essence yin du sujet est favorable.

Yin 3

Garder des liens avec une personne géniale.
Provoque la perte d'une personne insignifiante.
Suivre une grande personne,
Permet de réussir dans ses activités.
Il est bénéfique de continuer sur cette voie.

Avec une attitude yin, le sujet est humble et agréable, désireux d'être proche des autres. Il est possible que cette attitude de céder puisse amener le sujet à suivre une personne inapte et à s'égarer. En établissant des liens avec d'autres personnes, le sujet doit choisir une personne appropriée. L'objet est une « grande personne », en position de force et capable d'aider. « À la poursuite d'une grande personne, on réussit dans ses activités ».

Cette ligne est dans une position incorrecte et en conflit avec yin 6 ▬▬. L'attitude yin du sujet est défavorable.

Yang 4

Suivre une grande personne est synonyme de réussite.
Rester sur cette voie est défavorable.
L'on est sincère,
Et suit clairement le bon chemin.
Pourquoi faut-il alors blâmer quelqu'un ?

L'action yang de l'objet dirige le sujet, et ce dernier en profite. Le sujet ne doit suivre l'objet que dans la mesure où c'est convenable pour son intérêt, et non pas indéfiniment, « rester sur ce parcours est défavorable ». Tout en collaborant sincèrement avec l'objet pour un intérêt commun, le sujet reste indépendant et libre, « suivant clairement le bon chemin «. Le sujet ne doit pas être blâmé.

Cette ligne est dans une position incorrecte et en conflit avec yang 1 ▬. L'action yang de l'objet est défavorable.

Yang 5

Lorsqu'on est sincère, on est récompensé.

Cette situation est favorable.

L'essence de l'objet est forte et capable d'aider le sujet. Le sujet suit sincèrement l'objet et est récompensé. « Cette situation est favorable » pour le sujet.

Cette ligne est en position correcte et complémentaire à yin 2 ▬▬. L'essence yang de l'objet est favorable.

Yin 6

Lorsqu'on est étroitement lié à une grande personne,

Et qu'on maintient ce lien.

Un roi fait une offrande sur le mont West.

L'attitude yin de l'objet est souple et douce. L'objet est heureux d'avoir le sujet qui le suit et offre de l'aide. Le sujet devrait continuer à suivre l'objet, « On est étroitement lié à une grande personne, et on veut maintenir ce lien ». Mais l'objet est si flexible qu'il y a une ambiguïté. On ne sait pas jusqu'où le sujet pourrait suivre l'objet et de ce que l'objet serait prêt à faire pour le sujet. Le sujet doit rester très sincère, comme un « roi », priant ses ancêtres pour une bénédiction. L'»offrande sur le mont West » fait référence à une ancienne histoire du roi Wen priant ses ancêtres sur le mont West dans le pays de Zhou.

Cette ligne est en position correcte, mais est en conflit avec yin 3 ▬▬. L'attitude yin de l'objet est neutre.

8 Hexagramme 4:7, l'innocence (Zhou Yi, hexagramme 25)

L'innocence est composé de deux caractères chinois. L'un signifie « ne pas avoir », l'autre signifie « regarder ». La combinaison de ces deux caractères chinois signifie « innocence », « ne s'attend pas », « ne poursuit pas ». « L'innocence » est le plus proche du sens original. Le texte des lignes de cet hexagramme parle de « calamité inattendue » et de « maladie inattendue », résultant de l'innocence. Le sujet innocent de la relation peut rencontrer des circonstances inattendues.

Le trigramme 4 ☳, le tonnerre (mouvement) est le sujet ; et l'objet, le trigramme 7 ☰, le puissant est le ciel (force). Le tonnerre peut choquer, mais n'a pas de pouvoir réel et n'endommage pas les autres, alors que le ciel a un grand pouvoir. L'intention du sujet est innocente et ne nuit pas à l'objet. Mais il peut y avoir du mal.

1—Texte général

Les choses se déroulent très bien.
Il est bénéfique de maintenir le cap actuel.
Une conduite incorrecte cause des ennuis.
Il n'est pas avantageux d'aller de l'avant.

Le sujet et l'objet sont très actifs. Le sujet est en position de faiblesse et a besoin d'aide que l'objet lui apporte. L'objet est arrogant et fait céder le sujet. Afin d'obtenir un avantage supplémentaire, le sujet pourrait attirer l'objet dans un acte répréhensible. En retour, l'objet pourrait abuser du pouvoir pour tirer profit du sujet, « Une conduite répréhensible cause des ennuis ». Le sujet doit traiter l'objet d'une manière appropriée, étant proche, mais sans aller trop loin, « Il n'est pas avantageux d'aller de l'avant ».

2—Structure

Figure 14.8 : structure de l'hexagramme 4:7

Dans cet hexagramme, trois lignes, yang 1 ▬, yin 2 ▬▬, et yang 5 ▬, sont en position correcte ; les trois autres lignes sont en position incorrecte. Les deux lignes du bas sont en conflit l'une avec l'autre, et celles du milieu et les deux lignes du haut sont complémentaires. L'hexagramme 4:7 est neutre.

3—Texte des lignes

Yang 1

Lorsqu'on est innocent.
Aller de l'avant est favorable.

L'action yang du sujet l'amène à s'approcher de l'objet et à demander de l'aide, sans avoir l'intention ou la capacité de blesser l'objet. Le sujet est innocent. L'objet est en position de force et peut aider le sujet. « Aller de l'avant est favorable » pour le sujet. Ce dernier doit suivre attentivement les instructions de l'objet.

Cette ligne est en position correcte, mais est en conflit avec yang 4 ▬. L'action yang du sujet est neutre.

Yin 2

Il n'est pas nécessaire de labourer pour la récolte
Ni cultiver pour les champs fertiles,
Mais tous les besoins sont satisfaits.
Cela est avantageux d'aller de l'avant.

Essentiellement, le sujet est en position de faiblesse. L'objet est très fort et capable d'aider le sujet. Le sujet « se voit accorder tous » ses besoins. Cependant, cela ne signifie pas qu'il peut devenir paresseux et ne rien faire. Cela signifie seulement qu'avec l'aide de l'objet, il peut procéder sans se soucier de sa faiblesse, « Il est avantageux d'aller de l'avant ». Le sujet devrait profiter de cette occasion pour améliorer son essence.

Cette ligne est en position correcte et complémentaire à yang 5 ▬. L'essence yin du sujet est favorable.

Yin 3

Il y a une calamité inattendue
Comme perdre une vache attachée,
Pour le passant qui a pris la vache,
Il y a un bénéfice,
Mais pour les habitants de la ville,
Cela est une calamité.

Avec une attitude yin, le sujet est agréable et respectueux. Cette attitude aide le sujet à s'approcher et à obtenir de l'aide de l'objet. Mais en essayant de plaire à l'objet, il ou elle pourrait accepter de faire quelque chose qui n'est pas bien. Cette erreur pourrait causer des ennuis, comme « une calamité inattendue, comme la perte d'une vache attachée ». L'objet s'implique dans l'erreur et y reste coincé, comme « une vache attachée ». L'erreur pourrait être utilisée par des rivaux, des concurrents, ou quelqu'un qui est jaloux ou qui en veut aux gens dans la relation, « Pour le passant qui a pris la vache, c'est un bénéfice ». Mais pour le sujet, « les habitants de la ville », « c'est une calamité ».

Cette ligne est dans une position incorrecte, mais complémentaire à yang 6 ▬. L'attitude yin du sujet est neutre.

Yang 4

L'on peut rester sur ce parcours.
Il n'y a aucun blâme.

Avec une action yang, l'objet s'approche et soutient délibérément le sujet. Dans une position de faiblesse, le sujet « peut rester sur cette voie », recevoir de l'aide, et ne doit pas être blâmé. Il est possible qu'en approchant le sujet, l'objet puisse être trop agressif et abuser de son pouvoir, causant des problèmes dans la relation.

Cette ligne est dans une position incorrecte et est en conflit avec yang 1 ▬. L'action yang de l'objet est défavorable.

Yang 5

Lorsqu'on a une maladie inattendue,
Sans être traité avec des médicaments,
Le résultat est le bonheur.

Avec une essence yang, l'objet est mature et expérimenté. Le sujet est immature, a moins d'expérience et n'est pas en mesure de prévoir les problèmes dans sa carrière, ses affaires ou ses relations. Lorsque des problèmes surviennent au sujet, « il y a une maladie inattendue ». L'objet aide le sujet et résout rapidement les problèmes, « sans avoir recours aux médicaments, d'où le bonheur ».

Cette ligne est en position correcte et complémentaire à yin 2 ▬▬. L'essence yang de l'objet est favorable.

Yang 6

Lorsqu'on est innocent.
Aller de l'avant peut causer des problèmes,
Et n'est pas bénéfique.

L'attitude yang de l'objet peut le rendre manipulateur et lui causer des ennuis. Le sujet innocent veut s'approcher de l'objet pour obtenir de l'aide, mais il doit rester prudent lorsqu'il traite l'objet correctement. Si le sujet est trop enthousiaste, il ou elle pourrait être manipulé par l'objet, « Aller de l'avant peut apporter des ennuis, et n'est pas bénéfique ».

Cette ligne est dans une position incorrecte, mais complémentaire à yin 3 ▬ ▬. L'attitude yang de l'objet est neutre.

CHAPITRE 15
Lorsque le feu ⚌ est le sujet

Ce chapitre présente huit hexagrammes, de 5:0 à 5:7, issus du I Ching. Leur trigramme sujet est le trigramme 5 : le feu. Le feu est typiquement associé à l'éclat et la ténacité. Ses attributs positifs sont l'intelligence, le talent et une tendance à briller, à réussir ; ses attributs négatifs sont généralement la rage, la témérité et la rudesse.

1 Hexagramme 5:0, la douleur (Zhou Yi, hexagramme 36)

La douleur fait référence à la blessure émotionnelle ou physique. Le trigramme 5 ⚌, le feu (éclat et ténacité), est le sujet ; le trigramme 0 ⚏, la terre (la flexibilité), est l'objet. Cet hexagramme constitue une métaphore d'un grand feu éclairant un vaste champ qui se consume rapidement, n'étant alimenté par aucune matière inflammable. L'hexagramme douleur décrit les sentiments du sujet dans la situation actuelle.

1—Texte général

Il faut lutter avec acharnement
Et ne pas s'éloigner de sa trajectoire.

Le sujet s'acharne à faire avancer la relation grâce à une action et une attitude optimiste. C'est ce que montrent yang 1 ▬ et yang 3 ▬. L'objet suit le sujet et s'accorde avec lui, comme le montrent yin 4 ▬▬ et yin 6 ▬▬. Le sujet a besoin d'aide, comme le montre yin 2 ▬▬, ce qui indique qu'il ou elle n'a que très peu de force essentielle. Le sujet est déçu puisque l'objet ne peut pas lui apporter d'aide ; le yin 5 montre bien qu'il a peu de force. Le feu se consume si autre chose ne le nourrit pas, opération difficile à accomplir pour le sujet. Cependant, si le sujet continue sa « lutte acharnée » sans « s'éloigner de sa trajectoire, » des bénéfices seront tirés de la situation.

2—Structure

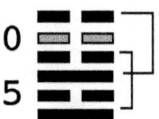

Figure 15.1 : structure de l'hexagramme 5:0

Cet hexagramme est fait de cinq lignes, placées dans la bonne position (en noir sur l'illustration). Yin 5 ▬▬ est la seule ligne qui se trouve au mauvais endroit. Les deux dernières lignes et les deux premières se complètent respectivement. Les deux lignes du milieu s'opposent. L'hexagramme 5:0 est neutre.

3—Texte des lignes

Yang 1
Un faisan perd ses ailes dans les airs.

Untel ne se nourrit pas durant les trois jours d'un périple.
Malgré la critique d'un supérieur,
On reprend sa route.

Yang 1 ▬ indique que le sujet avance, tel un faisan qui vole, telle une personne qui voyage. Mais le sujet a peu de force et a besoin d'aide ; l'objet, lui également, a peu de force et ne peut apporter d'aide. Le sujet se fatigue de plus en plus, tel « un faisan qui perd ses ailes dans les airs » ou bien une personne qui « ne se nourrit pas durant les trois jours d'un périple. » Les autres, symbolisés par « un supérieur », critiquent le sujet pour ses efforts vains. Le sujet continue malgré tout sa route. Si le sujet ne cesse d'avancer, la situation peut s'améliorer.

Cette ligne est dans la bonne position et est complémentaire à yin 4 ▬▬. L'action du yang du sujet est favorable.

Yin 2

Si la blessure à la cuisse droite est grave,
Un cheval robuste apportera un soutien.
Cela est prometteur.

Yin 2 ▬▬ indique que l'essence du sujet est blessée émotionnellement. L'aigreur de cette douleur est semblable à une « blessure grave à la cuisse droite. » Heureusement, deux facteurs positifs alimentent le progrès du sujet. Premièrement, le sujet veut aller de l'avant et l'objet le suit. Deuxièmement, le sujet est optimiste au regard du potentiel de cette relation, ce à quoi l'objet donne son assentiment. Ces vérités sont comme un cheval qui apporte son soutien, permettant au sujet de continuer. Aller de l'avant est prometteur pour le sujet.

C'est ligne est dans la bonne position, mais opposée à yin 5 ▬▬. L'essence du yin du sujet est neutre.

Yang 3

En chassant dans le sud,
On a capturé un gros gibier,
Mais été blessé.
Reste sur cette voie sans te précipiter.

Yang 3 ▬ indique que le sujet à une attitude optimiste à l'égard de l'éventualité d'une relation. Le sujet s'attend probablement à une victoire dans l'amélioration de la relation, et à faire coopérer l'objet, de la même façon qu'un chasseur capture « un gros gibier. »

Cependant, le sujet a peu de force et ne peut se faire aider de l'objet. Des problèmes peuvent en découler. Le sujet ou l'objet se trouvera alors malheureux ou « blessé ». L'attitude optimiste du sujet est avantageuse, mais le désavantage que représente la faiblesse est toujours présent. Le sujet ne doit pas agir trop rapidement, mais attendre patiemment – le temps de se remettre de sa blessure – afin que l'objet puisse le rattraper.

Cette ligne se trouve dans la bonne position et est complémentaire à yin 6 ▬▬. L'attitude du yang du sujet est favorable.

Yin 4

Comme si une flèche avait pénétré son intestin,
L'un souffre énormément et a le cœur brisé,
Il quitte la maison.

Yin 4 ▬▬ indique que l'objet ne souhaite pas aller de l'avant dans la relation, le sujet et l'objet lui-même ont peu de force et il y a peu de perspective de réussite. Le sujet, se sentant « comme si une flèche avait pénétré son intestin », « souffre énormément et a le cœur brisé. » Le sujet veut même abandonner en quittant la maison. Cependant, s'il y a assez d'optimisme (l'éclat du feu) pour convaincre l'objet qu'il y a de l'espoir dans la relation et que ce dernier suit alors que le sujet bat en retraite, la situation deviendra prometteuse.

Cette ligne est dans la bonne position et est complémentaire à yang 1 ▬. L'action du yin de l'objet est favorable.

Yin 5

On peut souffrir autant que Qizi.
Mais il faut rester sur sa voie.

Qizi était un frère de l'empereur Shangzou de la dernière dynastie des Shang. L'empereur Shangzhou a refusé son conseil et l'a emprisonné. Qizi fit semblant d'être fou pour éviter la persécution et la mort. Il souffrait énormément, tant émotionnellement que physiquement, mais continua d'aimer son pays et sa famille.

Yin 5 ▬▬ indique que l'essence de l'objet a peu de force et qu'il ne peut apporter l'aide dont le sujet a besoin. Le sujet souffre beaucoup, mais veut encore améliorer la relation. La situation pourrait s'améliorer, « il faut rester sur sa voie. »

Cette ligne est dans la mauvaise position et est opposée à yin 2 ▬▬. L'essence du yin de l'objet est défavorable.

Yin 6

La situation n'est ni claire ni sombre,
D'abord, on se sent ravi
Comme si on montait au paradis,
Puis on se sent découragé
Comme si l'on nous pressait contre le sol.

Yin 6 ▬▬ indique que l'objet vacille tant que, aux yeux du sujet, « la situation n'est ni claire ni sombre. » D'abord, le sujet se sent « ravi comme si on montait au paradis, » puis « découragé comme si l'on nous pressait contre le sol. » Si l'objet a espoir en l'amélioration de la relation et qu'il devient respectueux et flexible en coopérant avec le sujet, la situation deviendra favorable.

Cette ligne est dans la bonne position et complémentaire à yang 3 ▬. L'attitude du yin de l'objet est favorable.

2 Hexagramme 5:1, la parure (Zhou Yi, hexagramme 22)

La parure fait référence à l'illusion qui se trouve au cœur de la relation. Trigramme 5 ☲, le feu (éclat et ténacité) est le sujet ; trigramme 1 ☶, la montagne (qui s'arrête) est l'objet. Le sujet veut exhiber son éclat et l'objet veut montrer sa grandeur. Les deux fanfaronnent, ils se parent, mais aucun d'entre eux n'a réellement de pouvoir. La dynamique de la relation se trouve dans le rapprochement du sujet fougueux vers l'objet, tandis que ce dernier se tient immobile telle la montagne. Pour le sujet, la situation est unilatérale, elle est une illusion.

1—Texte général

Les choses se déroulent paisiblement.
Il est bon de faire des choses qui ne sont pas essentielles.

Le sujet veut faire avancer la relation et l'objet ne partage pas ce désir, même s'il ne s'y oppose pas, « les choses se déroulent paisiblement. » Le sujet a peu de force et ne peut pas obtenir de soutien de l'objet. Le sujet est arrogant ; l'objet est opiniâtre. Si le sujet veut en faire trop, cela irritera l'objet et la situation s'envenimera. Le sujet doit, de ce fait, consacrer ses énergies en ébullition à des affaires moins conséquentes, « Il est bon de faire des choses qui ne sont pas essentielles. »

2—Structure

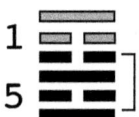

Figure 15.2 : structure de l'hexagramme 5:1

Dans cet hexagramme, quatre lignes, yang 1 ▬, yin 2 ▬▬, yang 3 ▬, et yin 4 ▬▬ se trouvent dans la bonne position. Les deux autres lignes, yin 5 ▬▬ et yang 6, ▬ se trouvent dans la mauvaise position. Les deux dernières lignes sont complémentaires. Les deux lignes du centre et les deux premières lignes s'opposent les unes aux autres. L'hexagramme 5:1 est neutre.

3—Texte des lignes

Yang 1

Ornant ses doigts de pied,
Il abandonne son cheval pour marcher.

Yang 1 ▬ indique que l'action d'approche du sujet vers l'objet est d'arriver en force, tel le cavalier sur son cheval. Puis, pour montrer son respect, le sujet « orne ses doigts de pied » et « abandonne son cheval pour marcher ». Cela peut paraître idiot, mais cette approche plus légère est une démonstration de sincérité.

Cette ligne se trouve dans la bonne position et est complémentaire à yin 4 ▬▬. L'action yang du sujet est favorable.

Yin 2

L'un orne sa barbe.

Yin 2 ▬▬ indique que le sujet est dans une position de faiblesse et a besoin d'aide. Pour montrer de bonnes manières, le sujet soigne son apparence en « ornant sa barbe ». Cette décoration n'est pas significative, mais montre que le sujet essaye de faire de son mieux.

Cette ligne est dans la bonne position, mais s'oppose à yin 5 ▬▬. L'essence yin du sujet est neutre.

Yang 3

Tout est décoré, tout brille.
Il est favorable de toujours rester sur sa voie.

Yang 3 ▬▬ indique que le sujet est arrogant par les efforts qu'il emploie pour garder sa dignité et améliorer son apparence : « Tout est décoré, tout brille. » La vérité est que le sujet a peu de force essentielle et ne peut pas aller de l'avant. L'objet est opiniâtre. Peu importe à quel point le sujet se vante et se pomponne, l'objet ne l'aidera pas. Le sujet devrait rester en place et ne pas essayer d'accélérer les choses, « il est favorable de toujours rester sur sa voie. »

La ligne est dans la bonne position, mais est en opposition à yang 6 ▬▬. L'attitude yang du sujet est neutre.

Yin 4

Arrivant sur un cheval blanc et rapide,
Tout de parures et immaculé,
Apparait le cavalier,
Non comme un bandit,
Mais comme un prétendant.

Yin 4 ▬▬ indique que l'objet n'a aucun intérêt à mettre en avant la relation. Le sujet doit montrer une sincérité impressionnante, « Arrivant sur un cheval blanc et rapide, tout de parure et immaculé », afin de gagner la confiance de l'objet en lui faisant croire en sa bonne volonté : « le cavalier apparait, non comme un bandit, mais comme un prétendant. » Si l'objet fait confiance au sujet, le premier suivra le second et la situation s'améliorera.

Cette ligne est dans la bonne position et est complémentaire à yang 1 ▬▬. L'action yin de l'objet est favorable.

Yin 5

Un jardin sur une colline est décoré.
On offre des rouleaux de soie en guise de présent.
Ce n'est pas bienvenu.
La fin est positive.

Yin 5 ▬▬ indique que l'essence de l'objet a peu de force et ne peut aider le sujet. Le cavalier arrive dans un magnifique « jardin sur une colline » et offre « des rouleaux de soie », mais n'en tire rien.

Le sujet ne se sent pas bienvenu : il est douloureux de donner sans recevoir. Mais si le sujet reste dans sa voie, en montrant sincérité, et en essayant de gagner la confiance de l'objet, la situation s'améliorera, « la fin est positive ».

Cette ligne se trouve dans la mauvaise position et en opposition avec yin 2 ▬ ▬. L'essence yin de l'objet n'est pas favorable.

Yang 6
Orné de blanc.
Ce n'est pas un péché.

Dans l'ancienne Chine, le blanc était la couleur de la tristesse. Lorsqu'une personne mourait, les membres de sa famille s'habillaient de blanc et ornaient la maison de cette même couleur.

Yang 6 ▬ indique que l'objet est opiniâtre, n'ayant aucune envie d'améliorer la relation. Malgré les tentatives du sujet d'approcher l'objet comme un « prétendant » en amenant des présents, l'objet ne change pas d'avis, exhibant sa tristesse par ses parures de blanc. Le sujet ne doit pas être perçu comme fautif.

Cette ligne se trouve dans la mauvaise position et est opposée à yang 3 ▬. L'attitude yang de l'objet n'est pas favorable.

[3] Hexagramme 5:2, la perfection (Zhou Yi, hexagramme 63)

La perfection décrit une situation dans laquelle la relation a atteint la perfection. Cela ne veut pas dire que le sujet et l'objet soient parfaits, ou que la situation sera pour toujours parfaite, mais qu'à cet instant, la situation est parfaitement propice à l'accomplissement des objectifs du sujet.

En chinois, le titre de cet hexagramme est formé des deux mots « déjà » et « traverser », en référence à un petit renard traversant une rivière asséchée à plusieurs reprises. Le petit renard était rusé et voulait traverser la rivière, mais il n'était pas un bon nageur. Une fois la rivière asséchée, la situation devint parfaite pour que le petit renard puisse traverser. Le petit renard réussit.

Le trigramme 5 ☲, le feu (éclat et ténacité), est le sujet ; le trigramme 2 ☵, l'eau (la difficulté et le danger), est l'objet. Alors que l'objet pose des problèmes, l'éclat du sujet les surpasse et tire des bénéfices de la situation favorable.

Cependant, au lieu de laisser croire que ce n'est qu'une question de chance ou de destin, le texte guide le sujet vers une compréhension objective de la situation, analysant les aspects négatifs et l'avertissant que cette situation, bien que parfaite, ne peut être éternelle.

1—Texte général

Les choses se déroulent avec un peu d'harmonie.
Il faut continuer de suivre sa voie.
Le début est favorable.
La suite devient désordonnée.

Le sujet est autoritaire ou est un tyran, il tire la relation vers le haut, mais n'a que très peu de pouvoir. L'objet, qui a plus de pouvoirs, ne veut pas avancer, mais suit le sujet et lui succombe avec réticence, « les choses se déroulent avec un peu d'harmonie. » Si le sujet continue de pousser, il pourrait tirer encore plus de bénéfices, « il faut continuer de suivre sa voie. »

Puisque les intérêts du sujet sont suscités par l'objet, une fois que ce dernier arrêtera de succomber, le premier perdra l'intérêt, tout comme le feu et l'eau créent la vapeur qui finit par s'évaporer. C'est une situation excitante qui ne peut durer indéfiniment, « Le début est favorable. La suite devient désordonnée. » Le sujet devrait décider de choisir cette opportunité et prendre conscience, au contraire, de celles qui ne le sont pas.

2—Structure

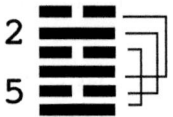

Figure 15.3 : structure de l'hexagramme 5:2

Dans cet hexagramme, les six lignes, désignées en noir, sont dans la bonne position. Toutes les paires de lignes se complètent les unes aux autres. Cet hexagramme est complètement favorable au sujet.

3—Texte des lignes

Yang 1

En traversant une rivière asséchée,
Un petit renard déplace les roues d'une charrette,
Mouillant ainsi sa queue.
Il n'est pas fautif.

Yang 1 ▬ indique que le sujet tire la relation vers le haut, comme le petit renard qui tire les roues de la charrette pour traverser une rivière asséchée. Puisque l'objet suit avec réticence, il rencontre parfois des imprévus, comme le petit renard qui mouille sa queue ; la rivière est certes asséchée, mais quelques flaques demeurent. Le sujet fait cependant de son mieux et ne doit pas être considéré comme fautif.

Cette ligne est dans la bonne position et est complémentaire à yin 4 ▬▬. L'action yang du sujet est favorable.

Yin 2

Après avoir perdu sa tenture,
Une femme ne la cherche pas,
Pourtant, elle la récupère au bout de sept jours.

Yin 2 ▬▬ indique que le sujet a besoin de quelque chose qui l'aidera à retrouver sa force telle des fonds, de l'éducation, de l'entrainement ou encore la santé, tout comme la femme qui a besoin d'une tenture qui a disparu. L'objet actif doit aider le sujet qui est, lui, passif. La femme ne « la cherche pas » et, « pourtant elle la récupère au bout de sept jours. »

Cette ligne est dans la bonne position et est complémentaire à yang 5 ▬. L'essence yin du sujet est favorable.

Yang 3
Gaozhong déclare la guerre à Guifang,
Et la conquiert en trois ans.
Ne vous servez pas de quelqu'un qui n'est pas qualifié.

Gaozhong était un roi du pays de Shang à peu près à mi-chemin entre le début et la fin de la dynastie des Shang qui dura environ de 1600 à 1100 av. J.-C.. Guifang était un pays frontalier à la Chine.

Avant que Gaozhong ne devienne le roi, le Shang était plongé dans une crise économique et politique sévère. Les mots « ne vous servez pas de quelqu'un qui n'est pas qualifié » font référence à une histoire sur Gaozhong qui était resté silencieux et n'avait pris aucune décision sur la question d'un premier conseiller trois années durant. Il trouva finalement la bonne personne pour remplir cette fonction stratégique et l'aider à sortir son pays de la crise.

Yang 3 ▬ indique que l'attitude du sujet est pleine de vantardise et d'arrogance tout en restant confiante et honnête. Le sujet devrait se présenter à l'objet comme une « personne qualifiée », inspirant la confiance en soi afin que ce dernier puisse croire en ce premier et le suivre.

Cette ligne est dans la bonne position et est complémentaire à yin 6 ▬ ▬. L'attitude yang du sujet est favorable.

Yin 4
Si l'on bouche les fuites du bateau avec des chiffons,
Il faut rester vigilant tout le jour.

Yin 4 ▬ ▬ indique que l'objet ne veut pas aller de l'avant, il est poussé par le sujet. Quand un problème fait irruption, le sujet les résout promptement, il « bouche les fuites du bateau avec des chiffons. » Le sujet doit se méfier de l'objet qui peut lui faire faux bon à tout moment et « rester vigilant tout le jour. »

Cette ligne est dans la bonne position et est complémentaire à yang 1 ▬. L'action yin de l'objet est favorable.

Yang 5
Le voisin à l'est,
Qui massacre une vache en sacrifice,
N'est pas si bienheureux
Que le voisin de l'ouest,
Qui offre un plus modeste sacrifice,
Il est simple.

Yang 5 ▬ indique que l'objet a une essence forte qui peut être une ressource pour le sujet. Puisque l'objet suit malgré lui le sujet, ce dernier doit, pour obtenir de l'aide du premier, être sincère et avoir le sens de l'engagement. L'objet peut ne pas s'intéresser à ce qu'a à montrer le sujet, mais se soucie de la façon qu'a ce dernier à montrer sa sincérité. « Le voisin de l'ouest » est bienheureux en offrant un sacrifice simple et non fastueux, car son voisin est sincère.

Cette ligne est dans la bonne position et est complémentaire à yin 2 ▬ ▬. L'essence yang de l'objet est favorable.

Yin 6

En traversant la rivière,
Le petit renard se mouille la face.
Cela est dangereux.

Yin 6 ▬ ▬ indique que l'objet a une attitude humble, agréable et respectueuse. Si le sujet traite le sujet avec confiance et honnêteté, l'objet aidera de plein gré le sujet. Autrement, le sujet peut s'attirer des problèmes tout comme le « petit renard qui se mouille la face ».

Cette ligne est dans la bonne position et complémentaire à yang 3 ▬▬▬. L'attitude yin de l'objet est favorable.

⟦4⟧ Hexagramme 5:3, la matriarche (Zhou Yi, hexagramme 37)

La matriarche indique que le sujet a beaucoup de tâches à accomplir, comme prendre soin des membres de sa famille.

Le trigramme 5 ☲, le feu (l'éclat et la ténacité), est le sujet ; le trigramme 3 ☴, le vent (flexibilité), est l'objet. Le caractère tenace du feu fait que le sujet est faible intérieurement et a besoin d'aide. Le caractère flexible du vent fait que l'objet peut faire ou non ce que le sujet souhaite. Le feu peut tirer des forces du vent, afin de flamber plus haut et plus fort, mais il peut tout aussi bien être éteint par le vent. Le sujet tient une position de chef et doit ainsi agir avec audace et sagesse. Le sujet se doit d'obtenir le soutien de suiveurs et ce n'est pas le plus simple.

1—Texte général

Il est bénéfique pour une femme,
De suivre sa voie.

Le sujet pousse l'objet à aller de l'avant. L'objet suit. Le sujet a besoin d'aide. L'objet l'aide. Cependant, bien que le sujet soit autoritaire, l'objet n'obéit pas. Afin de laisser l'objet le suivre et pour lui apporter du soutien, le sujet doit être doux, gracieux, respectueux et flexible, tout comme une femme peut l'être. « Il est bénéfique pour une femme" ne veut pas dire que la même situation n'est pas bénéfique pour un homme, mais plutôt que le sujet doit se montrer plus doux et gracieux que dur et solliciteur.

2—Structure

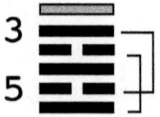

Figure 15.4 : structure de l'hexagramme 5:3

Dans cet hexagramme, les cinq lignes, yang 1 ▬, yin 2 ▬▬, yang 3 ▬, yin 4 ▬▬, et yang 5 ▬ se trouvent dans la bonne position. Yang 6 ▬ est la seule ligne qui se trouve dans une mauvaise position. Les deux dernières lignes et celles du milieu sont complémentaires ; les deux premières lignes s'opposent l'une à l'autre. La structure de cet hexagramme montre que la situation est neutre, ou peu favorable. Le texte souligne un important problème dans la relation, le sujet doit se montrer sincère et éviter l'arrogance, l'autorité ou la brutalité.

3—Texte des lignes

Yang 1

La maison est le lieu où,
L'on se repose après le travail.
Les regrets disparaissent.

Yang 1 ▬ indique que le sujet domine dans la relation, telle la matriarche qui réunit les membres de la famille dans un foyer joli et relaxant. Le sujet agit positivement, "Les regrets disparaissent."

Cette ligne se trouve dans la bonne position, et est complémentaire à yin 4 ▬▬. L'action yang du sujet est favorable.

Yin 2

En tant que chef de famille,
On ne sort pas,
Mais on reste au foyer pour préparer le repas de la famille.
Il est favorable de rester sur cette voie.

Yin 2 ▬▬ indique que le sujet ne sort pas et ne gagne pas d'argent, mais "reste au foyer pour préparer le repas de la famille." Ce travail d'entretien du foyer peut paraître trivial, mais il est essentiel pour unir la famille et permettre à ses membres de se concentrer sur leur travail. Le sujet doit se tenir à cette tâche, "Il est favorable de rester sur cette voie."

Cette ligne est dans la bonne position et est complémentaire à yang 5 ▬. L'essence yin du sujet est favorable.

Yang 3

La matriarche réprimande et se plaint.
Comprenant que le danger est favorable,
Les enfants la taquinent et rient.
Il y a friction à la fin.

Yang 3 ▬ indique que l'attitude du sujet est le principal problème dans la relation. « La matriarche réprimande et se plaint. » Le sujet doit réaliser que l'attitude de ce yang est dangereuse. L'exemple des enfants qui taquinent et rient suggère que le sujet puisse perdre le respect de l'objet. L'objet ayant aussi un peu de yang en lui, il pourrait répondre à l'autorité par la désobéissance, « Il y a friction à la fin. »

Cette ligne se trouve dans la bonne position, mais est en conflit avec yang 6 ▬. Le sujet doit rester confiant et honnête et laisser de côté l'arrogance, l'autorité et la brutalité.

Yin 4

Ils sont une riche famille.
La situation est très favorable.

Yin 4 ▬ ▬ décrit une situation dans laquelle le sujet pousse la relation vers l'avant et l'objet suit. Le sujet se sert de la force de l'objet afin de créer une unité stable, la "riche famille." "La situation est très favorable" au sujet.

Cette ligne se trouve dans la bonne position, et est complémentaire à yang 1 ▬. L'action yin de l'objet est favorable.

Yang 5

Un membre apparait comme un roi dans la famille.
N'ayez crainte.
La situation est favorable.

Yang 5 ▬ indique que l'objet possède une force essentielle, comme un bon travail, la santé, une éducation décente, de l'entrainement, ou une personnalité enviable. L'objet souhaite aider le sujet, comme un serviteur assiste un roi. Le sujet est soutenu et respecté tel "un roi dans la famille." Le sujet n'a rien à craindre de son manque de force qui peut se traduire par l'absence de travail, le manque de compétence ou la mauvaise santé. L'objet prend soin du sujet. « La situation est favorable » au sujet.

Cette ligne est dans la bonne position et est complémentaire à yin 2 ▬ ▬. L'essence yang de l'objet est favorable.

Yang 6

La matriarche est respectée
Pour sa sincérité.
La fin est favorable.

Yang 6 ▬ indique que l'objet peut résister au sujet si le premier sent que ce dernier est trop insistant ou exigeant. Le sujet doit être sincère, confiant et honnête afin de montrer que ce sur quoi il insiste est bon pour l'objet. Le sujet peut inspirer l'obéissance en restant patient et droit, « La matriarche est respectée pour sa sincérité. » Lorsque le sujet est autoritaire, l'objet est désobéissant. Alors, comment résoudre ce conflit ? Le texte souligne que la clé n'est ni d'abandonner, ni de faire des concessions, mais de rester sincère, « la fin est favorable. »

Cette ligne se trouve dans la bonne position et est en conflit avec yang 3 ▬. L'attitude yang de l'objet est défavorable.

[5] Hexagramme 5:4, la globalité (Zhou Yi, hexagramme 55)

La globalité fait plus sens en langue chinoise, l'adjectif « feng » signifiant « abondant » ou « copieux ». La majeure partie du texte décrite une éclipse solaire totale. Cet évènement est celui d'une compétition dynamique entre les deux parties qui font la relation. Par exemple, qu'arrive-t-il au soleil lorsqu'il est totalement obscurci par la lune ?

Le trigramme 5 ☲, le feu (l'éclat et la ténacité), est le sujet ; le trigramme 4 ☳, la foudre (le mouvement) est l'objet. Ces deux éléments sont en mouvement, l'un est éclatant comme le soleil, l'autre est en comparaison très pâle, comme la lune. Le sujet et l'objet bougent indépendamment l'un de l'autre dans leur propre orbite, à leur propre allure. Une fois qu'il se trouve tous deux dans le même alignement que la terre, que se passe-t-il ?

1—Texte général

Les choses se déroulent paisiblement.
Le roi approche.
Ne vous inquiétez pas.
C'est bien au centre du ciel que doit se trouver le soleil.

Le sujet et l'objet progressent l'un vers l'autre, mais se déplacent sur des orbites différentes, tout comme le soleil et la lune. Aucune collision n'est possible, « Les choses se déroulent paisiblement. »

Lorsque le sujet se sent menacé par l'approche de l'objet, le sujet s'inquiète (à l'époque, les gens qui assistaient à une éclipse s'inquiétaient de la survie du soleil). « Le roi approche » tel un leadeur ou un prêtre sommé par son peuple de prier pour le soleil. Le texte est rassurant, « Ne vous inquiétez pas. C'est bien au centre du ciel que doit se trouver le soleil » indique que la compétition avec l'objet ne blessera pas le sujet.

2—Structure

Figure 15.5 : structure de l'hexagramme 5:4

Dans cet hexagramme, les quatre lignes, yang 1 ▬, yin 2 ▬▬, yang 3 ▬, et yin 6 ▬▬ sont dans une position incorrecte. Les deux dernières lignes et les deux lignes du centre s'opposent les unes aux autres. Les deux premières lignes sont complémentaires. La structure de cet hexagramme indique que la situation est neutre.

3—Texte des lignes

Yang 1

Après dix jours de préparation.
Voyez le soleil approcher la lune.
Aller vers l'avant n'est pas un péché, mais un acte respectable.

Yang 1 ▬ indique que le sujet suit activement le chemin du développent. Le sujet se retrouve, de façon prévisible, en compétition comme le montre bien le yang 4 ▬, « Après dix jours de préparation, voyez le soleil approcher la lune. » Le sujet est patient et attend le bon moment. Le sujet doit continuer à aller de l'avant, « Aller vers l'avant n'est pas un péché, mais un acte respectable. »

Cette ligne se trouve dans la bonne position, mais est en conflit avec yang 4 ▬. L'action yang du sujet est neutre.

Yin 2

Dans le vaste ciel,
On voit à minuit l'étoile du Nord
Aller de l'avant résultera en une atmosphère de suspicion.
La sincérité crée une situation favorable.

Yin 2 ▬▬ indique que, lorsque qu'une compétition est imminente, le sujet a peu de force. Cela peut être dû à un manque d'argent, d'expérience, ou toute autre source d'insécurité qui rend difficile au sujet de s'aventurer avec audace vers le futur, « Aller de l'avant résultera en une atmosphère de suspicion. » Lorsque la confiance en lui-même n'est ni possible ni réalisable, le sujet doit se montrer sincère, se confronter honnêtement avec l'objet et les autres, « La sincérité crée une situation favorable. »

La ligne se trouve dans une bonne position, mais est en conflit avec yin 5 ▬▬. L'essence yin du sujet est neutre.

Yang 3

Dans le ciel fastueux,
On voit les petites étoiles à midi.
Le croissant droit du soleil disparait.
Il n'y a rien de mal.

Yang 3 ▬ indique que le sujet à une attitude qui inspire la confiance et est honnête, même lorsqu'il est touché par la compétition, « Le croissant droit du soleil disparait. » Puisque le sujet maintient une attitude correcte, « Il n'y a pas de mal. »

Cette ligne est en bonne position et complémentaire à yin 6 ▬▬. L'attitude yang du sujet est favorable.

Yang 4

Dans le vaste ciel,
On voit à minuit l'étoile du Nord
La lune est devant le soleil.
La situation est favorable.

Yang 4 ▬ indique que l'objet est très agressif, réclamant la position du sujet, « La lune est devant le soleil. » En réalité, cela ne cause aucune souffrance au sujet, il ne faut pas s'inquiéter de la sécurité du soleil. La compétition est « favorable » au sujet.

Cette ligne est dans la mauvaise position et en conflit yang 1 ▬. La situation est défavorable. Cependant, le texte spécifie, « l'action yang du sujet est favorable », au regard de la situation globale de l'objet qui a moins de force et respecte le sujet.

Yin 5

Cela se passe à un magnifique instant.
Célèbre et honore cet instant.

La situation est favorable.

Yin 5 ▬▬ indique que l'objet a peu de force et est incapable de faire du mal au sujet. Le moment le plus grandiose d'une éclipse solaire totale est celui qui suit le passage de la lune devant le soleil, « Cela se passe à un magnifique instant. » Les flammes colorées et flamboyantes des rayons du soleil se font entrevoir. À cet instant, le soleil ressemble à un immense diamant ornant une bague en or. À travers cette compétition, l'éclat du sujet devient visible, « Célèbre et honore cet instant. La situation est favorable ».

Cette ligne se trouve dans la mauvaise position et est en conflit avec yin 2 ▬▬. L'essence yin de l'objet n'est pas favorable. Le sujet ne tire en réalité rien de l'objet. Mais le sujet souligne l'aspect favorable de cette situation difficile.

Yin 6

Il est une maison possédant de nombreuses pièces.
Le foyer est tel un vaste ciel.
D'un coup d'œil à travers les fenêtres de la maison,
La maison est sombre et personne ne s'y trouve.
Cela fait trois années que personne n'y a été vu.
La situation n'est pas favorable.

Yin 6 ▬▬ indique que l'objet est conservateur et craintif et qu'il veut abandonner la compétition. « La maison est sombre et personne ne s'y trouve. » L'abandon de la compétition entrave le développement du sujet. « Cela fait trois années que personne n'y a été vu. » « La situation n'est pas favorable. »

Cette ligne se trouve dans la bonne position et est complémentaire à yang 3 ▬▬▬. L'attitude yin de l'objet est favorable. Si l'objet est humble, agréable et flexible, le sujet peut se confronter plus facilement à l'objet. Cette situation est favorable au sujet, mais le texte souligne l'aspect négatif de l'attitude yin de l'objet - que la tendance de l'objet à s'éclipser entrave une compétition égale et totale.

[6] Hexagramme 5:5, l'éclat (Zhou Yi, hexagramme 30)

L'éclat réfère au doublement des trigrammes 5 ☲, le feu (éclat et ténacité). Le sujet et l'objet sont autant brillants et actives l'un que l'autre, telles deux flammes. Ils sont tous deux à la recherche du développement et s'affrontent tous deux.

Lorsque les deux flammes s'embrasent côte à côte, laquelle brille le plus ? Laquelle dure plus longtemps ? Elles sont en compétition, mais aucune ne peut blesser l'autre ou tirer avantage de l'autre. Mais les deux flammes peuvent s'unir, leur énergie fusionnant en une flamme plus grande.

Le sujet ne devrait pas cesser de se développer, telle une flamme flamboyante, peu importe ce que l'autre fait. Le texte encourage le sujet à réussir dans cette compétition.

1—Texte général

Il est bénéfique de rester sur cette voie.
Les choses se déroulent paisiblement.
Il est favorable d'éduquer une vache docile.

Le sujet a peu de force, mais les mouvements agressifs le rendent plus fort, comme une flamme alimentée par du bois, des plantes, ou d'autres carburants, « Il est bénéfique de rester sur cette voie. »

L'objet possède également peu de force, et il est incapable de blesser le sujet, « les choses se déroulent paisiblement. » Puisque l'objet se développe également, et est potentiellement un danger, le sujet doit réussir à gagner la compétition, maîtrisant l'objet comme une vache docile. Si l'objet ne cède pas à l'influence dominante du sujet, l'objet pourrait devenir au contraire un ours brun, danger permanent.

2—Structure

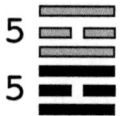

Figure 15.6 : structure de l'hexagramme 5:5

Dans cet hexagramme, les trois lignes du trigramme du sujet, yang 1 ▬, yin 2 ▬▬, et yang 3 ▬, se trouvent dans la bonne position. Les trois autres, toutes celles du trigramme de l'objet yang 4 ▬ yin 5 ▬▬, et yang 6 ▬ sont dans la mauvaise position. Aucune des lignes correspondantes n'est complémentaire. La structure de cet hexagramme montre que la situation actuelle est neutre.

3—Texte des lignes

Yang 1

Les marches semblent en désordre.
Salue.
Il n'y a aucun mal.

Yang 1 ▬ indique qu'à n'importe quel signe prouvant que l'objet va agir, le sujet agira aussitôt. Lorsque les « marches semblent en désordre, » cela doit être considéré comme quelque chose qui approche. « Salue » immédiatement. Puisque le sujet et l'objet sont engagés dans une compétition directe, l'action rapide du sujet ne devrait pas lui être reprochée. Cette personne approchant pourrait être quelqu'un de très important qui pourrait aider le sujet à réussir dans la compétition, par exemple le patron du sujet.

Cette ligne se trouve dans une bonne position, mais est en conflit avec yang 4 ▬. L'action yang du sujet est neutre.

Yin 2

Feu jaune.
La situation est très favorable.

La flamme jaune est la preuve de la force du feu, fort et à une haute température, tandis qu'une fumée sombre mêlée de rouge montre la faiblesse du feu.

Yin 2 ▬▬ indique que l'essence du sujet est le yin. Le sujet a peu de force - ce qui peut se manifester par un manque d'argent, de compétences, d'expériences ou de soutien de la part des autres. Ce besoin essentiel motive le sujet, tel un feu jaune qui brule agressivement. « La situation est très favorable » pour le sujet.

Cette ligne se trouve dans la bonne position, mais est en conflit avec yin 5 ▬▬. L'essence yin du sujet est neutre. Le texte encourage le sujet à être plus vigoureux et agressif dans sa quête, comme le feu jaune.

Yang 3

Le feu éclaire le coucher du soleil.
Sans tambour ni chanson.
Se feront entendre les gémissements de la sénilité.
La situation est défavorable.

Il y a bien longtemps, au coucher du soleil, les gens se rassemblaient, allumant un feu, jouant d'une sorte d'instrument en argile, chantant pour célébrer et s'amuser.

Yang 3 ▬ indique que le sujet est optimiste, confiant, enjoué et encouragé. Le sujet a besoin de gagner cette compétition sur l'objet, physiquement et spirituellement. En bougeant lentement et en faisant profile bas, le sujet pourrait rater sa chance de gagner la compétition, « Sans battre tambour ni chanter se feront entendre les gémissements de la sénilité. » Tel le coucher du soleil, le temps manque au sujet, « La situation est défavorable. »

La ligne se trouve en bonne position, mais est en conflit avec yang 6 ▬. L'attitude yang du sujet est neutre.

Yang 4

Tout d'un coup, le feu brille, il brule.
Puis s'atténue.

Yang 4 ▬ indique que l'objet va agressivement de l'avant, ayant soudain un impact sur le sujet. Par l'essence faible de l'objet, cette précipitation dans l'action est dramatique, mais pas tenace, « Tout d'un coup, le feu brille, il brule, puis il s'atténue. »

La ligne se trouve dans une bonne position et est en conflit avec yang 1 ▬. L'action yang de l'objet est défavorable.

Yin 5

Les larmes sont torrentielles
Pleines d'inquiétudes et de soupirs.
La situation est favorable.

Yin 5 ▬▬ indique que l'objet a peu de force pour affronter le sujet. Ce n'est pas bon pour l'objet (les larmes sont torrentielles pleines d'inquiétudes et de soupirs), mais le désavantage de l'objet est « favorable » au sujet.

Cette ligne est dans la mauvaise position et est en conflit avec yin 2 ▬▬. L'essence yin de l'objet est défavorable. À propos du contexte, le texte souligne que l'essence yin de l'objet peut être favorable.

Yang 6

Le roi a envoyé quelqu'un à la guerre.
Il tue le chef des ennemis.

Et capture ses partisans.
Il n'y a rien de mal.

Le « roi » peut faire référence à un patron, un gouvernement, une communauté, des parents ou tout autre individu ou corporation qui puisse avoir une influence sur le sujet.

Yang 6 ▬ indique que l'attitude de l'objet est arrogante, autoritaire ou intimidante et pose un défi au sujet. Le sujet doit vaincre l'objet et gagner la compétition, « Il tue le chef des ennemis et capture ses partisans. » Mais gardons en tête que le sujet n'a pas assez de force pour accomplir cette tâche seul, il doit être envoyé par le « roi ». Là à la clé de la suggestion du texte. Si dans un bureau, l'un est mis au défi par un autre collègue dans la même position que le premier, il doit avoir le soutien de quelqu'un de supérieur. Autrement, l'un sera fautif.

Cette ligne est dans la mauvaise position et en conflit avec yang 3 ▬. L'attitude yang de l'objet est défavorable.

7 Hexagramme 5:6, le changement (Zhou Yi, hexagramme 49)

Le changement fait référence au changement dans la relation. Le trigramme 5 ☲, le feu (éclat et ténacité), est le sujet ; le trigramme 6 ☱, le lac (le plaisir), est l'objet. Le sujet éclatant et tenace fait les changements nécessaires afin de tirer avantage du calme objet.

Dans la relation, qu'est-ce qui doit être changé ou amélioré afin d'obtenir de l'aide de l'objet ? Le sujet a besoin d'aide et l'objet est en mesure de l'aider, la clé est donc la sincérité. Afin que l'objet aide le sujet de son plein gré, les deux parties doivent être sincères l'une envers l'autre. C'est là la responsabilité du sujet.

1—Texte général

Après quelques jours,
De la sincérité est montrée.
Les choses se déroulent très paisiblement.
Il est bénéfique de rester sur cette voie.
Les regrets disparaissent.

Le sujet et l'objet veulent tous deux améliorer la relation. L'objet est habituellement humble, modeste et gracieux, mais le sujet agit brutalement, avec arrogance et autorité. Comme l'objet peut-il voir que le sujet demande sincèrement de l'aide, afin que le premier lui en offre avec joie ? Le sujet doit changer d'une façon à montrer sa sincérité.

Au départ, l'objet peut ne pas faire confiance au sujet, mais « après quelques jours », lorsque « de la sincérité est montrée », « les choses se déroulent très paisiblement. » Si le sujet reste sur cette voie, « les regrets disparaissent. »

2—Structure

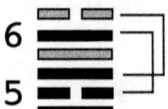

Figure 15.7 : structure de l'hexagramme 5:6

Dans cet hexagramme, les cinq lignes, yang 1 ▬, yin 2 ▬▬, yang 3 ▬, yang 5 ▬, et yin 6 ▬▬ se trouvent dans une bonne position. Yang 4 ▬ est la seule ligne qui se trouve dans une mauvaise position. Les deux dernières lignes sont opposées les unes aux autres. Les deux lignes du centre sont complémentaires. La structure de cet hexagramme est un peu favorable.

3—Texte des lignes

Yang 1

Noue une ceinture faite de cuir
De bœuf jaune.

Yang 1 ▬ indique que le sujet cherche activement à améliorer la relation. Le sujet devrait s'attacher fermement à cette action du yang, « Noue une ceinture faite du cuir d'un bœuf jaune. »

Cette ligne se trouve dans une bonne position et est en conflit avec yang 4 ▬. L'action yang du sujet est neutre.

Yin 2

Après quelques jours,
Un changement survient.
Il est favorable d'avancer.
Il n'y a pas de mal.

Yin 2 ▬▬ indique un manque de force qui pousse le sujet à changer son attitude et sa flexibilité, « Après quelques jours, un changement survient. » Si le sujet suit le chemin du changement, 'Il est favorable d'aller de l'avant. » Le sujet fait la bonne chose, « Il n'y a pas de mal. »

La ligne est dans une bonne position et est complémentaire à yang 5 ▬. L'essence yin du sujet est favorable.

Yang 3

Avancer n'est pas favorable.
Rester sur cette voie est dangereux.
Changez les mots,
Compromis, compromis et encore compromis,
Puis la sincérité se montrera.

Yang 3 ▬ indique que le sujet est obstiné. Cela rend l'objet triste et méfiant à l'égard du sujet, « avancer n'est pas favorable » et « rester sur cette voie est dangereux. » Le sujet doit changer son attitude, « Compromis, compromis et encore compromis. » Ce n'est que comme ça que la situation s'améliorera, « Puis la sincérité se montrera. »

Cette ligne se trouve dans la bonne position et est complémentaire à yin 6 ▬▬. L'attitude yang du sujet est favorable. Le texte souligne que les compromis sont indispensables afin d'obtenir de l'aide des autres.

Yang 4

Les regrets disparaissent.
La sincérité apparait.
Cela change la vie.
La situation est favorable.

Yang 4 ▬ indique que l'objet veut aussi mettre la relation en avant. Si le sujet fait des compromis en montrant de la sincérité, l'objet sera heureux d'aider le sujet. Cela élève la relation à un plus haut statut. « La situation est favorable » pour le sujet.

Cette ligne se trouve dans la mauvaise position et est en conflit avec yang 1 ▬. L'action yang de l'objet est défavorable. Cependant, le sujet ayant besoin d'aide, il est favorable que l'objet l'aide activement.

Yang 5

Une personne extraordinaire fait un choix substantiel.
Tel un tigre qui changerait les rayures de son corps.
Sans aucun doute,
Il y a de la sincérité.

Yang 5 ▬ indique la force et la capacité qu'a l'objet à aider le sujet. Au départ, par manque de confiance, l'objet est réticent à offrir de l'aide. Puis, du point de vue de la sincérité du sujet, l'objet aide avec plaisir le premier. Ce changement de la part du sujet est substantiel, « tel un tigre qui changerait les rayures de son corps. » Ce changement se déroule, car le sujet fait des compromis en montrant de la sincérité.

Cette ligne est dans une bonne position et est complémentaire à yin 2 ▬▬. L'essence yang de l'objet est favorable.

Yin 6

Une personne sage opère un changement significatif.
Tel un léopard qui changerait les taches sur sa peau.
Une personne normale fait seulement quelques modifications d'apparences sans changement substantiel.
Aller de l'avant n'est pas favorable.
Rester calmement sur cette voie est favorable.

Yin 6 ▬▬ indique que l'objet est gracieux et respectueux. Une fois que l'objet sent que le sujet est sincère, l'objet prend la décision d'aider le sujet. Ce changement est significatif, « tel un léopard qui changerait les taches sur sa peau. » Désormais le progrès dépend de la sincérité du changement du sujet. Si le sujet « fait seulement quelques modifications d'apparences sans changement substantiel, » alors, « aller de l'avant n'est pas favorable. » Mais le sujet doit s'attacher fermement au réel changement, « rester calmement sur cette voie est favorable. »

Cette ligne est dans la bonne position et est complémentaire à yang 3 ▬. L'attitude yin de l'objet est favorable.

8 Hexagramme 5:7, la coalition (Zhou Yi, hexagramme 13)

La coalition fait référence à un partenariat entre le sujet et l'objet. Le trigramme 5 ☲, le feu (éclat et ténacité), est le sujet ; le trigramme 7 ☰, les cieux (la force), est l'objet. Le sujet trouve un objet puissant, s'attache à ce dernier et forme une coalition.

1—Texte général

Alliez-vous avec d'autres dans un large champ.
Les choses se déroulent paisiblement.
Il est bénéfique pour l'un de traverser une grande rivière,
Qui interagit avec d'autres.
Il est bénéfique pour la personne intelligente
De rester sur cette voie.

Le sujet a peu de force tandis que l'objet est fort. Les deux veulent aller de l'avant dans leur relation et sont optimistes pour ce qui est de l'évolution de leur union. Afin d'accomplir leur mission, le sujet doit former de nombreuses coalitions incluant l'objet, « Alliez-vous avec les autres dans un large champ. » Si le sujet fait ainsi, « les choses se déroulent paisiblement ? » Autrement, il y aura des problèmes. Le sujet ne devrait pas laisser un désaccord ou un malentendu se mettre entre les deux parties, telle une rivière séparant deux berges, « Il est bénéfique pour l'un de traverser une grande rivière, qui interagit avec d'autres. » Le sujet doit se montrer intelligent, poursuivant les coalitions avec les autres.

2—Structure

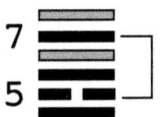

Figure 15.8 : structure de l'hexagramme 5:7

Dans cet hexagramme, les quatre lignes, yang 1 ▬, yin 2 ▬▬, yang 3 ▬, et yang 5 ▬ sont dans la bonne position. Yang 4 ▬ et yang 6 ▬ sont dans une mauvaise position. Les deux dernières lignes et les deux premières lignes sont en opposition ; les deux lignes du centre sont complémentaires les unes aux autres. La structure de cet hexagramme montre que la situation est un peu favorable.

3—Texte des lignes

Yang 1

Être l'allié de ses voisins est irréprochable.

Yang 1 ▬ indique que le sujet veut aller de l'avant dans la relation et essaye de former une coalition en commençant avec des voisins. Le sujet fait la bonne chose.

Cette ligne est dans une bonne position, mais est en conflit avec yang 4 ▬. L'action yang du sujet est neutre.

Yin 2

L'un s'allie avec le clan d'un autre.
La situation est gênante.

Yin 2 ▬▬ indique que le sujet manque essentiellement de pouvoir - pas riche, pas expérimenté, pas bien éduqué ou en bonne santé. Cette faiblesse l'empêche de former une coalition large. Il ne s'allie qu'avec son clan et cette restriction semble gênante.

Cette ligne est dans une bonne position et est complémentaire à yang 5 ▬. L'essence yin du sujet n'est pas favorable à une coalition parce que l'objet s'attend à trop de la part du sujet.

Yang 3

Cachée dans les buissons,
Ou escaladant de hautes montagnes,
Une troupe se bat depuis trois ans,
Sans avancer.

Yang 3 ▬ indique que le sujet est arrogant et imprudent. L'objet n'aime pas l'attitude du sujet. Sans coalition, le sujet a peu de chance de réussir, « Une troupe se bat depuis trois ans sans avancer. »

Cette ligne est dans la bonne position, mais est en conflit avec 6 ▬. L'attitude yang du sujet est défavorable.

Yang 4

Une troupe défend un grand mur.
Personne ne peut les attaquer.
La situation est favorable.

Yang 4 ▬ indique que l'objet agira volontairement afin de former une coalition qui inclut le sujet. Les deux parties travaillent ensemble, telle une troupe défendant « un grand mur. » « La situation est favorable » pour le sujet.

Cette ligne se trouve dans une mauvaise position et est en conflit avec yang 1 ▬. L'action yang de l'objet est défavorable. Si le sujet joint une coalition, mais qu'il suit l'objet, l'action du sujet devient yin et il n'y a pas de conflit. Le texte dit que la situation est favorable.

Yang 5

D'abord criant et pleurant dans la bataille,
Puis souriant à la victoire,
Les soldats ont conquis l'ennemi,
Et rencontré leurs alliés.

Yang 5 ▬ indique que l'essence de l'objet est yang. L'objet a un grand pouvoir. D'abord, l'objet n'a pas répondu à l'appel à la coalition du sujet et ce dernier échouait, « criant et pleurant dans la bataille. »

Puis l'objet décide de former une coalition pour l'intérêt commun ; et le sujet obtient du soutien, « souriant à la victoire. »

Cette ligne est dans la bonne position et est complémentaire à yin 2 ▬▬. L'essence yang de l'objet est favorable.

Yang 6

Être allié avec d'autres dans une zone rurale
N'est pas regrettable.

Yang 6 ▬ indique que l'objet est arrogant, autocentré, autoritaire et dominant. Le sujet n'aime ni l'attitude de l'objet ni sa compagnie. Cependant, joindre une coalition avec l'objet est bon pour les intérêts du sujet, surtout alors qu'il y a assez d'espace pour que le sujet tolère l'autorité de l'objet, « Être allié avec d'autres dans une zone rurale n'est pas regrettable. »

Cette ligne se trouve dans une mauvaise position et est en conflit avec yang 3 ▬. L'attitude yang de l'objet est défavorable.

CHAPITRE 16
Lorsque le lac ☱ est le sujet

CE CHAPITRE CONTIENT le texte Yi King des hexagrammes allant de 6:0 à 6:7. Leur trigramme sujet est le trigramme 6, le lac. La principale caractéristique du lac est le plaisir. Cela désigne à la fois le sentiment général ; et la joie résultant d'une aventure exaltante, une mission couronnée de succès et une perspective optimiste, de manière gracieuse, flexible, et modeste.

1 Hexagramme 6:0, l'approche (Zhou Yi, hexagramme 19)

L'approche renvoie à la volonté du sujet à faire face à ce qui survient. Le trigramme 6 ☱, le lac (plaisir) est le sujet ; le trigramme 0 ☷, la terre (l'adaptabilité) est l'objet. Le sujet prend soin de l'objet. Ensemble, ils font face à ce qui survient de manière sincère et réaliste.

1—Texte général

Les choses se font en douceur.
Il est bénéfique de rester sur cette voie.
Une période défavorable aura lieu après huit mois.

Les termes « huit mois » ne fixent pas de date exacte sur le calendrier, mais désignent un futur proche. Le sujet est fort et disposé à prendre soin de l'objet, tandis que l'objet s'adapte à la force du sujet. « Les choses se font en douceur » et « il est bénéfique » pour le sujet de « rester sur cette voie ». Néanmoins, le sujet doit être prêt à faire face aux changements de manière sincère et réaliste, « Une période défavorable aura lieu après huit mois ».

2—Structure

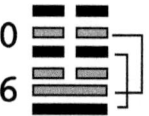

Figure 16.1: structure de l'hexagramme 6:0

Dans cet hexagramme, trois lignes, yang 1 ▬, yin 4 ▬▬, et yin 6 ▬▬, sont en position incorrecte. Les trois autres, yang 2 ▬, yin 3 ▬▬, et yin 5 ▬▬, sont dans une position incorrecte. Les deux lignes inférieures et les deux lignes intermédiaires sont complémentaires. Les deux lignes supérieures sont en conflit entre elles. La structure de l'hexagramme indique que la situation est neutre, ou peu favorable.

3—Texte des lignes

Yang 1

Faites attention à ce qui vient.

Rester sur cette voie est favorable.

Yang 1 ▄▄ indique que le sujet prend vivement soin de l'objet et est attentif à ce qu'il se passe. « Rester sur cette voie est favorable » au sujet pour remplir sa mission.

Cette ligne est en position correcte, et complémentaire à yin 4 ▄ ▄. L'action yang du sujet est favorable.

Yang 2

Faites attention à ce qui vient
La situation est favorable et bénéfique.

Yang 2 ▄▄ indique que le sujet est fort et disposé à aider l'objet quelque soit son besoin : « Faites attention à ce qui vient. » La force du sujet est favorable et bénéfique pour faire ce qui doit être fait.

Cette ligne est en position incorrecte, mais complémentaire avec yin 5 ▄ ▄. L'essence yang du sujet est favorable.

Yin 3

Ce qui vient
Est un doux fantasme.
Cela n'est pas bénéfique.
Si l'on se soucie de la réalité,
Il n'y a aucun blâme.

Yin 3 ▄ ▄ indique que le sujet s'adonne à un fantasme, risquant alors d'ignorer le caractère sérieux de ce qui vient. Si quelque chose de défavorable se concrétise, le sujet pourrait manquer l'occasion de trouver la bonne solution. Il est préférable de rester conscient de ce qu'il pourrait survenir : « Si l'on se soucie de la réalité, il n'y a aucun blâme ».

Cette ligne est en position incorrecte, et est en conflit avec yin 6 ▄ ▄. L'attitude yin du sujet est défavorable.

Yin 4

Voici ce qui vient.
Il n'y a aucun blâme.

Yin 4 ▄ ▄ indique que l'objet suit le sujet. Lorsque l'anticipation devient réalité, le sujet est apte à aider l'objet de façon appropriée.

Cette ligne est en position correcte, et complémentaire avec yang 1 ▄▄. L'action yin de l'objet est favorable.

Yin 5

Savoir ce qui vient
Est une bonne chose à faire pour une personne formidable.
Cela est favorable.

Yin 5 ▄ ▄ indique que l'objet présente une certaine faiblesse – il est malade, ou rencontre des difficultés au travail, dans une relation, ou avec la loi. Afin d'aider l'objet, le sujet doit connaitre la nature exacte de ses difficultés ainsi que les changements possibles :

« Savoir ce qui vient est une bonne chose à faire pour une personne formidable. »

Cette ligne est en position incorrecte, mais complémentaire avec yang 2 ▬. L'essence yin de l'objet est neutre.

Yin 6
Inciter une personne à raconter ce qui vient
Est favorable et irréprochable.

Yin 6 ▬▬ indique que l'objet est humble, agréable et respectueux. Parfois, l'objet ne souhaite pas, ou est incapable, de dire la vérité sur ce qu'il se passe. Afin d'aider l'objet efficacement, le sujet doit l'inciter à être ouvert et honnête : « Inciter une personne à raconter ce qui vient est favorable et irréprochable. »

Cette ligne est en position correcte, mais est en conflit avec yin 3 ▬▬. L'attitude yin de l'objet est neutre.

② Hexagramme 6:1, la défaite (Zhou Yi, hexagramme 41)

La défaite signifie que le sujet rencontre des difficultés à aider les autres. Le trigramme 6 ☱, le lac (plaisir) est le sujet ; le trigramme 1 ☶, la montagne (arrêt) est l'objet. Le sujet est ravi d'apporter son aide à l'objet, mais ce dernier la refuse. Lorsque l'objet a sérieusement besoin d'aide, mais se comporte de façon désobligeante, le sujet doit insister pour l'aider convenablement.

1—Texte général

Il y a de la sincérité.
Cela est favorable et irréprochable.
Rester sur cette voie est possible.
Il est toutefois bénéfique d'aller de l'avant.
Que peut-on utiliser pour une cérémonie du sacrifice ?
Deux paniers de nourriture sont parfaits.

Lorsque l'objet a réellement besoin d'aide, le sujet, ravi de pouvoir la lui offrir, doit être sincère dans sa démarche. Puisqu'il est arrogant et prétentieux, seule la sincérité peut rendre l'objet assez poli pour accepter l'aide. Si le sujet agit ainsi, « cela est favorable et irréprochable. » Le sujet doit toujours s'occuper de l'objet sincèrement (rester sur cette voie est possible) et la relation s'améliorera. Le sujet doit se plier aux volontés de l'objet, dans l'esprit d'offrir un sacrifice (deux paniers de nourriture sont parfaits).

2—Structure

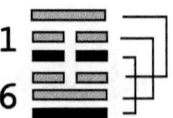

Figure 16.2 : structure de l'hexagramme 6:1

Dans cet hexagramme, seules deux lignes, yang 1 ▬ et yin 4 ▬▬, sont en position correcte. Les quatre autres lignes, yang 2 ▬, yin 3 ▬▬, yin 5 ▬▬, et yang 6 ▬, sont en position incorrecte. Toutes les lignes sont complémentaires. La structure de cet hexagramme indique que la situation est neutre, ou peu favorable au sujet.

3—Texte des lignes

Yang 1

Après avoir achevé son propre travail,
S'empresser d'aider autrui
Est irréprochable,
Mais l'offre doit être appropriée.

Yang 1 ▬ indique que le sujet est prêt et disposé à aider l'objet. Le sujet doit être attentif à deux choses : il doit d'abord avoir achevé son propre travail et « l'offre doit être appropriée. » Autrement, l'objet est susceptible de refuser ou d'ignorer l'aide, du fait de son grand amour propre.

Cette ligne est en position correcte et complémentaire avec yin 4 ▬▬. L'action yang du sujet est favorable.

Yang 2

Il est bénéfique de rester sur cette voie.
Aller de l'avant est défavorable.
Ne pas perdre de vue son propre intérêt
Tout en avantageant autrui.

Yang 2 ▬ indique que le sujet a de la force, et est en mesure d'aider l'objet de manière appropriée : « Il est bénéfique de rester sur cette voie. » Mais le sujet doit veiller à ne pas faire d'offres excessives, et rester conscient que l'objet est arrogant et égoïste : « Ne pas perdre de vue son propre intérêt tout en avantageant les autres. »

Cette ligne est en position incorrecte, mais complémentaire avec yin 5 ▬▬. L'essence yang du sujet est neutre.

Yin 3

Trois personnes marchent ensemble.
L'une d'entre elles se perd,
Elle marche seule
Puis trouve un ami.

Yin 3 ▬▬ indique que le sujet est aimable, agréable et gracieux. Lorsqu'il aide l'objet, le sujet a tendance à en faire trop, l'envahissant de gentillesse. Cet excès mène à une situation illustrée par un vieux dicton : « trois est déjà une foule. » Lorsque trois personnes marchent ensemble, il est naturel que deux d'entre elles discutent plus agréablement, tandis que la troisième s'ennuie et se sent exclue. Mais si l'une des personnes marche seule et fait une rencontre, l'équilibre est plus convenable ; elles peuvent alors discuter et devenir amies. Le sujet doit offrir ce que l'objet demande, et non plus.

Cette ligne est en position incorrecte, mais complémentaire avec yang 6 ▬.

Yin 4

Souffrir d'une défaite pour résoudre les problèmes d'autrui
Apporte rapidement le bonheur.
Il n'y a aucun blâme.

Yin 4 ▬▬ indique que l'objet suit le sujet. Lorsque l'objet rencontre des difficultés, le sujet lui offre son aide et se sacrifie. La perte n'apporte pas nécessairement de mauvais sentiments. Lorsque les problèmes de l'objet sont résolus grâce à l'aide du sujet, la perte « apporte rapidement du bonheur. »

Cette ligne est en position incorrecte, et complémentaire avec yang 1 ▬▬▬. L'action yin de l'objet est favorable.

Yin 5

S'il y a un besoin d'offrir une tortue
D'une valeur de dix paires de coquillages,
On ne doit pas refuser.
Cela est très favorable.

L'allusion aux « dix paires de coquillages » fait référence à une sorte d'ancienne monnaie. Une tortue valant autant serait de très grande valeur.

Yin 5 ▬▬ indique que l'objet a très peu de force, est malade, ou rencontre des difficultés financières, relationnelles, ou avec la loi. Le sujet doit aider l'objet autant que ce dernier en a besoin, sans que rien ne l'en empêche, même « une tortue d'une valeur de dix paires de coquillages. » À un moment décisif, l'aide sincère est très favorable à l'accomplissement de la mission du sujet, et à l'amélioration de la relation.

Cette ligne est en position incorrecte, mais complémentaire à yang 2 ▬▬▬. L'essence yin de l'objet est neutre.

Yang 6

Ne pas perdre de vue son propre intérêt
Tout en avantageant autrui.
Il n'y a aucun blâme.
Rester sur cette voie est favorable.
Il est bénéfique d'aller de l'avant.
Les autres peuvent avoir ta bonne,
Mais pas ta maison.

Yang 6 ▬▬▬ indique que l'objet est égoïste, arrogant ou agressif. En aidant l'objet dans sa crise, le sujet doit également se protéger lui-même : « Ne pas perdre de vue son propre intérêt tout en avantageant autrui. » « Rester sur cette voie » en aidant l'objet de manière appropriée « est favorable. » En même temps, le sujet peut œuvrer à sa propre avancée : « Il est bénéfique d'aller de l'avant. » Tout en aidant l'objet à ses dépens, le sacrifice à ses limites ; « Les autres peuvent avoir ton domestique, mais pas ta maison. »

Cette ligne est en position incorrecte, mais complémentaire avec yin 3 ▬▬. L'attitude yang de l'objet est neutre.

3 Hexagramme 6:2, la limite (Zhou Yi, hexagramme 60)

La limite indique que le sujet doit fixer des limites à ses activités. Le trigramme 6, le lac (plaisir) est le sujet; et le trigramme 2, l'eau (danger et difficulté) est l'objet. Le sujet peut prendre plaisir à faire avancer la relation, mais l'objet n'est pas prêt à suivre, et rencontre des difficultés à prendre des décisions. Le sujet doit ralentir et limiter les activités sans doute inappropriées.

Le texte énonce trois types de limites: elles peuvent être amères ou sévères, paisibles et douces. Par exemple, si un jeune homme sait qu'une jeune femme l'aime sans qu'elle ne lui ait jamais exprimé son amour, il doit lui dire « Je t'aime. » La courtiser le fera passer lentement à côté d'un grand amour et il ne lui restera que ses yeux pour pleurer. Il s'agit là d'une limite amère.

1—Texte général

Les choses se font en douceur.
Ne pas rester avec un gout amère.

Le sujet est important pour l'objet; il est humble et respectueux envers ce dernier. « Les choses se font en douceur. » Alors que le sujet souhaite faire avancer la relation, l'objet n'est pas prêt. Le sujet doit donc ralentir et ne pas franchir les limites. Si cette contrainte est trop sévère, excessive ou inappropriée, la limite devient amère – comme une retraite, un abandon de poste, ou l'engagement dans de mauvaises activités. Le nombre de contraintes doit être approprié: « Ne pas rester avec une limite amère. »

2—Structure

Figure 16.3: structure de l'hexagramme 6:2

Dans cet hexagramme, quatre lignes, yang 1, yin 4, yang 5, et yin 6, sont en position correcte. Les deux autres lignes, yang 2 et yin 3, sont en position incorrecte. Seules les deux lignes inférieures sont complémentaires. La structure de l'hexagramme indique que la situation actuelle est neutre.

3—Texte des lignes

Yang 1

Ne pas sortir de la pièce.
Il n'y a aucun blâme.

Yang 1 indique que le sujet souhaite avancer dans la relation, mais il doit se retenir afin de s'occuper de l'objet. Une mise en garde particulière a lieu quant au contrôle d'un comportement déchaîné tel que la consommation de tabac, de boisson ou la participation à des actes de violence. « Ne pas sortir de la pièce. » Cette ligne est en position correcte, et complémentaire avec yin 4. L'action yang du sujet est favorable.

Yang 2

On ne marche pas dehors.
Cela est défavorable.

Yang 2 ▬ indique que le sujet est important pour l'objet et doit maintenir des liens avec celui-ci. Si le sujet décide de « marcher dehors », de renoncer à la relation à cause de la frustration ou de l'incertitude à propos des hésitations de l'objet, le sujet perdra alors toute communication avec l'objet ; « Cela est défavorable. »

Cette ligne est en position incorrecte, et est en conflit avec yang 5 ▬. L'essence yang du sujet est défavorable.

Yin 3

S'il n'y a pas de limite,
Il y aura un soupir.
Il n'y a aucun blâme.

Yin 3 ▬▬ indique que le sujet pourrait céder à un manque de discipline, vivant de manière luxueuse ou se comportant de façon malhonnête. Le sujet doit être plus rigoureux et réservé, ou il regrettera cette faiblesse. « S'il n'y a pas de limites, il y aura un soupir. »

Cette ligne est en position incorrecte, et est en conflit avec yin 6 ▬▬. L'attitude yin du sujet est défavorable.

Yin 4

Garder une limite paisible.
Les choses se font en douceur.

Yin 4 ▬▬ indique que l'objet ne souhaite pas aller de l'avant dans la relation. Cela nécessite une « limite paisible. » Si le sujet est patient, ralentit, attend, et donne à l'objet davantage de temps, alors « Les choses se font en douceur. »

Cette ligne est en position correcte, et complémentaire avec yang 1 ▬. L'action yin de l'objet est favorable.

Yang 5

Garder une limite douce.
Cela est favorable.
Aller de l'avant est honorable.

Yang 5 ▬ indique que l'objet a de la force, la santé, une stabilité financière, un pouvoir en affaires, ou de l'amour pour le sujet. À ce moment, l'objet n'est pas d'accord avec le sujet sur son désir à avancer dans la relation, car il rencontre quelques difficultés à prendre cette décision. Si le sujet montre une retenue agréable (limite douce), il sera récompensé (cela est favorable). Puis, aller de l'avant avec une compréhension mutuelle et du respect sera honorable.

Cette ligne est en position correcte, mais est en conflit avec yang 2 ▬. L'essence yang de l'objet est neutre, ou peu favorable.

Yin 6

Garder une limite amère est défavorable.
Le regret disparait.

Yin 6 ▬ ▬ indique que l'objet est gracieux, agréable et respectueux. Le sujet doit conserver les limites appropriées, sans leur permettre de devenir trop sévères, « Garder une limite amère est défavorable. » Si le sujet souhaite simplement ralentir un certain temps, et s'abstenir de faire quoi que ce soit de mauvais, alors « Le regret disparait. »

Cette ligne est en position correcte, mais est en conflit avec yin 3 ▬ ▬. L'attitude yin de l'objet est neutre.

4 Hexagramme 6:3, la sincérité (Zhou Yi, hexagramme 61)

La sincérité met l'accent sur l'importance de la sincérité dans la réussite d'une relation. Le trigramme 6 ☱, le lac (plaisir) est le sujet ; et le trigramme 3 ☴, le vent (flexibilité) est l'objet. Le sujet prend plaisir à respecter l'objet. L'objet fait preuve de flexibilité, il est enthousiaste de suivre le sujet. Aucun d'eux ne souhaite tirer profit de l'autre. Ils apprécient leur sincérité mutuelle.

Une véritable sincérité est précieuse. Si une personne vous fait une promesse avec des mots doux, mais qu'aucune action ne suit, vous devez vous rappeler ces mots « Un faisan s'envole dans les airs avec un grand et joli bruit. Il ne laisse rien par ses actes. Rester sur cette voie est défavorable. »

1—Texte général

La situation actuelle est favorable à tous,
Même aux porcs et aux poissons.
Il est bénéfique de traverser une grande rivière
En interagissant avec les autres.
Il est bénéfique de rester sur cette voie.

Le sujet ainsi que l'objet ont de la force. Ils sont en bonne santé physique et financière, ou ont du pouvoir en affaires. Aucun d'eux ne souhaite ou n'a besoin de tirer profit de l'autre. « La situation actuelle est favorable à tous, même aux porcs et aux poissons. » Le sujet développe activement la relation, et l'objet suit : « Il est bénéfique de traverser une grande rivière, en interagissant avec les autres. » L'objet est autoritaire, mais cela est acceptable, car le sujet respecte l'objet, « Il est bénéfique de rester sur cette voie. »

2—Structure

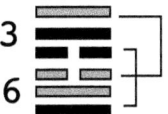

Figure 16.4 : structure de l'hexagramme 6:3

Dans cet hexagramme, trois lignes, yang 1 ▬, yin 4 ▬ ▬, et yang 5 ▬, sont en position incorrecte. Les trois autres, yang 2 ▬, yin 3 ▬ ▬, et yang 6 ▬, sont en position incorrecte. Les deux lignes inférieures et les deux lignes supérieures sont complémentaires.

Les deux lignes intermédiaires sont en conflit. La structure de l'hexagramme indique que la situation actuelle est neutre.

3—Texte des lignes

Yang 1

Être stable dans une relation est favorable.
Avoir une liaison avec un autre est problématique.

Yang 1 ▬ indique que le sujet est très actif, et viserait la stabilité. Si le sujet à des liaisons avec les autres, cela est perturbateur, il pourrait être considéré comme n'étant pas sincère dans la relation actuelle. « Avoir une liaison avec un autre est problématique. »

Cette ligne est en position correcte, et complémentaire avec yin 4 ▬▬. L'action yang du sujet est favorable. Le texte rappelle que cette action doit prendre la forme de la fidélité dans la relation.

Yang 2

Une grue chante dans l'ombre.
Cela est l'écho de l'enfant :
   « J'ai une coupe de bon vin,
   Et j'aimerais la partager avec toi. »

Yang 2 ▬ indique que l'essence du sujet est puissante financièrement, physiquement ou spirituellement. L'objet est tout aussi puissant. Tous deux partagent sincèrement leur bonheur.

Cette ligne est en position incorrecte, et est en conflit avec yang 5 ▬. L'essence yang du sujet est neutre.

Yin 3

Lorsque l'on avance avec les bruits du tambour,
Ou que l'on cesse le combat,
Ou que l'on pleure les pertes,
Ou que l'on chante en triomphe,
Les gens se soutiennent lors de la bataille.

Yin 3 ▬▬ indique que le sujet est poli, agréable et respectueux. Il s'entend bien avec l'objet (les gens se soutiennent lors d'une bataille).

Cette ligne est en position incorrecte, mais complémentaire avec yang 6 ▬. L'attitude yin du sujet est neutre.

Yin 4

La lune est presque pleine.
Un cheval manque.
Il n'y a aucun blâme.

Yin 4 ▬▬ indique que l'objet n'est pas aussi enthousiaste que le sujet à propos de la relation. Tous deux s'entendent bien, mais pas parfaitement : « La lune est presque pleine », mais pas complètement. Au lieu d'avancer au même rythme que le sujet, tels deux chevaux attelés par un harnais, l'objet prend du retard : « Un cheval manque. » Mais « Il n'y a aucun blâme » pour le sujet dans cette disparité.

Cette ligne est en position correcte, et complémentaire avec yang 1 ▬. L'action yin de l'objet est favorable.

Yang 5

Les gens traitent sincèrement entre eux,
Comme s'ils étaient liés ensemble.
Il n'y a aucun blâme.

Yang 5 ▬ indique que l'objet, tout comme le sujet, est essentiellement fort physiquement, financièrement, ou spirituellement. Le sujet souhaite faire avancer la relation, et l'objet le suit. Ils ne sont pas en compétition, mais prennent soin l'un de l'autre, « Comme s'ils étaient liés ensemble. »

Cette ligne est en position correcte, mais est en conflit avec yang 2 ▬. L'essence yang de l'objet est neutre.

Yang 6

Un faisan s'envole dans les airs avec un grand et joli bruit.
Il ne laisse rien par ses actes.
Rester sur cette voie est défavorable.

Yang 6 ▬ indique que l'objet est snob, égocentrique, ou autoritaire. Il fait des promesses qui ne deviennent jamais réalité. « Un faisan s'envole dans les airs avec un grand et joli bruit. Il ne laisse rien par ses actes. » Si l'objet ne change pas, et conserve son manque de sincérité, le sujet devra alors changer son action ou son attitude, « Rester sur cette voie est défavorable. »

Cette ligne est en position incorrecte, mais complémentaire avec yin 3 ▬▬. L'attitude yang de l'objet est neutre.

5 Hexagramme 6:4, se marier (Zhou Yi, hexagramme 54)

Se marier est composé de deux personnages en chinois ; l'un est « revenu », le second est « jeune femme. » Ensemble, les deux personnages signifient « permettre à une jeune femme, un enfant, ou une sœur de se marier. » Le trigramme 6 ☱, le lac, est l'objet ; et le trigramme 4 ☳, le tonnerre (mouvement) est l'objet. Il est agréable pour le sujet d'être en relation avec l'objet, mais ce dernier déçoit le sujet. Il y a un manque de sincérité, comme un geste qui serait vide de sens, « Une femme tient un panier vide. Un homme abat un mouton sans aucun sang. » Cet hexagramme symbolise la relation à travers la métaphore d'un mariage empoisonné par la déception et le manque de sincérité.

1—Texte général

Aller de l'avant est défavorable.
La situation n'est pas bénéfique.

Le sujet bénéficie à l'objet, mais ce n'est pas le cas inversement. Le sujet pousse la relation afin de profiter des intérêts communs, mais l'objet agit de manière à tirer profit du sujet. Le sujet respecte l'objet, mais ce dernier est malhonnête. Poursuivre la relation mènera à la déception, « Aller de l'avant est défavorable. La situation n'est pas bénéfique » pour le sujet.

2—Structure

Figure 16.5 : structure de l'hexagramme 6:4

Dans cet hexagramme, deux lignes, yang 1 ▬ et yin 6 ▬ ▬, sont en position correcte. Les quatre autres lignes, yang 2 ▬, yin 3 ▬ ▬, yang 4 ▬, et yin 5 ▬ ▬, sont en position incorrecte. Seules les deux lignes intermédiaires sont complémentaires. La structure de l'hexagramme indique que la situation actuelle est peu favorable.

3—Texte des lignes

Yang 1

Une jeune femme devient une concubine.
Une personne qui boite est capable de marcher.
Apporter un changement est favorable.

Yang 1 ▬ indique que le sujet avance dans la relation, mais il est déçu : « Une jeune femme devient une concubine » au lieu de devenir une femme honorée. Bien qu'aller de l'avant soit possible, cela est difficile : « Une personne qui boite est capable de marcher. » Le sujet doit changer son action : « Apporter un changement est favorable. »

Cette ligne est en position correcte, mais est en conflit avec yang 4 ▬. L'action yang du sujet est neutre.

Yang 2

Une personne n'ayant qu'un seul œil est capable de voir.
Il est bénéfique de rester dans une situation isolée.

Yang 2 ▬ indique que l'essence du sujet est forte et utile à l'objet, mais n'est pas entièrement satisfaisante : « Une personne n'ayant qu'un seul œil est capable de voir. » Le sujet devrait s'éloigner de l'objet : « Il est bénéfique de rester dans une situation isolée. »

La ligne est en position incorrecte, mais complémentaire avec yin 5 ▬ ▬. L'essence yang du sujet est neutre.

Yin 3

Une jeune femme souhaite devenir une femme,
Mais devient une concubine.

Yin 3 ▬ ▬ indique que le sujet est aimable et respectueux, mais il est déçu du fait de sa volonté à céder. « Une jeune femme souhaite devenir une femme, mais devient une concubine. »

Cette ligne est en position incorrecte, et en conflit avec yin 6 ▬ ▬. L'attitude yin du sujet est défavorable.

Yang 4

Une jeune femme a reporté la date de son mariage.
Ce report crée une chance.

Yang 4 ▬ indique que l'objet n'avance pas avec sincérité dans la relation. La jeune femme qui reporte la date de son mariage est le sujet, déçu des actions de l'objet. La relation actuelle ne favorise pas le sujet ; il est bon d'attendre un changement : « Le report crée une chance. »

Cette ligne est en position incorrecte et en conflit avec yang 1 ▬. L'action yang de l'objet est défavorable.

Yin 5

Lorsque la sœur de l'empereur Yi King fut autorisée à marier le roi Wen,
Sa robe de mariée n'était pas aussi élégante
Que celle de la concubine.
On fait un compromis,
Comme une lune presque pleine,
Mais pas complètement.
La situation est favorable.

L'empereur Yi King fut le dernier empereur de la dynastie Shang ; et le roi Wen fut un roi de la dynastie Zhou.

Yin 5 ▬▬ indique que l'objet a peu de force et a besoin d'aide. Le sujet est fort et peut aider l'objet, mais il est déçu dans ce geste : « Sa robe de mariée n'était pas aussi élégante que celle de la concubine. » Si le sujet réduit ses attentes et compromis, « comme une lune presque pleine, mais pas complètement », alors « la situation est favorable. »

Cette ligne est en position incorrecte, mais complémentaire avec yang 2 ▬. L'essence yin de l'objet est neutre.

Yin 6

Une jeune femme tient un panier vide.
Un homme abat un mouton sans aucun sang.
La situation n'est pas bénéfique.

Yin 6 ▬▬ indique que l'attitude de l'objet est yin. L'objet est humble et respectueux, mais malhonnête. Le sujet est agréable, mais déçu du manque de récompense. Tous deux maintiennent la relation, mais ne sont pas sincères : « La situation n'est pas bénéfique. »

Cette ligne est en position correcte, mais est en conflit avec yin 3 ▬▬. L'attitude yin de l'objet est neutre.

⑥ Hexagramme 6:5, fixer (Zhou Yi, hexagramme 38)

Fixer vient du chinois « kui », ce qui signifie « fixer » ou « contempler. » Le trigramme 6 ☱, le lac (plaisir), est le sujet ; et le trigramme 5 ☲, le feu (lumière et ténacité), est l'objet. Le sujet est heureux d'avancer dans la relation, mais soupçonne l'objet d'être cupide et mystérieux. L'objet est semblable au feu qui brule tout sur son passage. Le sujet observe l'objet, comme s'il fixait une flamme qui approche, fasciné, mais également soucieux de ne pas être brulé. Le sujet observe l'objet avec suspicion, méfiance et prudence, avec le sentiment de « voir des porcs avec le dos sale et des fantômes dans un charriot. » Cet hexagramme traite de la sagesse de porter un long regard attentif avant de parvenir aux conclusions, car les choses ne sont pas ce qu'elles semblent être. En réalité, « les fantômes ne sont pas des voleurs, mais des prétendants. »

1—Texte général

Il est favorable d'effectuer des choses sans importance.

Le sujet tout comme l'objet sont très actifs dans la relation. L'objet a peu de force et a besoin d'aide. Le sujet est heureux de l'aider, mais sent que l'objet est cupide, considérant son offre comme acquise. Le sujet est humble, aimable, et respectueux, mais l'objet est exigeant et mystérieux. Le sujet a des doutes sur l'objet et s'en méfie, il ne devrait pas lutter face à des objectifs ambitieux dans cette situation : « Il est favorable d'effectuer des choses sans importance. »

2—Structure

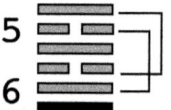

Figure 16.6 : structure de l'hexagramme 6:5

Dans cet hexagramme, la première ligne ▬ est la seule ligne en position correcte. Les deux lignes inférieures sont en conflit entre elles. Les deux lignes intermédiaires et les deux lignes supérieures sont complémentaires. L'hexagramme 6:5 est neutre, ou peu favorable.

3—Texte des lignes

Yang 1

Les regrets disparaissent.
Un cheval manque.
Ne pas le prendre en chasse
Le cheval manquant revient de lui-même.
On voit une mauvaise personne.
Il n'y a aucun blâme.

Yang 1 ▬ indique que le sujet souhaite avancer dans la relation, et n'a pas de scrupules à aider l'objet : « Les regrets disparaissent. » Parce que l'objet a peu de force et semble recevoir les avantages cupidement avec vantardise et sournoiserie, le sujet se méfie de lui, se sentant trompé ou trahi : « Un cheval manque. » Mais il a été conseillé au sujet de voir et d'attendre, au lieu de courir après le cheval : « Ne pas le prendre en chasse. Le cheval manquant revient de lui-même. » En réalité, le sujet ne devrait pas s'inquiéter, car l'objet cherche également à améliorer la relation. Cette situation est contradictoire, et mérite d'être vue. L'objet pourrait être une « mauvaise personne », mais il n'y a « aucun blâme. »

Cette ligne est en position correcte, mais est en conflit avec yang 4 ▬. L'action yang du sujet est neutre.

Yang 2

On rencontre son maitre dans la rue.

Il n'y a aucun blâme.

Yang 2 ▬ indique que l'essence du sujet est yang. Le sujet est fort et aide l'objet, mais sent que les demandes sont situées sur lui. Traiter avec l'objet semble être de la surveillance non désirée, comme rencontrer « son maitre dans la rue. »

Yang 2 ▬ est central et complémentaire avec yin 5 ▬▬, mais en position incorrecte. L'essence yang du sujet est neutre.

Yin 3

On voit un bœuf tracter une charrette.

Une personne tire le bœuf.

La personne n'a pas de cheveux ni de nez.

Il n'y a pas de bon début.

Mais il y a une bonne fin.

Yin 3 ▬▬ indique que le sujet est gracieux et respectueux dans les circonstances difficiles. Céder à l'attitude grossière et brutale de l'objet peut être comparé au fait d'observer la lutte d'un bœuf tractant une charrette, et d'une personne tirant le bœuf. Il est difficile d'endurer ce spectacle, « La personne n'a pas de cheveux ni de nez. » « Il n'y a pas de bon début », mais en observant plus attentivement, le sujet réalise que l'objet n'est pas si mauvais, et « Il y a une bonne fin. »

Cette ligne est en position incorrecte, mais complémentaire avec yang 6 ▬. L'attitude yin du sujet est neutre.

Yang 4

Seul, le regard fixe,

On rencontre une personne formidable

Et l'on traite avec elle sincèrement.

Il y a un danger.

Mais il n'y a aucun blâme.

Yang 4 ▬ indique que l'objet pousse la relation en avant avec énergie. Le sujet l'observe avec suspicion et méfiance, comme si l'objet était une « personne formidable. » La persévérance de l'objet représente un danger pour le sujet, mais puisque l'objet est sincère, « Il n'y a aucun blâme. »

Cette ligne est en position incorrecte, et est en conflit avec yang 1 ▬. L'action yang de l'objet est défavorable.

Yin 5

Le regret disparait.
Un membre de son clan cause des ennuis.
Cela est comme si l'on se mordait la peau.
Avancer.
Pourquoi serait-ce un blâme ?

Yin 5 ▬▬ indique que l'essence de l'objet est faible financièrement, physiquement, ou spirituellement. Le sujet voit l'objet comme un membre de son clan, et l'aide sans aucune hésitation, « Le regret disparait », mais le sujet se sent blessé par la cupidité de l'objet, comme s'il était mordu. Mais le sujet fait de son mieux, menant à bien une obligation, et ne devant pas être blâmé.

Cette ligne est centrale, et complémentaire avec yang 2 ▬, mais en position incorrecte. L'essence yin de l'objet est neutre.

Yang 6

Se sentir seul, le regard fixe.
On voit des porcs avec le dos sale
Et des fantômes sur une charrette,
On dégaine d'abord un arc,
Mais on renonce ensuite à tirer.
Les fantômes ne sont pas des voleurs,
Mais des prétendants.

Yang 6 ▬ indique que l'attitude de l'objet semble impressionnante et mystérieuse pour le sujet, tel des porcs et des fantômes sales. D'abord, le sujet pense que l'objet est mauvais, comme le sont les voleurs, et tente d'organiser sa défense : « On dégaine un arc. » Observer l'objet fait prendre conscience au sujet qu'il commet une erreur (les fantômes ne sont pas des voleurs, mais des prétendants) et le sujet se détend, comme s'il renonçait à tirer. Lorsque les impressions se sont dissipées, comme une « rencontre avec la pluie » qui lave le dos sale des porcs, la situation devient favorable.

Cette ligne est en position incorrecte, mais complémentaire avec yang 2 ▬ et soutenue par yin 5 ▬▬. L'attitude yang de l'objet est neutre.

[7] Hexagramme 6:6, le plaisir (Zhou Yi, hexagramme 58)

Le plaisir signifie que le sujet se rend heureux lui-même, ou rend heureux les autres. Le sujet et l'objet sont tous deux le trigramme 6 ☱, le lac (plaisir). Le sujet est heureux d'être avec l'objet, et inversement. Lorsque des problèmes surviennent dans la relation, le sujet tente de faire en sorte que l'objet ressent du plaisir, et par conséquent, il reçoit du plaisir en retour : « Échanger du plaisir lorsqu'il n'y a pas de paix. »

1—Texte général

Les choses changent en douceur.
Il est bénéfique de rester sur cette voie.

Les deux parties souhaitent avancer dans la relation : « Les choses changent en douceur. » L'objet est fort, capable d'aider les autres, et humble. Le sujet peut en profiter pour travailler aux côtés de l'objet, et gagner à travers la relation : « Il est bénéfique de rester sur cette voie. » Si l'objet souhaite tirer profit du sujet, le sujet doit traiter avec lui gracieusement et sincèrement, afin qu'ils travaillent ensemble équitablement.

2—Structure

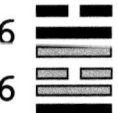

Figure 16.7 : structure de l'hexagramme 6:6.

Dans cet hexagramme, yang 1 ▬, yang 5 ▬ et yin 6 ▬▬ sont en position correcte ; les trois autres lignes sont en position incorrecte. Aucune ligne n'est complémentaire avec une ligne correspondante. L'hexagramme 6:6 est neutre.

3—Texte des lignes

Yang 1

Un plaisir paisible est favorable.

Yang 1 ▬ indique que le sujet souhaite améliorer la relation. Pendant ce temps, l'objet agit également vigoureusement. Si le sujet avance de manière trop agressive, l'objet pourrait défendre ses intérêts ou résister au sujet. Lorsque le sujet prend des mesures, il doit donc être doux, chaleureux et aimable, veillant à rendre les autres heureux sans créer de conflit : « Un plaisir paisible est favorable. »

Cette ligne est en position correcte, mais est en conflit avec yang 4 ▬. L'action yang du sujet est neutre.

Yang 2

Un plaisir sincère est favorable.
Le regret disparait.

Yang 2 ▬ indique que le sujet est essentiellement en position forte, possédant la santé et la richesse, ou certaines connaissances, ou un emploi qui intéressent l'objet. L'objet, lui, est également fort. Si le sujet n'est pas sincère, l'objet peut s'en méfier, ou lui en vouloir, ainsi leur force mutuelle peut se détériorer et devenir une compétition hostile. Alors que le sujet travaille avec l'objet, ou fait quelque chose pour lui, il doit partager avec lui « un plaisir sincère. »

Cette ligne est en position incorrecte, et est en conflit avec yang 5 ▬. L'essence yang du sujet est défavorable.

Yin 3

L'arrivée du plaisir est défavorable.

Yin 3 ▬▬ indique que le sujet est gracieux, agréable et respectueux. L'objet l'est également. L'objet étend activement ses propres intérêts, le sujet doit donc être sincère et honnête. Il ne doit pas être sournois ou trop céder. Si le sujet fait des compromis qu'il ne devrait pas faire, ou qu'il est d'accord avec des choses injustes, ou encore qu'il flatte l'objet, l'objet peut fournir le type de plaisir qui est défavorable.

Cette ligne est en position incorrecte, et est en conflit avec yin 6 ▬▬. L'attitude yin du sujet est défavorable.

Yang 4
Échanger du plaisir lorsqu'il n'y a pas de paix.
Se débarrasser du problème.
Il y a de la joie.

Yang 4 ▬ indique que l'objet agit de manière très agressive, impactant le sujet, ce qui pourrait troubler la paix. Au lieu d'entrer immédiatement en conflit avec le sujet a meilleur temps de lui répondre gracieusement, comme une salutation polie, ou un morceau de chocolat. L'objet réagira gracieusement aussi. Les deux parties « échangent du plaisir lorsqu'il n'y a pas de paix. » Après avoir trouvé une solution appropriée au problème, « il y a de la joie. »

Cette ligne est en position incorrecte, et en conflit avec yang 1 ▬. L'action yang de l'objet est défavorable.

Yang 5
Étant sincère, l'exploitation est dangereuse.

Yang 5 ▬ indique que l'objet est fort physiquement, financièrement, ou spirituellement, et étend ses intérêts. Si l'objet tente de tirer profit du sujet, le sujet devrait résister : « Étant sincère, l'exploitation est dangereuse. »

Cette ligne est en position correcte, mais est en conflit avec 2 ▬. L'essence yang de l'objet est neutre.

Yin 6
Mener au plaisir.

Yin 6 ▬▬ indique que l'objet est agréable, gracieux, et respectueux. Si l'objet essaye de profiter du sujet, ce dernier pourrait être contrarié. Le sujet doit se calmer, et communiquer avec l'objet sincèrement, afin de trouver une solution juste, et de rendre la relation plaisante : « Mener au plaisir. »

Cette ligne est en position correcte, mais est en conflit avec yin 3 ▬▬. L'attitude yin de l'objet est neutre.

[8] Hexagramme 6:7, marcher (Zhou Yi, hexagramme 10)

Marcher signifie que le sujet doit traiter prudemment avec le puissant objet, comme s'il marchait « sur la queue d'un tigre » en évitant d'être mordu. Le trigramme 6 ☱, le lac (plaisir) est le sujet ; et le trigramme 7 ☰, le ciel (force) est l'objet. Le sujet prend plaisir à poursuivre la relation, mais fait face à un objet très puissant. Le sujet emprunte un chemin dangereux, et doit faire preuve d'une grande prudence.

1—Texte général

Lorsque l'on marche sur la queue d'un tigre,
Le tigre ne mord pas cette personne.
Les choses changent en douceur.

Le sujet ainsi que l'objet sont forts et font avancer la relation. Leur différence réside dans l'attitude : le sujet est humble, flexible, et respectueux ; tandis que l'objet est arrogant, autoritaire ou agressif, et il a plus de pouvoir que le sujet. En travaillant aux côtés de l'objet, le sujet a l'impression de marcher sur la queue d'un tigre. La moindre erreur peut provoquer une attaque de la part de l'objet. Si le sujet est assez prudent lorsqu'il traite avec l'objet (lorsque l'on marche sur la queue d'un tigre, le tigre ne mord pas cette personne), le sujet peut réussir : « Les choses changent en douceur. » Néanmoins, à tout moment, la négligence du sujet peut être désastreuse.

2—Structure

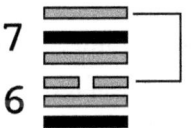

Figure 16.8 : structure de l'hexagramme 6:7

Dans cet hexagramme, deux lignes, yang 1 ▬ et yang 5 ▬, sont en position correcte, les quatre autres lignes sont en position incorrecte. Les deux lignes supérieures sont complémentaires. Les deux lignes inférieures et les deux lignes intermédiaires sont en conflit entre elles. L'hexagramme 6:7 est neutre, ou peu favorable.

3—Texte des lignes

Yang 1

On choisit un chemin à travers lequel il est simple de marcher.
Il n'y a aucun blâme.

Yang 1 ▬ indique que le sujet souhaite avancer dans la relation. Mais l'objet est extrêmement puissant et autoritaire, si le sujet avance normalement, l'objet le stoppera et causera d'importants problèmes. C'est pourquoi « on choisit un chemin à travers lequel il est simple de marcher. » Si le sujet choisit un chemin plus facile, évitant le conflit avec l'objet, il sera gagnant. Le sujet fait le bon choix et évite le blâme.

Cette ligne est en position correcte, mais est en conflit avec yang 4 ▬. L'action yang du sujet est neutre.

Yang 2

On marche sur un chemin
Lisse et plat
En continuant à s'isoler de la société.
Rester sur cette voie est favorable.

Yang 2 ▬ indique que le sujet est fort physiquement, financièrement, ou spirituellement. Mais l'objet est fort également, et même plus fort que le sujet. Si le sujet frime devant l'objet, il sera confronté à une forte résistance ou compétition, et pourrait perdre. Mais si le sujet fait profil bas, évite la société et avance calmement, il y aura moins de résistance, comme lorsqu'on « marche sur un chemin lisse et plat. » Si le sujet procède ainsi, « rester sur cette voie est favorable. »

Cette ligne est en position incorrecte, et en conflit avec yang 5 ▬. L'essence yang du sujet est défavorable.

Yin 3

Capable de voir avec un seul œil
Et capable de marcher avec un seul pied
On marche sur la queue d'un tigre.
On a été mordu.
La situation est défavorable.
C'est comme cela qu'une personne effrontée traite avec un puissant seigneur.

Yin 3 ▬▬ indique que le sujet est humble et respectueux. L'objet est extrêmement puissant et autoritaire. Si le sujet devient négligent et arrogant, et pense qu'il est « capable de voir avec un seul œil, et capable de marcher avec un seul pied », l'erreur lui coutera cher. En marchant sur la queue d'un tigre, on a besoin de voir les choses clairement, avec ses deux yeux, et non un seul ; on a également besoin de marcher avec ses deux pieds, et non un seul. Autrement, le sujet serait un aventurier imprudent, « marchant sur la queue d'un tigre et ayant été mordu. » L'objet est plus fort que le sujet. Si le sujet ose défier l'objet, ce sera comme si « une personne effrontée traite avec un puissant seigneur. » Le sujet doit être conscient du danger et maintenir une attitude yin.

Cette ligne est en position incorrecte, mais complémentaire avec yang 6 ▬. L'attitude yin du sujet est neutre.

Yang 4

Marcher sur la queue d'un tigre.
On se déplace avec précaution.
La situation est finalement favorable.

Yang 4 ▬ indique que l'objet agit agressivement, rendant la situation dangereuse et difficile pour le sujet. Si le sujet se déplace avec précaution lorsqu'il « marche sur la queue d'un tigre », il est possible que le sujet soit capable de surmonter cette période difficile : « La situation est finalement favorable. »

Cette ligne est en position incorrecte, et est en conflit avec yang 1 ▬. L'action yang de l'objet est défavorable.

Yang 5

Marcher avec détermination.
Rester dans cette voie est dangereux.

Yang 5 ▬ indique que l'objet est plus fort que le sujet, physiquement, financièrement, ou spirituellement. Si le sujet abandonne face à cette force, l'objet considèrera le sujet comme acquis, et cela présente un danger. La situation sera défavorable pour le sujet. Le sujet doit avancer avec détermination et résolution, car la moindre hésitation peut provoquer la rage du tigre. Malgré le danger de ce parcours, il est toujours possible pour le sujet de traverser une période difficile s'il est prudent.

Cette ligne est en position correcte, mais est en conflit avec yang 2 ▬. L'essence yang de l'objet est neutre.

Yang 6

En marchant sur la queue d'un tigre,
On observe attentivement,
Et on examine complètement
Et minutieusement la situation.
Finalement, le résultat est très favorable.

Yang 6 ▬ indique que l'objet est arrogant, autoritaire, et agressif. Traiter avec un objet comme cela est difficile et dangereux, comme marcher sur la queue d'un tigre. Le sujet doit observer et examiner la situation attentivement, complètement et minutieusement, avec une attitude yin. Cette humilité, flexibilité et prudence offrent une possible survie et réussite : « Finalement, le résultat est très favorable. »

Cette ligne est en position incorrecte, mais complémentaire avec yin 3 ▬▬. L'attitude yang de l'objet est neutre.

CHAPITRE 17
Lorsque le ciel ☰ est le sujet

CE CHAPITRE COMPORTE LE TEXTE du Classique des changements avec huit hexagrammes de 7:0 à 7:7. Leur sujet trigramme est le trigramme 7, qui représente le ciel. La caractéristique typique du ciel est la force, non seulement la puissance physique, mais aussi la créativité, l'agressivité, l'action offensive, et aussi l'imprudence, une attitude grossière et l'arrogance.

1 Hexagramme 7:0, la paix (Zhou Yi, hexagramme 11)

La paix décrit une relation harmonieuse. Le trigramme 7 ☰, qui est le ciel (force), représente le sujet ; et le trigramme 0 ☷, qui est la terre (adaptabilité), représente l'objet. Pendant que le sujet avance, l'objet suit. Le sujet jouit de paix et de liberté, tandis que l'objet s'occupe de ses propres affaires.

1—Texte général

Bien qu'une chose insignifiante soit perdue,
Une grande chose est gagnée.
La situation actuelle est favorable.
Les choses se passent bien.

Le sujet fait avancer la relation, une condition qui convient parfaitement à l'objet. Ce dernier a besoin d'aide, et le sujet est fort et la lui apporte. Le sujet est arrogant et l'objet respectueux. La relation est harmonieuse. Quand il l'aide, le sujet renonce à quelque chose, mais en retour, il obtient un environnement paisible et le soutien de celui-ci. « La perte d'une chose triviale favorise une meilleure condition ». Ainsi, « la situation actuelle est favorable » pour le sujet, et dans cette situation paisible, « les choses se passent très bien ».

2—Structure

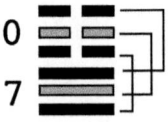

Figure 17.1 : structure de l'hexagramme 7:0

Dans cet hexagramme, quatre lignes, yang 1 ▬, yang 3 ▬, yin 4 ▬▬ et yin 6 ▬▬, sont dans des positions correctes et les deux autres lignes sont dans des positions incorrectes. Toutes les lignes correspondantes sont complémentaires entre elles. L'hexagramme 7:0 est favorable.

3—Texte des lignes

Yang 1

Tout en tirant un roseau du sol,
On sort tous les roseaux
Qui s'entremêlent les uns avec les autres.
Aller de l'avant est favorable.

Yang 1 ▬ indique que le sujet pousse la relation vers l'avant. L'objet yin n'offre aucune résistance, car le sujet fait avancer la relation. Les intérêts du sujet et de l'objet sont entrelacés, « En tirant un roseau hors du sol, on sort tous les roseaux, qui s'emmêlent les uns avec les autres ». La situation est bonne pour que le sujet s'amuse et s'émancipe, « aller de l'avant est donc favorable ». Étant donné que les intérêts des deux parties sont liés, le sujet doit prendre soin de l'objet aussi bien que de lui-même.

Cette ligne est en position correcte et complémentaire à yin 4 ▬▬. L'action yang du sujet est favorable.

Yang 2

Avec des calebasses nouées autour du corps,
On traverse une rivière.
On n'oublie jamais les amis qui sont loin.
Au milieu du voyage,
Quand on a perdu une paire de coquillages,
On obtient de l'aide des amis.

Dans l'Antiquité, en l'absence de bateaux ou de ponts, il était très difficile et dangereux de traverser une rivière. « Avec des calebasses attachées autour du corps, on traverse la rivière », décrit le sujet surmontant des difficultés cruciales à l'aide de choses insignifiantes, comme les calebasses creuses utilisées pour la flottaison. « Une paire de coquillages » était une sorte d'ancienne monnaie chinoise.

Yang 2 ▬ indique que le sujet est essentiellement en bonne santé et bien préparé, avec un bon travail ou le soutien des autres. Cette force lui donne la capacité d'aider l'objet. Comme récompense, il reçoit de l'aide de l'objet au moment où il en a besoin. Et comme celui-ci est en position de faiblesse, l'aide qu'il lui apporte peut paraître moins précieuse, comme une paire de « calebasses », mais pourrait faire une différence matérielle à un moment crucial.

Cette ligne est centrale et complémentaire à yin 5 ▬▬, mais dans une position incorrecte. L'essence yang du sujet est neutre, ou un peu favorable.

Yang 3

Aucune plaine n'existe sans pente.
Aucune sortie n'est sans retour.
Rester sur ce parcours est difficile,
Pourtant irréprochable,
Mais ne vous inquiétez pas.

La sincérité est la clé du bonheur.

Yang 3 ▬ indique que le sujet est arrogant, imprudent, autoritaire ou intimidant. L'objet est humble, agréable et respectueux, et peut très bien s'accorder avec le sujet. Mais les choses changent constamment dans le monde : « Aucune plaine n'est sans pente et aucune sortie n'est sans retour. » Si le sujet reste têtu, et ne peut s'adapter à de tels changements avec souplesse, « il lui serait difficile de rester sur cette voie ». Mais si le sujet est vrai et honnête, il ne devrait pas être blâmé, et tout irait bien, « car la sincérité est la clé du bonheur ».

Cette ligne est en position correcte et complémentaire à yin 6 ▬▬. L'attitude yang du sujet est favorable.

Yin 4

Les oiseaux voltigent dans le ciel.
Être sincère et
Désintéressé de profiter du voisinage,
Évite une vigilance permanente.

Yin 4 ▬▬ indique que l'objet suit le sujet, sans conflit entre eux. Le sujet jouit d'un environnement paisible, comme s'il admirait des oiseaux « flottant dans le ciel «. Puisqu'il est fort, alors que l'objet est faible, il ne doit pas être trop agressif, mais rester en harmonie avec l'objet, parce qu'il faut « être sincère et désintéressé de profiter du voisinage ». Si les deux parties sont claires dans leurs rapports mutuels, le sujet « n'a pas besoin de rester vigilant ».

Cette ligne est en position correcte et complémentaire à yang 1 ▬. L'action yin de l'objet est favorable.

Yin 5

Lorsque l'empereur Yi a donné sa sœur en mariage,
Celui-ci a apporté la paix et le bonheur.
La situation est très favorable.

L'empereur du classique des changements était de la dynastie Shang, dont le fils était le dernier empereur de celle-ci (1600-1100 BC.) Il a donné sa sœur en mariage au roi Wen en (1221-1124 av. J.-C.) qui était un leadeur du pays de Zhou.

Yin 5 ▬▬ indique que l'essence de l'objet est faible physiquement, financièrement ou spirituellement. Puisque le sujet est fort, il devrait faire des faveurs pour l'objet, « quand l'empereur du classique des changements a donné sa sœur en mariage, ce mariage a apporté la paix et le bonheur ». Au fur et à mesure que le sujet et l'objet se rapprochent, « la situation reste très favorable ».

Cette ligne est dans une position incorrecte, mais centrale et complémentaire à yang 2 ▬. L'essence yin de l'objet est neutre.

Yin 6

Sans entretien,
La grande muraille de la ville s'effondre dans les douves.

On n'a pas besoin d'utiliser des troupes.
Les lois sont édictées dans sa propre ville.
Maintenir ce cap est défavorable.

Yin 6 ▬ ▬ indique que l'objet écoute et respecte le sujet. Le statut de la relation est paisible, il n'y a donc pas besoin de défenses, parce que « sans entretien, la grande muraille de la ville s'effondre dans les douves. On n'a pas besoin d'utiliser des troupes. » Bien que l'objet cède au sujet, celui-ci doit s'occuper de ses propres affaires, sans empiéter sur celles de l'objet, car « les lois sont émises dans sa propre ville ». Mais si le sujet se comporte avec arrogance, profitant de l'accessibilité de l'objet, « maintenir ce cap est désagréable ».

Cette ligne est en position correcte et complémentaire à yang 3 ▬. L'attitude yin de l'objet est favorable.

2 Hexagramme 7:1, accumuler (Zhou Yi, hexagramme 26)

Accumuler décrit une situation où l'énergie du sujet s'accumule, mais le sujet n'exerce pas encore ce pouvoir. Le titre original de cet hexagramme en chinois est composé de deux caractères, « grand » et « accumulation ».

Le trigramme 7 ☰, qui est le ciel (force), représente le sujet ; et le trigramme 1 ☶, qui est la montagne (arrêt), représente l'objet. Le sujet est actif et puissant, mais fait face à des obstacles de l'objet sur le chemin. La situation est tendue. Le sujet crée l'énergie, s'apprête à rompre l'obstacle et à tracer « un chemin qui mène au ciel ».

1—Texte général

Il est bénéfique de maintenir le cap actuel.
Il est préférable de ne pas manger à la maison.
Il est avantageux de traverser une grande rivière,
Trouver de la nourriture dans une ville voisine.

Le sujet veut aller de l'avant, mais l'objet bloque le chemin. Il est fort et capable de surmonter l'objet, ce qui est faible, « Il est bénéfique de rester sur le cap actuel ». Le sujet est arrogant et autoritaire, et l'objet est têtu, donc la confrontation est inévitable. En se préparant à sortir de l'impasse, il ne devrait pas utiliser toutes ses propres ressources, et devrait profiter de ce qui est disponible à l'extérieur. « Il est favorable de ne pas manger à la maison. C'est bénéfique de traverser la grande rivière, et de trouver la nourriture dans l'autre ville. »

2—Structure

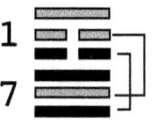

Figure 17.2 : structure de l'hexagramme 7:1

Dans cet hexagramme, yang 1 ▬, yang 3 ▬ et yin 4 ▬ ▬ sont dans des positions correctes ; les trois autres lignes sont dans des positions incorrectes. Les deux lignes du bas et celles du milieu sont complémentaires, et les deux lignes supérieures sont en conflit les unes avec les autres. L'hexagramme 7:1 est neutre ou un peu favorable.

3—Texte des lignes

Yang 1

Un danger se présente.
Il serait bénéfique de s'arrêter.

Yang 1 ▬ indique que le sujet veut avancer, mais est arrêté par l'objet têtu. Si le sujet réagit trop agressivement à ce délai, avant que les préparatifs nécessaires ne soient terminés, « il y a un danger ». Il doit prendre du temps pour accumuler de l'énergie, « il alors est bénéfique de s'arrêter ».

Yang 2

Déplacez l'essieu du charriot.

Yang 2 ▬ indique que le sujet est fort alors que l'objet est faible. L'objet est têtu et résistant. Le sujet n'est pas prêt pour un combat. Il devrait conserver ses forces et ne pas pousser vers l'avant, pour « déplacer l'essieu du charriot ». Lorsque le temps d'utiliser le charriot arrivera, le sujet pourra remonter le charriot et continuer à rouler.

Cette ligne est centrale et complémentaire à yin 5 ▬ ▬, mais dans une position incorrecte. L'essence yang du sujet est neutre, ou un peu favorable.

Yang 3

Les beaux chevaux se poursuivent.
Il est bénéfique de lutter avec acharnement et de
Restez sur ce parcours.
Affiner ses capacités pour avancer avec des charriots et pour se défendre.
Cela est bénéfique d'aller de l'avant.

Yang 3 ▬ indique que l'attitude du sujet est arrogante, insouciante, autoritaire ou intimidante. Parce que l'objet est têtu, bloquant le chemin du sujet, ce dernier doit changer d'attitude, en étant prudent au lieu d'être insouciant. Au lieu de monter à cheval pour se battre, laissez « les beaux chevaux se poursuivre ». « Il est bénéfique de lutter avec acharnement et de rester sur ce parcours », de se soumettre à l'entrainement et aux exercices plutôt que de prendre des mesures offensives. « Affiner les capacités pour avancer avec des charriots et pour se défendre ». Cette attitude de retenue et de patience est bénéfique pour « aller de l'avant ».

Cette ligne est en position correcte, mais est en conflit avec yang 6 ▬. L'attitude yang du sujet est neutre. En ce qui concerne la situation actuelle, le texte suggère que le sujet poursuive un changement d'attitude du yang au yin.

Yin 4

Le veau est courbé dans une ridelle frontale
Et ne menace personne.

La situation est très favorable.

Yin 4 ▬ ▬ indique que l'objet adopte une action défensive et recule. Avec une attitude insoumise, l'objet ressemble à un veau orgueilleux, mais « le veau est courbé dans une ridelle frontale et ne menace personne ». Pour le sujet, « la situation est très favorable ».

Cette ligne est en position correcte et complémentaire à yang 1 ▬. L'action yin de l'objet est favorable.

Yin 5

Les défenses d'un sanglier doré
N'exercent aucun pouvoir.
La situation est favorable.

Yin 5 ▬ ▬ indique que l'essence de l'objet est yin. L'objet est faible physiquement, financièrement ou spirituellement. Son attitude dure le fait passer pour un « sanglier » déchaîné, mais, en fait, ce « sanglier » est doré et ne fera pas de mal au sujet. « Les défenses du sanglier doré n'exercent aucun pouvoir ». « La situation est favorable » pour le sujet.

Cette ligne est centrale et complémentaire à yang 2 ▬, mais dans une position incorrecte. L'essence yin de l'objet est neutre.

Yang 6

Comme se déplacer sur un chemin vers le paradis,
Les choses se déroulent très bien.

Yang 6 ▬ indique que l'attitude de l'objet est arrogante, imprudente et obstinée. Parce que le sujet jouit d'une supériorité écrasante sur lui, le sujet n'aura aucun problème à prendre des mesures pour franchir cet obstacle. S'il est bien préparé et a accumulé de l'énergie pour une grève, la victoire viendra à un coût minime : « Comme si on se dirigeait vers le paradis, les choses se déroulent très bien.

Cette ligne est dans une position incorrecte et en conflit avec yang 3 ▬. L'attitude yang de l'objet est défavorable.

③ Hexagramme 7:2, l'attente (Zhou Yi, hexagramme 5)

L'attente signifie que le sujet peut s'attendre à une meilleure relation. Le trigramme 7 ☰, étant le ciel (force), représente le sujet ; et le trigramme 2 ☵, qui est l'eau (difficulté et danger), représente l'objet. Le sujet, actif et puissant, attend une meilleure relation avec l'objet. Celui-ci éprouve quelques difficultés et ressent un certain danger dans la relation. La solution de ces problèmes se trouve du côté de l'objet, de sorte que la tâche du sujet est de rester dans l'attente sincère, croyant que « le respect des autres apporte une fin favorable ».

1—Texte général

Si l'on est sincère,
Il y aura une lumière,
Les choses iront bien.
Rester sur le cap actuel est favorable.

Il est avantageux de traverser une grande rivière,
Communiquer avec les autres.

Le sujet et l'objet sont forts physiquement, financièrement ou spirituellement. Il veut faire avancer la relation. L'objet veut se défendre et envisage même de se retirer de cette relation. Le sujet est arrogant, égocentrique et autoritaire, mais aussi franc, véridique et honnête. L'objet est introverti, silencieux et respectueux. Il se sent mal à l'aise avec le sujet, donc celui-ci doit rester sincère, pour gagner sa confiance. Alors seulement, « il y aura une lumière » et « tout se passera bien ». Le sujet doit continuer à promouvoir la relation de façon cohérente, parce que « rester sur le cap actuel est favorable. » Il doit tendre la main et parler avec l'objet pour favoriser une compréhension mutuelle, « Il est bénéfique de traverser le grand fleuve et de communiquer avec les autres.

2—Structure

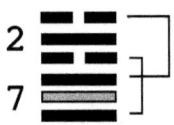

Figure 17.3 : structure de l'hexagramme 7:2

Dans cet hexagramme, toutes les lignes sont dans des positions correctes, sauf yang 2 ▬. Les deux lignes, inférieures et supérieures sont complémentaires et les deux lignes médianes sont en conflit les unes avec les autres. L'hexagramme 7:2 est neutre, ou un peu favorable.

3—Texte des lignes

Yang 1

Ses souhaits sont lointains,
Comme une banlieue
Éloignée du centre-ville.
Il est bénéfique d'être persévérant.
Il n'y a aucun blâme.

Yang 1 ▬ indique que le sujet pousse la relation vers l'avant, s'attendant à une meilleure situation. Cependant, l'objet n'est pas aussi enthousiaste. La solution au problème dépend de sa réaction. Les attentes du sujet sont à ce stade irréalistes, « les souhaits sont lointains, comme une banlieue éloignée du centre-ville ». Mais il doit continuer à pousser, « Il est bénéfique d'être persévérant, parce qu'il n'y aura aucun blâme. »

Cette ligne est en position correcte et complémentaire à yin 4 ▬▬. L'action yang du sujet est favorable.

Yang 2

Les attentes sont basées sur le sable,
Ce qui n'est pas solide.
On souffre des ragots des autres.
Cela est favorable en fin de compte.

Yang 2 ▬ indique que l'essence du sujet est forte physiquement, financièrement ou spirituellement. Doté de richesse, de santé, de désirabilité, de succès ou de force spirituelle, le sujet s'attend à ce que ces traits s'avèrent attrayants pour l'objet. Mais « ces attentes sont basées sur le sable, qui n'est pas solide. » Parce que l'objet nourrit des doutes sur cette relation et peut être disposé à entendre des conseils négatifs, « l'un souffre des ragots des autres ». Mais le sujet doit rester sincère, inébranlable et patient, « pour une situation favorable à la fin ».

Yang 3

Les attentes de chacun sont basées sur une boue
Qui est collante et fluide.
Cette situation attire les voleurs.

Yang 3 ▬ indique que le sujet est arrogant, égocentrique et autoritaire. Cette attitude dominatrice ne résoudra pas les problèmes de la relation, mais l'enlisera, « les attentes sont basées sur une boue douce et collante ». Cette situation de vulnérabilité, où une relation troublée s'enlise dans une boue d'attentes mal placées, invite les autres à profiter des problèmes du sujet. « On fait venir les voleurs ». Cependant, l'attitude yang du sujet peut aussi être utile pour repousser les étrangers.

Cette ligne est en position correcte et complémentaire à yin 6 ▬▬. L'action yang du sujet est favorable.

Yin 4

Les attentes sont basées sur le sang,
Qui est une chose vitale.
L'un d'eux est sauvé d'un piège.

Yin 4 ▬▬ indique que l'objet ne veut pas avancer dans la relation. Le sujet doit continuer à attendre, s'attendant sincèrement à ce que l'objet se sente plus enthousiaste à propos de la relation, car ici l'attente est bien fondée. « Les attentes sont basées sur le sang, qui est une chose vitale ». Lorsque l'objet répond à cette connexion fondamentale, les problèmes seront résolus, « On est sauvé d'un piège ».

Cette ligne est en position correcte et complémentaire à yang 1 ▬. L'action yin de l'objet est favorable.

Yang 5

Les attentes sont basées sur la nourriture et le vin,
Qui sont de réels avantages.
Rester sur cette voie est favorable.

Yang 5 ▬ indique que l'objet est essentiellement fort concernant la finance, la santé, le pouvoir et les affaires ou la désirabilité. Si le sujet s'attend à ce que l'objet participe à certains rituels ordinaires d'une relation, tels que manger et boire, ce dernier fera confiance au sujet, parce que « ses attentes sont basées sur la nourriture et le vin, qui sont des bénéfices réalistes ». Grâce à ces activités normales et faciles, le sujet et l'objet peuvent trouver une chance de résoudre leurs problèmes. Le sujet devrait continuer à pousser la relation en avant, en suivant la méthode de ces plaisirs domestiques, car « rester sur cette voie est favorable.

Cette ligne est centrale et en position correcte, mais est en conflit avec yang 2 ▬. L'essence yang de l'objet est neutre.

Yin 6

Lorsqu'on est traqué dans un piège
Trois invités inattendus arrivent.
Respecter les autres apporte une fin favorable.

Yin 6 ▬▬ indique que l'objet est humble, agréable et respectueux. D'autre part, l'attitude du sujet est arrogante, imprudente, égocentrique, égocentrique, autoritaire ou intimidante. L'objet peut être respectueux et agréable envers le sujet, mais n'aime pas l'attitude de ce dernier. Les problèmes restent non résolus, et le sujet est « traqué dans un piège ». Pendant cette période troublée, d'autres peuvent s'interposer entre les deux. En effet « trois invités inattendus arrivent », il n'est pas clair si ces « ceux-ci » viennent pour aider à résoudre les problèmes, ou pour profiter de la discorde dans cette relation. Quoi qu'il en soit, le sujet doit rester patient face à ce développement et faire confiance à ses résultats. « Respecter les autres apporte une fin favorable ».

Cette ligne est en position correcte et complémentaire à yang 3 ▬. L'attitude yin de l'objet est favorable. Si le sujet reste sincère et honnête, et qu'il se connecte réellement avec l'objet, une bonne solution pourrait être trouvée.

[4] Hexagramme 7:3, l'accumulation (Zhou Yi, hexagramme 9)

L'accumulation fait référence au fait de laisser les problèmes dans la relation s'entasser ; parce qu'il n'est pas nécessaire de les résoudre immédiatement. Le trigramme 7 ☰, qui est le ciel (force), représente le sujet ; et le trigramme 3 ☴, étant le vent (flexibilité), représente l'objet. Le sujet est puissant et actif, tandis que l'objet est aussi puissant, mais passif. Parce que des problèmes peuvent surgir dans le remorqueur entre force et flexibilité, la situation actuelle est mitigée, « il pleut pendant un certain temps, et la pluie s'arrête à un moment donné ». Les problèmes doivent être mis en suspens pour l'instant, car une « expédition est défavorable ».

1—Texte général

Les choses se passent bien.
Il y a des nuages denses, mais il ne pleut pas.
Les nuages viennent de notre banlieue ouest.

Dans cette relation, les deux parties sont fortes, physiquement, financièrement ou spirituellement, donc en ce sens « les choses vont bien ». Mais il y a une différence : le sujet veut améliorer la relation, et pas l'objet. Les problèmes qui se produisent dans la relation ne sont pas graves, ou n'ont pas encore fait surface, « il y a des nuages denses, mais il ne pleut pas ». Les problèmes viennent de l'objet, qui est en relation étroite avec le sujet, « ces nuages viennent de notre banlieue ouest ». Le terme « banlieue » désigne une vaste zone de vie et non la banlieue d'une ville moderne. L'« ouest » fait référence à l'endroit d'où vient le roi Wen, un dirigeant du pays de Zhou, qui a révisé le texte du classique des changements.

2—Structure

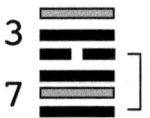

Figure 17.4 : structure de l'hexagramme 7:3

Dans cet hexagramme, quatre lignes, yang 1 ▬, yang 3 ▬, yin 4 ▬▬, et yang 5 ▬, sont en position correcte ; les deux autres lignes, le second et le sixième yang ▬, sont en position incorrecte. Les deux lignes du bas sont complémentaires et celles du milieu et du haut sont en conflit. L'hexagramme 7:3 est neutre.

3—Texte des lignes

Yang 1

On revient comme on est venu.
Pourquoi devrait-on être blâmé ?
La situation est favorable.

Yang 1 ▬ indique que le sujet essaye de ramener la relation à l'endroit où elle était : « On revient comme on est venu. Pourquoi devrait-on être blâmé ? » En fait, les problèmes dans la relation ne sont pas encore sérieux. L'objet agit passivement, sans résistance, mais le sujet a de la force. « La situation est favorable » pour que l'effort du sujet soit couronné de succès.

Cette ligne est dans une position correcte et complémentaire à yin 4 ▬▬. L'action yang du sujet est favorable.

Yang 2

L'un tire l'autre
Ils reviennent par le chemin par lequel ils sont arrivés.
La situation est favorable.

Yang 2 ▬ indique que le sujet a une force essentielle et ramène l'objet à l'état original de la relation. « L'un tire l'autre pour qu'ils reviennent par où ils sont arrivés. » Bien que l'objet soit fatigué de la relation, la situation d'origine est susceptible d'être restaurée grâce à l'enthousiasme du sujet, « elle est donc favorable ».

Cette ligne est centrale, mais dans une position incorrecte et est en conflit avec yang 5 ▬. L'essence yang du sujet est neutre.

Yang 3

Quand les rayons se détachent d'un charriot,
Le mari et la femme se battent les yeux dans les yeux.

Yang 3 ▬ indique que le sujet est arrogant, égocentrique et autoritaire. Puisque l'objet partage cette attitude, ils se sentent malheureux l'un avec l'autre, et commencent à se disputer ou se battre. « Comme les rayons se détachent d'un charriot, le mari et la femme se battent les yeux dans les yeux ». L'expression « mari et femme » ne devrait pas être interprétée comme signifiant un couple littéral ; il s'agit d'une métaphore de la relation. Les deux parties peuvent être ou non un couple, mais elles sont dans une relation étroite et ont des problèmes.

Cette ligne est en position correcte, mais est en conflit avec yang 6 ▬. L'attitude yang du sujet est neutre.

Yin 4

Parce qu'on est sincère,
Le combat sanglant s'arrête progressivement et
La peur diminue.
Il n'y a aucun blâme.

Yin 4 ▬▬ indique que l'objet est en mode défensif. Si le sujet traite l'objet avec sincérité, « le combat sanglant s'arrête progressivement et la peur diminue ». « Il n'y a pas de blâme » pour le sujet.

Cette ligne est en position correcte et complémentaire à yang 1 ▬. L'action yin de l'objet est avantageuse.

Yang 5

La sincérité lie les partenaires entre eux,
Cela sert non seulement à leur propre intérêt,
Mais profite aussi au voisinage.

Yang 5 ▬ indique que l'objet est sain, bien éduqué, professionnel, en possession d'un bon revenu ou d'une position puissante, ou qu'il est soutenu par d'autres. Si le sujet est sincère, l'objet pourrait travailler avec lui, « La sincérité lie les partenaires. Cela sert non seulement aux intérêts personnels, mais enrichit aussi le voisinage. » Le fait d'être sincère et de travailler ensemble favorise les deux parties et profite à la communauté environnante. Si le sujet n'est pas sincère, il y aura des problèmes et les deux parties se battront l'une contre l'autre, consommant leurs ressources. Cela ne profitera à aucune des deux parties.

Cette ligne est en position correcte, mais est en conflit avec yang 2 ▬. L'essence yang de l'objet est neutre.

Yang 6

Il pleut depuis un moment,
Et la pluie s'arrête à un moment donné.
Bénéficiez de l'équité et de la justice.
Il est dangereux pour une femme de rester sur ce parcours.
La lune est presque pleine.
En tant qu'homme, une expédition est défavorable.

Yang 6 ▬ indique que l'objet est arrogant, égocentrique, autoritaire ou intimidateur, tout comme le sujet. Cela cause des problèmes épisodiques dans la relation, parce qu'« Il pleut pendant un certain temps, et la pluie s'arrête à un moment donné». Si le sujet et l'objet traitent l'un avec l'autre de façon juste et équitable, le problème pourrait être résolu. «Gagnez des avantages avec équité et justice». Le sujet doit gérer la relation avec douceur, comme une femme qui a l'habitude d'être douce et gracieuse, même s'il y a un risque de confrontation, car «il est dangereux pour une femme de rester sur ce parcours». La situation n'est pas parfaite, mais elle a du potentiel. «La lune est presque pleine». Si le sujet agit de façon insouciante comme le fait habituellement un homme, la situation pourrait s'aggraver, «En tant qu'homme, une expédition est défavorable».

Cette ligne est dans une position incorrecte et en conflit avec yang 3 ▬. L'attitude yang de l'objet est défavorable.

5 Hexagramme 7:4, sans défense (Zhou Yi, hexagramme 34)

Sans défense offre un avertissement que le sujet pourrait abuser de son pouvoir et faire une erreur insouciante. Le trigramme 7 ☰, qui est le ciel (force), représente le sujet ; et le trigramme 4 ☳, étant le tonnerre (mouvement), représente l'objet. Le sujet puissant pourrait profiter de l'objet et outrepasser son autorité, causant des ennuis, comme «un bélier qui enfonce une clôture, s'emmêle les cornes et ne peut ni avancer ni reculer».

1—Texte général

Il est bénéfique de maintenir le cap actuel.

Le sujet et l'objet veulent faire avancer la relation. L'objet est faible et a besoin d'aide. Le sujet est fort, capable de l'aider, arrogant et autoritaire. L'objet est humble, agréable et respecte le sujet. Pour le sujet, «il est bénéfique de maintenir le cap actuel». Cela confirme qu'il existe de bonnes circonstances pour la relation, mais le sujet ferait mieux de ne pas abuser de son pouvoir et d'être prudent afin de rester sur la bonne voie.

2—Structure

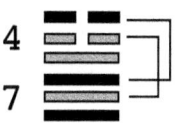

Figure 17.5 : structure de l'hexagramme 7:4

Dans cet hexagramme, yang 1 ▬, yang 3 ▬, et 6 ▬▬ sont en position correcte. Les trois autres lignes sont dans des positions incorrectes. Les deux lignes du milieu et celles du haut sont complémentaires, et les deux lignes du bas sont en conflit. L'hexagramme 7:4 est neutre.

3—Texte des lignes

Yang 1

Les orteils de l'un sont forts.
Il serait préférable d'être sincère.
Soyez sincère.

Yang 1 ▬ indique que le sujet veut faire avancer la relation. Ses «orteils sont forts», mais ses intentions pourraient ne pas être sages. S'appuyant uniquement sur la force, il ne se rend pas compte des erreurs dangereuses qui peuvent résulter de son attitude imprudente. La situation actuelle n'est pas mauvaise, mais il doit y rester et ne pas aller plus loin, parce qu'»avancer ici est défavorable». Être sincère avec l'objet leur bénéficiera à tous. Si le sujet est prudent et non insouciant, la relation pourrait progresser avec le temps.

Cette ligne est en position correcte, mais est en conflit avec yang 4 ▬. L'action yang du sujet est neutre.

Yang 2

Rester sur cette voie est favorable.

Yang 2 ▬ indique que le sujet a de la force et est capable d'offrir à l'objet l'aide dont il a besoin. S'il aide sincèrement l'objet, cela profitera aux deux parties. « Rester sur ce parcours est avantageux » pour le sujet ».

Cette ligne est centrale et complémentaire à yin 5 ▬▬, mais dans une position incorrecte. L'essence yang du sujet est neutre, ou un peu favorable.

Yang 3

Une personne stupide utilise la force
Alors qu'une personne intelligente ne le fait pas.
Rester sur ce parcours est dangereux,
Comme un bélier bute la clôture et
S'emmêle les cornes.

Yang 3 ▬ indique que le sujet a une attitude imprudente qui peut mener à l'insouciance. En raison de grande force, il pourrait abuser de son pouvoir. Si le sujet est stupide, il ou elle essayera d'utiliser la force, mais « une personne intelligente ne le ferait pas », à cause des dangers impliqués. « Comme un bélier enfonce la clôture et s'emmêle les cornes », le sujet doit faire preuve de retenue et de prudence, afin d'éviter toute erreur insouciante.

Cette ligne est en position correcte et complémentaire à yin 6 ▬▬. L'attitude yang du sujet est favorable. Cependant, dans la situation actuelle, où il est très fort et l'objet très faible, cette attitude yang peut être trop bonne. Les deux parties veulent être proches l'une de l'autre et l'objet est très poli avec le sujet, de sorte que la partie négative de l'attitude yang du sujet, l'insouciance, puisse assumer un rôle défavorable.

Yang 4

Rester sur cette voie est favorable.
Les regrets disparaissent.
La clôture se brise
Et le bélier ne s'emmêle plus.
L'un est fort comme un essieu tirant un charriot.

Yang 4 ▬ indique que l'objet veut avancer dans la relation. Mais comme il est plus faible, il aura besoin de l'aide du sujet. Cependant, celui-ci doit faire preuve d'une retenue appropriée avec l'objet, comme une ouverture dans une clôture qui « n'embarrasse pas le bélier ». Un sujet qui n'est pas empêtré par sa propre force pourrait utiliser cette force sagement et bien, comme le puissant « essieu tirant un charriot ».

Cette ligne est dans une position incorrecte et en conflit avec yang 1 ▬. L'action yang de l'objet est défavorable.

Yin 5

Des moutons se sont égarés dans le pays de Zhou,
Quand le duc Hai était imprudent.
Il n'y a aucun regret.

« Des moutons se sont égarés dans le pays de Zhou » se réfère à une histoire qui a pris naissance autour de 1900 avant J-C. « Le duc Hai, et son frère Heng, conduisait plusieurs charriots et un grand troupeau de moutons et de bœufs dans le pays de Yi. Les bœufs tiraient les charriots. Les habitants de ce pays n'avaient jamais vu ce moyen de transport. Le duc Mianchen, le chef de ce pays, a diverti le duc Hai et son entourage et lui a demandé s'ils lui apprendraient à dresser des bœufs de cette manière, et ce dernier a accepté.

Au cours de son séjour, le duc Hai découvre la très belle fille de son homologue Mianchen. Il l'a rencontrée en secret, mais son frère Heng a découvert leur secret. Heng s'intéressait aussi à cette belle jeune fille et, par jalousie, a révélé l'affaire au duc Mianchen. Celui-ci, outragé, tua le duc Hai et confisqua tous les charriots, bœufs et moutons.

Yin 5 ▬▬ indique que l'objet a une faiblesse essentielle, manque d'expérience dans un emploi, et est maladroit dans les relations sociales, ou lorsqu'il a une responsabilité physique ou financière. Il a besoin de l'aide du sujet, tout comme le duc Mianchen avait besoin du duc Hai pour lui apprendre à dresser les bœufs. Si le sujet tient compte de la leçon de cette histoire, il ou elle pourrait trouver un moyen d'offrir de l'aide sans tout risquer inlassablement ; alors il n'y aura « aucun regret ».

Cette ligne est centrale et complémentaire à yang 2 ▬, mais dans une position incorrecte. L'essence yin de l'objet est neutre, ou un peu favorable.

Yin 6

Un bélier enfonce une clôture, ses cornes s'emmêlent.
Il ne peut pas avancer ou reculer.
La situation n'est pas bénéfique.
Lutter de toutes ses forces est favorable.

Yin 6 ▬▬ indique que l'attitude de l'objet, humble, agréable et respectueuse, peut amener le sujet à perdre le contrôle et à faire une erreur, tout comme « un bélier enfonce une clôture, s'emmêle les cornes et ne peut pas avancer ou reculer ». « La situation n'est pas bénéfique, et le sujet doit être conscient de ce danger. Pour l'éviter, il faudra lutter pour résister à la tentation.

Cette ligne est en position correcte et complémentaire à yang 3 ▬. L'attitude yin de l'objet est favorable. Cependant, en raison de la situation actuelle, l'attitude yin de l'objet n'est bénéfique que lorsque le sujet fait un effort suffisant pour éviter les comportements insouciants.

6 Hexagramme 7:5, l'acquisition (Zhou Yi, hexagramme 14)

L'acquisition signifie que le sujet profite des avantages de la relation. En chinois, ce titre est composé de deux caractères : « da », qui signifie « grand », et « toi », qui signifie « avoir ». « Le terme « acquisition « ne signifie pas nécessairement l'acquisition d'une valeur matérielle ou d'une richesse ; il peut aussi signifier l'obtention d'une aide intelligente et d'autres avantages.

Le trigramme 7 ☰, étant le ciel (force), représente le sujet ; et le trigramme 5 ☲, étant le feu (éclat et accrochage), représente l'objet. Ensemble, ils créent l'image d'un leadeur puissant qui a une personne sage en tant qu'assistant.

1—Texte général

Les choses se déroulent très bien.

Le sujet et l'objet veulent tous deux aller de l'avant dans la relation, et tous deux sont puissants, arrogants et autoritaires. Le sujet est plus fort et prend soin de l'objet. L'objet s'accroche au sujet et l'aide avec sa brillance. Cet échange entre la force et l'intelligence est très favorable, « les choses vont très bien ».

2—Structure

Figure 17.6 : structure de l'hexagramme 7:5

Dans cet hexagramme, deux lignes, yang 1 ▬ et yang 3 ▬, sont en position correcte ; les quatre autres lignes, yang 2 ▬, yang 4 ▬, yin 5 ▬ ▬, et yang 6 ▬, sont en position incorrecte. Les deux lignes du bas et celles du haut sont en conflit l'une avec l'autre, et les deux lignes du milieu sont complémentaires. L'hexagramme 7:4 est neutre.

3—Texte des lignes

Yang 1

Interagir avec les autres n'est ni nuisible
Ni blâmable.
Lutter avec acharnement est irréprochable.

Yang 1 ▬ indique que le sujet veut faire avancer la relation, cherchant une personne sage. Pour trouver une personne sage pour un assistant, le sujet doit interagir avec les autres. Peut-être que les autres ne sont pas ceux que le sujet recherche, mais cette socialisation « n'est ni nuisible ni blâmable ». Découvrir la bonne personne n'est pas facile, il doit persévérer, « Lutter avec acharnement est irréprochable ».

Cette ligne est en position correcte, mais est en conflit avec yang 4 ▬. L'action yang du sujet est neutre.

Yang 2

On invite une personne sage,
Et lui propose de monter dans un grand charriot.
Aller de l'avant est irréprochable.

Dans le texte original chinois, la première phrase ne comprend que quelques mots, « Charger dans un grand charriot ». Il y avait une légende sur Jiang Ziya, qui vivait vers 1100 av. J.-C. Quand il avait quatre-vingts ans, il avait reçu la visite du roi Wen qui avait entendu dire que Jiang était un homme sage, et il l'avait cherché trois fois. Il l'a trouvé en train de pêcher sur un rocher près de la rivière. Il est dit dans la légende que Jiang pêchait avec une aiguille plutôt qu'avec un hameçon. Il a dit : « Je ne prends que le poisson qui vient à mon aiguille de sa propre volonté. » Le roi Wen fit monter Jiang dans son charriot, le ramena au palais impérial et le nomma commandant en chef. Plus tard, Jiang Ziya a aidé le roi Wen et son fils King Wu à gagner la guerre contre la dynastie Shang et a créé la dynastie Zhou.

Yang 2 ▬ indique que le sujet a la force nécessaire pour trouver la bonne personne. En réalité, l'objet n'a pas besoin d'être littéralement une personne sage, juste la bonne personne pour le sujet. Puisque l'essence du sujet est yang et complémentaire à l'essence yin de l'objet, « aller de l'avant est irréprochable » pour le sujet.

Cette ligne est centrale et complémentaire à yin 5 ▬ ▬, mais dans une position incorrecte. L'essence yang du sujet est neutre, ou un peu favorable.

Yang 3

Le sage tient une offrande pour le roi.
Cette cérémonie ne peut pas être dirigée
Par une personne non qualifiée.

Dans l'Antiquité, l'empereur était considéré comme le fils du ciel. Les offrandes étaient une activité très importante utilisée pour commémorer ses ancêtres. Il est écrit en « Shiji », que « le maitre, Jiang Ziya, avait fait avancer la mission du roi Wen pendant neuf ans. Le roi Wu a assisté à une cérémonie à Bi, où le roi Wen a été enterré. » Après cette cérémonie, le roi Wu a lancé une guerre qui a mis fin à la dynastie Shang.

Yang 3 ▬ indique que le sujet est arrogant et autoritaire, comme un roi. Il utilise l'objet sage pour accomplir des tâches ou des responsabilités importantes, « Le sage tient une offrande pour le roi ». Parce que le sujet est strict et exigeant, « cette cérémonie ne peut pas être menée par une personne non qualifiée ».

Cette ligne est en position correcte, mais est en conflit avec yang 6 ▬. L'attitude yang du sujet est neutre.

Yang 4

Dans le monde, il y a peu de gens aussi brillants
Que les personnes sages.
Il n'existe aucun blâme.

Yang 4 ▬ indique que l'objet s'approche activement du sujet et souhaite poursuivre la relation. Le sujet doit accepter et utiliser l'objet, car « dans le monde, il y a peu de gens aussi brillants que les personnes sages ». Le sujet aime avoir le « sage » comme assistant, et ne doit pas être blâmé.

Cette ligne est dans une position incorrecte et en conflit avec yang 1 ▬. L'action yang de l'objet est défavorable. Mais en ce qui concerne l'ensemble de la situation, le texte souligne le côté positif de l'action yang de l'objet.

Yin 5
L'un d'eux est sincèrement lié à l'autre
Et honore la personne sage.
Cette situation est favorable.

Yin 5 ▬▬ indique que l'objet a moins de force que le sujet. Peut-être qu'il ou elle est pauvre, ou qu'il ou elle manque de pouvoir ou d'expérience, ou qu'il ou elle a une déficience ou une maladie. Puisque l'objet est brillant, le sujet voudrait l'utiliser. Le sujet « se lie sincèrement avec la personne sage et l'honore ». Ce faisant, ce dernier pourrait tirer des avantages de l'objet. « C'est favorable » pour le sujet.

Cette ligne est centrale et complémentaire à yang 2 ▬, mais dans une position incorrecte. L'essence yin de l'objet est neutre, ou un peu favorable.

Yang 6
L'aide vient du ciel.
Cette situation est bénéfique et favorable.

Yang 6 ▬ indique que l'objet est remarquable. Si le sujet se connecte à celui-ci sincèrement, le respecte, et prend soin de lui, l'objet pourrait l'aider et cette « aide viendrait du ciel. La situation est bénéfique et favorable. »

Cette ligne est dans une position incorrecte et est en conflit avec yang 3 ▬. L'attitude yang de l'objet est défavorable. Mais parce que la relation est essentiellement complémentaire, l'essence de l'objet est le yin, alors que l'essence du sujet est le yang. Le sujet peut surmonter un préjudice possible en prenant soin de l'objet. Au lieu d'être brulé, et étant plus fort, il pourrait permettre à l'objet d'utiliser son intelligence dans une position très importante. Le texte souligne l'éclat de l'objet et affirme que « la situation est bénéfique et favorable ».

7 Hexagramme 7:6, la menace (Zhou Yi, hexagramme 43)

La menace est représenté par un ancien caractère, non utilisé dans la moderne langue chinoise. Dans le script original de la cinquième ligne de cet hexagramme, les quatre premiers caractères sont « la terre d'amarante… ». L'amarante est une mauvaise herbe, et quand la terre est pleine de mauvaises herbes, elle ne peut pas produire de récoltes. D'ailleurs, le texte de cet hexagramme appelle trois fois la vigilance.

Le trigramme 7 ☰, qui est le ciel (force), représente le sujet ; et le trigramme 6 ☱, qui est le lac (plaisir), représente l'objet. L'objet n'a pas autant de force que le sujet, mais avec son attitude agréable, il peut se développer rapidement et commencer à menacer le sujet. Le sujet doit être vigilant et s'il n'appelle pas à l'aide, la fin de la situation sera défavorable.

1—Texte général

Révéler un danger dans la cour du roi,
Interpelle sincèrement les gens de la ville
À rester vigilant face à la menace.
Il est avantageux de faire quelque chose,
Mais pas la guerre.

Le sujet et l'objet sont forts et agissent agressivement. Le sujet est arrogant, autoritaire ou intimidant, et aussi téméraire, plus susceptible de faire des erreurs et de perdre le soutien des autres. Par contre, l'objet est humble, gracieux et prudent, il a plus de chances de réussir dans sa poursuite et de gagner le soutien des autres. L'objet est donc une menace pour le sujet. « Révéler le danger dans la cour du roi ». Le sujet doit utiliser tous les moyens possibles pour lutter contre l'objet menaçant, « appeler sincèrement les gens de la ville à rester vigilants face à la menace ». Il n'est pas facile pour le sujet de gagner cette confrontation. Il doit surmonter sa mauvaise attitude, et ne pas se comporter de manière imprudente, mais prudente, « Il est bénéfique de faire quelque chose, mais pas la guerre ».

2—Structure

Figure 17.7 : structure de l'hexagramme 7:6

Dans cet hexagramme, le premier, yang 1 ▬, yang 3 ▬, yang 5 ▬, et yin 6 ▬ ▬ sont en position correcte. Les deux autres lignes sont dans des positions incorrectes. Les lignes du haut sont complémentaires entre elles. Les deux lignes du bas et celles du milieu sont en conflit. L'hexagramme 7:6 est neutre.

3—Texte des lignes

Yang 1

L'un a de forts orteils
Et échoue à l'avance.
Cette situation est blâmable.

Yang 1 ▬ indique que l'action du sujet est yang. Le sujet veut avancer. Mais il ne parvient pas parfois, parce qu'il se met en route trop vigoureusement, sans réfléchir soigneusement. « Il a des orteils forts », face à un objet fort et astucieux, le sujet doit bien se préparer au mouvement offensif, sinon il risque d'être accusé d'échec.

Cette ligne est en position correcte, mais est en conflit avec yang 4 ▬. L'action yang du sujet est neutre.

Yang 2

Un appel à la vigilance est nécessaire.

Une bataille pourrait avoir lieu la nuit.
Mais ne vous laissez pas inquiéter par cela.

Yang 2 ▬ indique que le sujet est fort. De l'autre côté, l'objet est aussi fort et astucieux, ce qui représente une menace pour le sujet. Ce dernier doit rester vigilant, « Une bataille peut avoir lieu la nuit. » Cependant, le sujet ne doit pas s'inquiéter du combat, car s'il est bien préparé, il ou elle a assez de force pour une bonne défense.

Yang 3

L'un a les joues fortes,
Ce qui provoque des évènements défavorables.
Avec ce monsieur menaçant,
On a l'impression de marcher seul sous la pluie
Et de se mouiller.
La colère fait son apparition.
Sans aucune accusation.

Yang 3 ▬ indique que le sujet est arrogant et exigeant. Il lui est facile par mégarde de faire une erreur, surtout avec un discours imprudent, « on a les joues fortes », comme un vantard. Pour l'instant, l'objet est très dangereux, menaçant est irrité par une malheureuse remarque du sujet, il pourrait prendre les mots du sujet comme excuse pour attaquer, donnant à celui-ci un moment difficile. Puis le sujet, sans alliés, « a l'impression de marcher seul sous la pluie et de se mouiller ».

Cette ligne est en position correcte et complémentaire à yang 6 ▬. L'attitude yang du sujet est favorable. Mais en ce qui concerne l'ensemble de la situation, ce texte souligne le côté négatif de l'attitude yang du sujet.

Yang 4

Quand la peau sur les fesses flétrit,
Il est difficile de s'assoir, même de marcher.
Prendre une chèvre avec vous pour faire passer les regrets.
Ne croyez pas ce que disent les autres.

Yang 4 ▬ indique que l'objet est agressif, poussant le sujet dans le trouble. Le sujet a un moment difficile sous cette pression, « Quand la peau des fesses est palissée, il est difficile de s'assoir et même de marcher ». Le sujet doit être réaliste et ne pas essayer d'accomplir trop de choses, juste faire ce qui semble possible, et profiter de toute aide disponible, en « prenant une chèvre avec lui pour oublier les regrets ». Aussi, le sujet doit être prudent, et ne pas tomber dans le piège de l'objet, afin de « ne pas croire ce que disent les autres ».

Yang 5

Les mauvaises herbes poussent dans les champs
Menaçant les cultures.
Marcher le long d'une ligne centrale,
Ni à gauche ni à droite,

Est irréprochable.

Yang 5 ▬ indique que l'objet est fort et plein de vitalité, menaçant le sujet, « les mauvaises herbes poussent au-dessus des champs, menaçant les cultures. » Le sujet devrait avoir une stratégie précise et prudente face à cette menace, « marcher le long d'une ligne, pas à gauche ni à droite. »

Cette ligne est centrale, dans une position correcte, mais est en conflit avec yang 2 ▬. L'essence yang de l'objet est neutre.

Yin 6

S'il n'y a pas d'appel à la vigilance,
La fin de la situation serait défavorable.

Yin 6 ▬▬ indique que l'objet a une attitude prudente et flexible. En même temps, il est essentiellement agressif et fort. Le sujet ne peut pas se permettre d'ignorer cette menace, « s'il n'y a pas d'appel à la vigilance, la fin de la situation est défavorable ».

Cette ligne est en position correcte et complémentaire à yang 3 ▬. En ce qui concerne l'ensemble de la situation, le texte souligne son caractère négatif.

[8] Hexagramme 7:7, le ciel (Zhou Yi, hexagramme 1)

Le ciel indique que la relation est comme le ciel, changeant constamment : de l'éclat du jour à l'obscurité de la nuit, d'un bleu paisible avec des nuages blancs à un gris pluvieux avec des rafales de vent. Des pouvoirs distincts sont en concurrence égale, ce qui entraine des changements soudains dans les conditions météorologiques.

Dans cet hexagramme, les deux composants forment le trigramme 7 ☰, qui est le ciel (force). Dans cette confrontation de deux « cieux », le sujet est vigoureusement et continuellement confronté à un défi : « On travaille dur toute la journée, pour rester vigilant la nuit ».

1—Texte général

Les choses avancent très bien.
Rester sur le cap actuel est bénéfique.

Dans la relation, le sujet et l'objet sont tous deux aussi agressifs, forts et arrogants. Ils sont en concurrence dans tous les domaines. Le sujet est puissant, confiant et essaye vigoureusement d'améliorer sa position. Il y a des compétitions, mais il faut s'y attendre, « les choses avancent très bien ». Si le sujet cède ou abandonne, il perdra la bataille. Il est donc préférable de poursuivre le combat, « Rester sur le cap actuel est bénéfique ».

2—Structure

Figure 17.8 : structure de l'hexagramme 7:7

Dans cet hexagramme, il y a trois lignes correctes, comme indiqué en noir, mais aucune ligne n'est complémentaire à une autre. L'hexagramme 7:7 est neutre.

3—Texte des lignes

Yang 1

Un dragon se cache.
Il ne faut donc rien faire.

Ce dragon est l'énorme animal légendaire, pas le dragon biologique. Son corps est comme celui d'un serpent, mais avec des écailles. Sa tête ressemble à celle d'un buffle d'eau, mais avec des bois de cerf. Il a quatre pattes, mais avec des griffes d'aigle. Il peut voler et nager. C'est le symbole de la force et du pouvoir.

Yang 1 ▬ indique que le sujet aime se battre et cherche à étendre son territoire. De l'autre côté, l'objet est tout aussi fort et autopromotionnel. La compétition ou la confrontation est approfondie et durable. Le sujet doit conserver sa force, n'affichant sa puissance qu'au point crucial, lorsqu'il est certain qu'il en tirera profit. C'est la règle : utiliser le yin pour traiter avec le yang. « Un dragon se cache, il ne faut donc rien faire. »

Cette ligne est en position correcte, mais est en conflit avec yang 4 ▬. L'action yang du sujet est neutre.

Yang 2

Le dragon apparait dans un champ.
Il est bénéfique de se montrer comme une grande personne.

Yang 2 ▬ indique que le sujet a un grand pouvoir, peut-être en affaires ou en politique, ou qu'il est fort financièrement ou physiquement. L'essence du yang est vitale pour maintenir une bonne ou une meilleure position dans la relation. Le sujet devrait être comme un dragon apparaissant dans un champ, se montrant comme une force sur laquelle il faut compter. Cependant, ce que le sujet devrait faire, c'est limiter cette grandeur aux apparences, et ne pas faire appel à sa force jusqu'à ce qu'il soit sûr de gagner la bataille.

Cette ligne est centrale, mais dans une position incorrecte et en conflit avec yang 5 ▬. L'essence yang du sujet est neutre.

Yang 3

Pour celui qui travaille dur toute la journée
Et reste éveillé la nuit,
La situation est dangereuse.
Il n'y a aucun blâme.

Yang 3 ▬ indique que le sujet est arrogant et insouciant. Lorsqu'il est en confrontation avec un concurrent ou un ennemi, il ne devrait pas être arrogant, mais s'efforcer d'améliorer sa position. Le sujet ne devrait pas être imprudent, mais vigilant, « On travaille dur toute la journée, et on est vigilant la nuit ». Malgré le danger de cette situation, si le sujet est prudent et lutte durement, « il n'y a pas de blâme ». Cette ligne est en position correcte, mais est en conflit avec yang 6 ▬. L'attitude yang du sujet est neutre.

Yang 4

Le dragon saute à l'extérieur,

Ou à l'intérieur de l'abime.

Il n'y a aucune condamnation.

Yang 4 ▬ indique que l'objet essaye d'élargir ses intérêts. En traitant avec ce concurrent ou ennemi fort, le sujet devrait être flexible et évasif, comme le dragon sautant à l'intérieur ou à l'extérieur de l'abime. Si l'objet attaque ou si la situation n'assure pas le succès du sujet, ce dernier devrait battre en retraite, comme un dragon en cachète. Si l'objet bat en retraite ou si la situation assure le succès du sujet, celui-ci devrait avancer, sautant hors de l'abime. Il doit changer de stratégie en fonction des circonstances, comme le dragon, n'étant toujours pas à l'intérieur de l'abime ou restant toujours à l'extérieur de l'abime. Si le sujet peut rester en alerte et adaptable, « il n'y aura aucune condamnation ».

Cette ligne est dans une position incorrecte et est en conflit avec yang 1 ▬. L'action yang de l'objet est défavorable.

Yang 5

Le dragon vole dans le ciel.

Il est important de se comporter comme une grande personne.

Yang 5 ▬ indique que l'objet est fort physiquement, financièrement ou spirituellement. Étant donné que l'objet est agressif et représente une menace pour le sujet, ce dernier devrait augmenter sa force et maintenir sa supériorité sur l'objet. Si l'objet avance comme un dragon sur le champ, le sujet doit s'élever au-dessus de lui et devenir supérieur, comme l'autre dragon volant dans le ciel. Ensuite, si l'objet s'élève aussi vers le ciel, le sujet devrait s'élever plus haut et plus vite. Le sujet doit se montrer comme une grande personne, en restant toujours conscient que faire une apparition impressionnante en tant qu'une personne formidable n'implique pas d'attaquer comme une personne téméraire.

Cette ligne est centrale et dans une position correcte, mais est en conflit avec yang 2 ▬. L'essence yang de l'objet est neutre.

Yang 6

Le dragon est arrogant.

Cette situation est regrettable.

Yang 6 ▬ indique que l'objet est arrogant, autoritaire ou intimidant. Pour traiter avec un concurrent ou un ennemi arrogant, le sujet doit être calme et prudent. Si le sujet réagit imprudemment à l'attitude arrogante de l'objet avec la même arrogance, il pourrait faire un faux pas et subir une perte. Alors le sujet serait comme un dragon prétentieux qui vient regretter son manque de contrôle.

Cette ligne est dans une position incorrecte et en conflit avec yang 3 ▬. L'attitude yang de l'objet est défavorable.

Use Yang

Une multitude de dragons apparait.

Aucun d'eux ne lance le premier assaut.

Cette situation est favorable.

Le texte « utilisez le yang » offre des instructions générales sur l'utilisation des lignes yang dans tous les hexagrammes. Il s'applique à l'interprétation générale des lignes yang dans tous les soixante-quatre hexagrammes, à l'exception de l'hexagramme Ø:Ø, qui ne contient aucune ligne yang.

Une ligne yang représente la force et la mobilité, comme celle d'un dragon. De multiples lignes de yang apparaissent dans les hexagrammes comme une multitude de dragons. Les dragons aiment se battre. Si aucun d'eux n'initie le premier assaut, la situation pourrait être favorable. Tout en louant la force et la mobilité de la nature yang, il faut aussi se préoccuper de ses aspects négatifs, tels que l'arrogance et l'insouciance. Si « aucun d'entre eux ne commence le premier assaut », alors cette tendance à l'insouciance est tenue en échec, et la situation sera « favorable ».

ANNEXES

Traduction littérale des textes classiques du Yi Jing

Hexagramme Ø:Ø • Terre • ䷁

1—Texte général

Très à travers les avantages de leur séjour, les messieurs sont certain aller d'abord errant puis obtenir maitre-bénéfice sud-ouest et ami nord-est, perdre ami paix rester favorable.

2—Texte des lignes

Yin 1 : Arrivée de la glace solide sur la bande de roulement

Yin 2 : Carré droit grand pas pratique, non, pas de bénéfice

Yin 3 : y compris la brillance peut rester ou servir le roi d'affaires sans succès ont la fin

Yin 4 : Cravate sac a cravate pas de blâme pas de gloire

Yin 5 : Vêtement jaune très favorable

Yin 6 : Combat de dragon sur le terrain le sang noir jaune

Utilisation de yin : bénéfice de séjour jamais rester

Hexagramme Ø:1 • Privation • ䷖

1—Texte général

Aucun bénéfice n'a été fait

2—Texte des lignes

Yin 1 : Lit pourri avec jambe abimée séjour défavorable

Yin 2 : Lit en putréfaction avec extrémité entachée défavorable

Yin 3 : Pourrir ce n'est pas sa faute

Yin 4 : Lit en décomposition avec peau défavorable

Yin 5 : Le poisson à cordes avec dame de la cour ne favorise pas le bénéfice

Yang 6 : Les gros fruits ne mangent pas, les messieurs obtiennent le charriot, le petit homme prive la maison

Hexagramme Ø:2 • Rapprochement • ䷇

1—Texte général

L'oracle d'origine favorable n'est jamais vraiment resté longtemps, aucun blâme, le côté détente n'arrive pas tard, cette personne est défavorable

2—Texte des lignes

Yin 1: Avoir un proche sincère, il n'y a pas de blâme à avoir une cruche remplie, finalement venu avoir d'autres favorables

Yin 2: Fermer, c'est de l'intérieur rester favorable

Yin 3: Fermer, ce n'est pas l'homme

Yin 4: À l'extérieur, fermez, son séjour est favorable

Yang 5: Se montrer près du roi, utiliser trois poursuites, perdre le jeu d'ouverture, l'homme de la ville, pas d'alerte favorable

Yin 6: Proche n'est pas défavorable en premier

Hexagramme Ø:3 • Regarder • ䷓

1—Texte général

Nettoyer, sans offrir n'est pas d'une sincérité honnête

2—Texte des lignes

Yin 1: Le regard enfantin d'un petit homme, pas de blâme pour les moyens du gentleman

Yin 2: un regard secret favorise le séjour de la femme

Yin 3 Regarder ma vie avant la retraite

Yin 4: Regarder la nation, son avantage lumière utilise l'invité sur le roi

Yang 5: Regarde ma vie gentilhomme sans blâme

Yang 6: Regarder le gentleman de la vie sans blâme

Hexagramme Ø:4 • La réjouissance • ䷏

1—Texte général

L'avantage installe le marquis et la marche de l'armée

2—Texte des lignes

Yin 1 : La trompette d'éléphant est défavorable

Yin 2 : Se poser sur le rocher et ne pas finir la journée reste favorable

Yin 3 : Observer l'éléphant regretter le retard procure du regret

Yang 4 : Suivre le grand éléphant a un bénéfice, pas de doute ami, se réunir ensemble

Yin 5 : Rester malade persiste, ne pas mourir

Yin 6 : Fermer l'œil éléphant réussir a changé, aucun blâme

Hexagramme Ø:5 • La promotion • ䷢

1—Texte général

Kang Hou utilise le cheval de subvention beaucoup de jours normaux, et jour trois reçoit

2—Texte des lignes

Yin 1 : Promouvoir comme la torture ainsi que rester favorable, aucune sincérité se détendre, aucun blâme

Yin 2 : Promouvoir comme s'inquiéter ainsi que rester favorable obtenir cette grande faveur sur la grand-mère

Yin 3 : Le consentement de la majorité regrette de disparaitre

Yang 4 : Promouvoir comme la taupe cricket, rester dangereux

Yin 5 : le Regret disparait, perdre, gagner, ne pas s'inquiéter, aller favorable, sans aucun avantage

Yang 6 : Promouvoir la corne pour l'usage de la lutte contre le danger de la ville favorable, pas de blâme, rester méchant

Hexagramme Ø:6 • Rassembler • ䷬

1—Texte général

Par le biais du roi, venez profiter des avantages du temple, voir le grand homme à travers les avantages, rester utiliser le gros animal a un avantage favorable sur certains allers

2—Texte des lignes

Yin 1 : Avoir sincère pas de fin alors le désordre puis se rassembler comme un appel, une prise pour le sourire, ne pas s'inquiéter, aller ne pas blâmer

Yin 2 : Leader favorable, pas de blâme sincère, alors bénéficiez de l'utilisation du sacrifice

Yin 3 : Se rassembler comme un soupir, comme aucun avantage ne va pas blâmer peu méchant

Yang 4 : Grand favorable pas de blâme

Yang 5 : Se réunir a la position, pas de blâme, pas d'origine sincère jamais rester regretter, disparaitre

Yin 6 : soupirer une telle larme, pleurnicher, aucun blâme

Hexagramme Ø:7 • La dénégation • ䷋

1—Texte général

Le déni, ce n'est pas l'homme, pas d'avantage, le gentilhomme reste grand, aller peut venir

2—Texte des lignes

Yin 1 : Tirez l'herbe des roseaux par le genre rester favorable à travers

Yin 2 : Envelopper l'obséquieux petit homme favorable, grand homme déni à travers

Yin 3 : Enveloppez la honte

Yang 4 : Avoir la vie n'a pas de blâme, s'accrocher heureux

Yang 5 : Arrêter le déni grand homme favorable à la disparition de la cravate sur le murier

Yang 6 : Retourner le déni en premier déni de bonheur tardif

Hexagramme 1:Ø • La modestie • ䷎

1—Texte général

À travers le gentilhomme, il y a une fin

2—Texte des lignes

Yin 1 : Le modeste, modeste gentilhomme, utilise la croix grande rivière favorable

Yin 2 : Discours modeste séjour favorable

Yang 3 : Estimé, modeste gentilhomme, a une fin favorable

Yin 4 : Aucun, pas d'avantage ne pas explorer cultiver modeste

yin 5 : pas riche avec l'utilisation des avantages du voisin, envahir combat aucun ne bénéficie

Yin 6 : Discours modeste bénéfique utilisation marche armée conquérir l'état

Hexagramme 1:1 • Arrêter • ䷳

1—Texte général

Arrêtez le dos, ne pas obtenir le corps à pied de la cour, ne pas voir l'homme, pas de blâme

2—Texte des lignes

Yin 1 : Arrêter l'orteil sans blâme, bénéficier, jamais rester

Yin 2 : Arrêter le veau, ne pas supporter le suivi, le cœur pas heureux

Yang 3 : Arrêter la taille, diviser le muscle, le danger bruler le cœur

Yin 4 : Arrêter le corps sans blâme

Yin 5 : Arrêter le mot de la joue, avoir l'ordre du regret, disparaitre

Yang 6 : Exhorter l'arrêt favorable

Hexagramme 1:2 • Boiteux • ䷦

1—Texte général

Avantage ouest sud ne bénéficiant pas du nord-est bénéfice, voir le grand homme rester favorable

2—Texte des lignes

Yin 1 : Allez boiteux comme une adoration

Yin 2 : Le roi serviteur boiteux, boiteux pas lui-même sa cause

Yang 3 : Aller boiteux venir face à face

Yin 4 : Aller boiteux se connecter

Yang 5 : Grand ami boiteux, viens !

Yin 6 : Aller boiteux viens ! Grand avantage favorable, voir grand homme

Hexagramme 1:3 • Progressif • ䷴

1—Texte général

Femme retour favorable, bénéfice de séjour

2—Texte des lignes

Yin 1 : L'approche de l'oie sur le rivage, petit-fils danger a le mot, aucun blâme

Yin 2 : L'approche de l'oie sur un rocher, manger boire, une concordance favorable

Yang 3 : L'approche de l'oie sur le terrain, le combat du mari, pas de retour, la femme conçoit et ne nourrit pas, l'avantage défavorable résister à l'envahisseur

Yin 4 : L'approche de l'oie sur le bois ou obtenir le perchoir, pas de blâme

Yang 5 : L'approche de l'oie sur la colline, la femme trois ans ne conçoit pas la fin, non, sa victoire favorable

Yang 6 : L'approche de l'oie sur la terre que la plume peut utiliser pour l'ornement favorable

Hexagramme 1:4 • Tolérance • ䷼

1—Texte général

À travers bénéfique séjour, peut rester une petite chose, non, peut une grande chose, voler l'oiseau, laisser sa voix pas correcte supérieure, propre, inférieure, grand, favorable

2—Texte des lignes

Yin 1 : Voler oiseau avec défavorable

Yin 2 : Passer le grand-père, rencontrer la grand-mère, ne pas atteindre le roi, rencontrer le ministre pas de blâme

Yang 3 : Ne passe pas, empêcher, suivre ou le tuer, défavorable

Yang 4 : Pas de blâme, ne passe pas, rencontrer ça, aller danger, doit alerter, ne jamais utiliser, ne jamais rester

Yin 5 : Dense nuage, pas de pluie de nos banlieues ouest, seigneur flèche, prendre dans la grotte

Yin 6 : Ne pas rencontrer, passer cela, voler l'oiseau, laisser cela défavorable, est appel catastrophe maladie

Hexagramme 1:5 • Le voyage • ䷷

1—Texte général

Peu à travers le voyage, séjour favorable

2—Texte des lignes

Yin 1 : Voyage mesquin, que la source prendre calamité

Yin 2 : Voyager, atteindre le lieu, tenir l'argent, avoir un enfant, séjour de serviteur

Yang 3 : Voyager, bruler l'endroit, perdre l'enfant, danger de l'enfant

Yang 4 : Voyage en résidence, obtenir l'argent, briser mon cœur pas heureux

Yin 5 : Tir faisan, une flèche, passer fin avec dignité vie

Yang 6 : L'oiseau brule, le nid voyage, l'homme premier rit puis pleure, parle, perdre des bœufs sur le changement des classiques défavorable

Hexagramme 1:6 • Agréable • ䷞

1—Texte général

À travers l'avantage du séjour, se marier, favorable

2—Texte des lignes

Yin 1 : Sentir le pouce

Yin 2 : Sentir le veau défavorable, résider favorable

Yang 3 : Sentir la cuisse tenir, la suite va dire

Yang 4 : Séjour favorable, regretter, disparaitre, lueur vacillante en avant, en arrière, retour compagnon, suivre, vous pensiez

Yang 5 : Sentir la chair, aucun regret

Yin 6 : Sentir la langue de la mâchoire

Hexagramme 1:7 • Fuir • ䷠

1—Texte général

À travers petit bénéfice, restez!

2—Texte des lignes

Yin1 : Fuir le danger de queue, ne pas utiliser certain aller

Yin 2 : Tenez son avec jaune bœuf, son cuir, pas sa victoire libération

Yang 3 : S'emmêler, fuir, avoir la maladie danger, serviteur accumule, concubine favorable

Yang 4 : Bonne fuite, gentilhomme favorable, petit homme nie

Yang 5 : Belle fuite, séjour favorable

Yang 6 : La graisse s'enfuit, aucun, personne n'en bénéficie

Hexagramme 2:Ø • L'armée • ䷆

1—Texte général

Restez le vieil homme favorable sans blâme

2—Texte des lignes

Yin 1 : L'armée sort avec discipline, refuser de se cacher, défavorable

Yang 2 : Dans l'armée moyenne favorable, pas de blâme, le roi trois, assigner la vie

Yin 3 : L'armée puzzle, le charriot, corps défavorable

Yin 4 : La retraite de l'armée ne blâme pas

Yin 5 : Le terrain a le bénéfice d'oiseau, exécute le mot, aucun blâme le vieux fils conduit l'armée, le fils du frère, le corps charriot, séjour défavorable

Yin 6 : Le grand roi a la vie, crée le pays et hérite la famille, le petit homme n'utilise pas

Hexagramme 2:1 • L'Ignorance • ䷃

1—Texte général

À travers pas, j'implore l'ignorance de l'enfant, l'ignorance me prie, oracle initial dit encore trois profanes, profane, alors ne pas parler de l'avantage du séjour

2—Texte des lignes

Yin 1 : Développer un bénéfice ignorant, utiliser un homme top-modèle, perdre les chaines pour vouloir dire

Yang 2 : Envelopper l'ignorance, une dame mariée favorable, un fils favorable surmonte la maison

Yin 3 : Ne pas utiliser la femme mariée, voir l'homme en or, avoir soi-même, pas un certain avantage

Yin 4 : L'ignorance fatiguée signifie

Yin 5 : L'ignorance des enfants favorable

Yang 6 : L'ignorance de l'attaque ne bénéficie pas, soyez un voleur contre le voleur

Hexagramme 2:2 • Le piège • ☵

1—Texte général

Avoir un lien sincère à travers la marche a de la valeur

2—Texte des lignes

Yin 1 : De nombreux pièges dans une cave a fosse défavorable

Yang 2 : Piège a danger, chercher un petit gain

Yin 3 : Venez, son piège à danger et profondément dans la cave à fosse, ne pas utiliser

Yin 4 : Tasse à vin, panier deux, utiliser le pot, recevoir simple de la fenêtre finale aucun blâme

Yang 5 : Piège pas plein, le fond déjà plat, aucun blâme

Yin 6 : Cravate avec corde, mis en ronce de brousse, trois ans, ne pas être défavorable

Hexagramme 2:3 • L'inondation • ☷

1—Texte général

Par l'intermédiaire du roi, venez profiter des bienfaits du temple, traversez la grande rivière, bénéficiez du séjour

2—Texte des lignes

Yin 1 : Utiliser, sauver le cheval fort favorable

Yang 2 : Inondation ! Courez la table regrette, disparaissez !

Yin 3 : Inondation ! Le soi sans regret

Yin 4 : Inondation ! Le troupeau très favorable, l'inondation a la colline, pas vous par pensée

Yang 5 : Inondation douce, le grand appel, inondation roi, résidence pas de blâme

Yang 6 : Inondation, le sang va loin, loin à l'extérieur, aucun blâme

Hexagramme 2:4 • La solution • ䷧

1—Texte général

Avantage ouest sud, nulle part où aller, l'arrivée retour favorable a certains aller rapide favorable

2—Texte des lignes

Yin 1 : Pas de blâme

Yang 2 : Le champ obtient trois renards, obtenir la flèche jaune, rester favorable

Yin 3 : Porter et monter cause, voleur, venez rester, signifie

Yang 4 : Libérez le pouce, un ami vient, ce sincère

Yin 5 : La cravate du gentilhomme, ont résolu favorable, ont sincère sur un petit homme

Yin 6 : Le duc utilise, tirer sur le faucon sur haut mur, son dessus obtient cela, rien n'est bénéfique

Hexagramme 2:5 • imparfait • ䷿

1—Texte général

Grâce au petit renard sec, traverser, mouiller sa queue, pas de bénéfice

2—Texte des lignes

Yin 1 : Humide sa queue signifie

Yang 2 : Remorquer la roue, rester favorable

Yin 3 : Ne pas traverser l'expédition défavorable, le bénéfice traverse la grande rivière

Yang 4 : Rester favorable, disparaitre choc, utiliser le combat Guifang trois ans, avoir le bonus sur un grand pays

Yin 5 : Rester favorable, aucun regret gentilhomme, sa lumière ont sincère favorable

Yang 6 : Avoir sincère sur boisson, aucun blâme, mouiller la tête, avoir sincère perdre vrai

Hexagramme 2:6 • Abandonné • ䷮

1—Texte général

À travers le séjour, le grand homme favorable, aucun blâme, avoir mot, ne pas croire

2—Texte des lignes

Yin 1 : Fesse échouée sur le tronc d'arbre, entrer sur la vallée séculaire, trois ans, ne pas voir

Yang 2 : Abandonné sur le vin de la nourriture, vêtements rouges viennent juste bénéficier, utiliser l'offrande de prière, expédition défavorable, aucun blâme

Yin 3 : Abandonné sur le rocher, rester sur la vigne de ponction, entrer sur le palais, ne pas voir la femme défavorable

Yang 4 : Venir lentement, lentement abandonné sur le charriot d'or signifie avoir faim

Yang 5 : Couper le nez, couper les pieds, abandonné sur des vêtements rouges, puis lent ont la libération des avantages, utiliser le sacrifice d'offrande

Yin 6 : Abandonné sur la vigne mauvaise, sur la cible, mention dominante, acte de regret, avoir du regret, avance favorable

Hexagramme 2:7 • Poursuivre en justice • ䷅

1—Texte général

Avoir sincère, étouffer l'alerte, milieu favorable, finale défavorable, bénéfice, voir grand homme ne bénéficie pas, traverser la grande rivière

2—Texte des lignes

Yin 1 : Jamais cette chose petite n'a un mot final favorable

Yang 2 : Ne pas gagner en justice et fuir la ville l'homme, trois-cents familles, aucune maladie

Yin 3 : Manger vieux mérite de rester en danger, la finale favorable ou suivre la chose du roi, pas de succès

Yang 4 : Ne pas gagner en justice, retour alors la vie change la paix, rester favorable

Yang 5 : Poursuite en justice très favorable

Yang 6 : Parfois présente sa ceinture en cuir au crépuscule le matin, trois prive ses

Hexagramme 3:0 • La croissance • ䷭

1—Texte général

Très à travers l'usage, voir grand homme, pas d'inquiétude, expédition sud favorable

2—Texte des lignes

Yin 1 : Permettre la croissance, grand favorable

Yang 2 : Sincère, puis bénéficier de l'utilisation du sacrifice sans blâme

Yang 3 : Montée de la ville vide

Yin 4 : L'utilisation du roi offre sur la montagne Qi, favorable pas de blâme

Yin 5 : Rester favorable, des marches montantes

Yin 6 : Faible augmentation des avantages sur ne pas reposer son séjour

Hexagramme 3:1 • Les fautes • ䷑

1—Texte général

Tout au long de la traversée bénéfique de la grande rivière avant les premiers trois jours de retour les premiers trois jours

2—Texte des lignes

Yin 1 : Est-ce que père, son erreur d'avoir un fils père, aucun blâme danger, fin favorable ?

Yang 2 : Est-ce que mère, son erreur ne peut rester ?

Yang 3 : Est-ce que père, son erreur petite, regrette, pas grand reproche ?

Yin 4 : Se détendre, père, son erreur va voir, signifie

Yin 5 : Est-ce que père son erreur utilise la renommée ?

Yang 6 : Ne pas servir le roi duc, haut honneur de la chose

Hexagramme 3:2 • Le puits • ䷯

1—Texte général

Changer de ville pas changer de puits, aucune perte aucun gain, aller venir bien, bien sec, atteindre encore, pas de corde, bien attacher, le pot défavorable

2—Texte des lignes

Yin 1 : Bien boue, pas manger, vieux puits, pas d'oiseau

Yang 2 : Puits vallée, tire sur la carpe, le jar, briser la fuite

Yang 3 : Puits fuite, pas manger, laissez-moi, cœur triste peut utiliser, dessiner roi brillant et accepter la faveur

Yin 4 : Puits carreau sans blâme

Yang 5 : Puits propre, frais printemps, manger

Yin 6 : Puits fermer, pas fermer, ont sincère, très favorable

Hexagramme 3:3 • Céder • ䷸

1—Texte général

Un petit avantage par le biais de certains avantages, aller voir grand homme

2—Texte des lignes

Yin 1 : Retour en arrière, avantage guerrier, son séjour

Yang 2 : Flexible sur le lit ci-dessous, utilisation prêtre magicien souvent comme favorable pas de blâme favorable pas de blâme

Yang 3 : Non volontaire flexible veut dire

Yin 4 : Regretter disparition, le champ obtient trois sortes

Yang 5 : Rester favorable, regretter disparition, rien n'est bénéfique, pas de début ont la fin, premier septième trois jours après septième trois jours favorable

Yang 6 : Flexible sur le lit en dessous, perdre la hache pointue, séjour défavorable

Hexagramme 3:4 • La persistance • ䷟

1—Texte général

Grâce à aucun avantage blâme, restez en profiter un peu

2—Texte des lignes

Yin 1 : Drague, persistance, séjour défavorable, rien, certains avantages

Yang 2 : Regretter de disparaitre

Yang 3 : Pas de persistance, la vertu ou souffrir, sa honte, rester signifie

Yang 4 : Domaine, pas d'oiseau

Yin 5 : Persistance, la vertu, rester femme favorable, homme défavorable

Yin 6 : Vibrer, persistance défavorable

Hexagramme 3:5 • Le chaudron • ䷱

1—Texte général

Très favorable à travers

2—Texte des lignes

Yin 1 : Chaudron, revers, orteil, bénéfice sur le déni, obtenir concubine et le fils. Aucun blâme

Yang 2 : Chaudron ont solide, je rivale ont malade pas, je peux atteindre favorable

Yang 3 : L'oreille de chaudron change, le mouvement bloque la viande du faisan, ne pas manger, juste pleuvoir, diminuer le regret, fin favorable

Yang 4 : Le chaudron a cassé le couvrepied, le gentilhomme, le repas, le perçant, désordre défavorable

Yin 5 : Chaudron jaune, oreille, or, bar, séjour bénéfique

Yang 6 : Chaudron, jade, baguette grand favorable, rien ne profite

Hexagramme 3:6 • Surcharger • ䷛

1—Texte général

Panne faitière, courber, le bénéfice a quelques-uns à traverser

2—Texte des lignes

Yin 1 : Pas utiliser l'herbe blanche sans blâme

Yang 2 : Faner saule, produire germe, vieil homme, obtenir l'épouse de la femme, rien, pas d'avantage

Yang 3 : Panne faitière, courbe défavorable

Yang 4 : Panne faitière, bosse favorable ont d'autres moyens

Yang 5 : Faner saule, produire fleur, vieille dame, obtenir l'homme yang, aucun blâme, aucune renommée

Yin 6 : Immersion transfrontalière, haut défavorable, pas de blâme

Hexagramme 3:7 • Rencontrer • ䷫

1—Texte général

Femme forte, ne pas utiliser femme mariée

2—Texte des lignes

Yin 1 : Cravate avec frein métallique, séjour favorable, avoir certains vont voir défavorable maigre truie inquiète

Yang 2 : Cuisine avoir du poisson, pas de faute, ne pas bénéficier de l'invité

Yang 3 : Les fesses, pas de peau, la marche, danger difficile, pas grand reproche

Yang 4 : Cuisine, pas de poisson, initier défavorable

Yang 5 : Avec la couverture de baie, le melon contient le talent, ont la météorite du ciel

Yang 6 : Rencontrer le coin signifie, pas de blâme

Hexagramme 4:∅ • Le retour • ䷗

1—Texte général

Tout au long dans aucune maladie amie ne vient aucun reproche de retour la façon dont les sept jours viendront, de retour le bénéfice ont un certain aller

2—Texte des lignes

Yang 1 : Pas loin retour, pas de mal, regretter, grand favorable

Yin 2 : Repos, retour favorable

Yin 3 : Froncer le retour, danger, ne blâme pas

Yin 4 : Marche moyenne le long du retour

Yin 5 : Exhorter retour, pas de regret

Yin 6 : Rester, retourner, défavorable, ont une maladie de la tragédie, utiliser la marche de l'armée, la fin ont grand perdre avec le roi du pays défavorable jusqu'à ce que sur dix ans, ne pas adoucir le combat

Hexagramme 4:1 • L'attention • ䷚

1—Texte général

Restez favorable veillez à vous-même chercher la nourriture de la bouche

2—Texte des lignes

Yang 1 : Abandonne-toi divine tortue, regarde mon empilement de soins défavorable

Yin 2 : Bouleverser les soins, aucun chemin sur la colline, expédition de soins défavorable

Yin 3 : Pas de soins, séjour défavorable, dix ans, ne pas utiliser non un certain avantage

Yin 4 : Bouleverser soins, éblouissement du tigre, regarder voir l'envie de poursuivre, pas de blâme

Yin 5 : Pas moyen de résider, séjour favorable, ne peut pas traverser la grande rivière

Yang 6 : Suivre des soins, danger favorable bénéfique, traverser la grande rivière

Hexagramme 4:2 • Perspective • ䷓

1—Texte général

Très à travers l'avantage, rester, pas utiliser, avoir certains vont bénéficier, installer le marquis

2—Texte des lignes

Yang 1 : Rythme à la hausse et à la baisse avantageux, séjour bénéfique, installer marquis

Yin 2 : Puzzle comme tourner, comme monter à cheval, beaucoup comme ne pas voler la mariée, rester, pas se marier, dix ans, se mariera

Yin 3 : Chasser le cerf sans guide, pense entrer au milieu de la forêt, gentilhomme proche, pas comme abandon aller méchant

Yin 4 : Monter à cheval beaucoup comme chercher le mariage, aller favorable, rien, ne bénéficie

Yang 5 : Réserver la graisse, petit séjour favorable, grand séjour défavorable

Yin 6 : Monter à larmes saignant cheval beaucoup comme l'ondulation comme

Hexagramme 4:3 • Gagner • ䷨

1—Texte général

Bénéficier ont certains aller, bénéficier, traverser la grande rivière

2—Texte des lignes

Yang 1 : Utilisation avantageuse pour le grand travail très favorable, sans blâme

Yin 2 : Ou gagner ses dix paires, sa tortue, pas vaincre, violer toujours séjour favorable, le roi utilise rituel sur ancêtre favorable

Yin 3 : Gagner son utilisation, chose défavorable, aucun blâme, avoir sincère, marche moyenne, dire seigneur d'utiliser cadran

Yin 4 : Marche moyenne, dire Seigneur suivre l'utilisation des avantages pour le pays de base de déplacement

Yang 5 : Avoir sincère faveur cœur pas demander très favorable, avoir sincère faveur ma vertu

Yang 6 : Ne pas gagner son ou frapper son support de cœur, pas persistant défavorable

Hexagramme 4:4 • Le choc • ䷲

1—Texte général

À travers le tonnerre vient le choc, discours enjoué, ha ha, tonnerre étonnant, cent mille pas perdre la cuillère tasse

2—Texte des lignes

Yang 1 : Le tonnerre survient, le choc, puis une conversation enjouée, ha ha favorable

Yin 2 : Le tonnerre vient, danger, million perdre la montée de coquille sur neuf collines, pas chasser sept jours obtenir

Yin 3 : L'effroi du tonnerre, effrayer le tonnerre, marcher, aucune maladie

Yang 4 : Le tonnerre, laisser tomber la boue

Yin 5 : Le tonnerre va venir le danger, million, pas de perte, avoir une chose

Yin 6 : Le tonnerre effrayant, effrayant, voir, s'inquiéter, expédition inquiétante, tonnerre défavorable, pas sur le propre, sur le voisin, aucun blâme, l'affiliation de mariage ont le mot

Hexagramme 4:5 • Mordre • ䷔

1—Texte général

À travers bénéfice, utiliser prison

2—Texte des lignes

Yang 1 : Porter des chaines, dommage aux orteils, aucun blâme

Yin 2 : Mordre la peau, endommager le nez, pas de blâme

Yin 3 : Mordre la viande de sel, rencontrer le poison, petit signifie pas de blâme

Yang 4 : Mordre la viande sèche de l'os, obtenir de l'or flèche, avantage difficile, rester favorable

Yin 5 : Mordre la viande sèche, obtenir de l'or jaune, séjour danger, aucun blâme

Yang 6 : Porter le joug de dommage, oreille défavorable

Hexagramme 4:6 • Le jaune • ䷐

1—Texte général

Très à travers séjour bénéfique, aucun blâme

2—Texte des lignes

Yang 1 : Officier ont changer, séjour favorable à l'extérieur, porte, interagir, avoir le mérite

Yin 2 : Cravate, petit fils, perdre grand homme

Yin 3 : Cravate, grand homme, perdre petit fils, suivre, avoir, poursuivre, gain, bénéfice, résider, rester

Yang 4 : Suivre ont bénéfice, rester défavorable ont sincère de manière à effacer, pourquoi blâmer

Yang 5 : Sincère sur gentil favorable

Yin 6 : Lien cravate, son, puis suivre, maintenir, son roi, utiliser l'offre sur la montagne ouest

Hexagramme 4:7 • L'innocence • ䷑

1—Texte général

Bien à travers le séjour bénéfique, le pas correcte ont la maladie, pas avantageux, avoir certains qui vont

2—Texte des lignes

Yang 1 : L'innocence va favorable

Yin 2 : Ne pas labourer la récolte, ne pas cultiver fertile, alors bénéficier d'un peu d'aller

Yin 3 : L'innocence, sa calamité ou attacher sa vache, marche homme, sa ville de gain, l'homme sa calamité

Yang 4 : Peut rester, sans blâme

Yang 5 : L'innocence, sa maladie, pas de médicaments, ont le bonheur

Yang 6 : Promenade d'innocence ont maladie, pas d'avantage

Hexagramme 5:Ø • Blessure 🃏

1—Texte général

Bénéfice, séjour difficile

2—Texte des lignes

Yang 1 : Blesser à la volée, laisser tomber l'homme de l'aile sur la marche, trois jours pas de manger avoir un certain aller, le maitre ont le mot

Yin 2 : Blessure blesse à la cuisse gauche, utiliser, sauver le cheval fort, favorable

Yang 3 : Blesser sur la chasse au sud, obtenir la grosse tête ne peut pas rester vite

Yin 4 : Entrer sur l'abdomen gauche, obtenir, blesser son cœur sur le hall de sortie

Yin 5 : Qi Zi, sa blessure, séjour bénéfique

Yin 6 : Pas lumineux lugubre, première montée grise sur le ciel, puis entrer dans la terre

Hexagramme 5:1 • Ornement • 🃏

1—Texte général

À travers petit bénéfice, avoir certains allers

2—Texte des lignes

Yang 1 : Orner l'orteil, abandonner le charriot, mais marcher

Yin 2 : Orner la barbe

Yang 3 : L'ornement comme humide, comme jamais rester, favorable

Yin 4 : L'ornement comme le blanc comme le cheval blanc aime, comme non le voleur se marier, se connecter

Yin 5 : L'ornement sur la colline de jardin, bouquet de soie, tas signifie fin favorable

Yang 6 : L'ornement blanc sans blâme

Hexagramme 5:2 • Parfait • ䷾

1—Texte général

Grâce à un petit bénéfice, séjour d'abord favorable et désordre

2—Texte des lignes

Yang 1 : Remorquer la roue, mouiller la queue, sans blâme

Yin 2 : La femme perd le rideau, ne cherche pas, sept jours l'obtient

Yang 3 : Combat de Gaozong, Guifang, trois ans conquérir son petit homme, ne pas utiliser

Yin 4 : Imprégner, avoir vêtement, rembourrage toute la journée, vigilance

Yang 5 : La vache du boucher de la voisine à l'est, pas en tant que voisin à l'ouest, son sacrifice du printemps réel n'est la bénédiction

Yin 6 : Mouiller la tête, danger

Hexagramme 5:3 • La Matrone • ䷤

1—Texte général

Femme bénéfique reste

2—Texte des lignes

Yang 1 : Les désœuvrés ont le regret à la maison, disparaitre

Yin 2 : Pas certains à l'extérieur, en milieu de cuisson, rester favorable

Yang 3 : Réprimande matriarche, se plaindre, regretter, danger favorable, fille garçon, se moquer, rigoler, fin signifie

Yin 4 : Famille riche, grand favorable

Yang 5 : Roi vient, avoir de la famille, ne vous inquiétez pas, favorable

Yang 6 : Avoir un pouvoir sincère comme fin favorable

Hexagramme 5:4 • La totalité • ䷶

1—Texte général

Grâce à la visite du roi pas d'inquiétude au milieu de la journée

2—Texte des lignes

Yang 1 : Rencontrer l'hôte de match bien que dix ne blâme pas aller bien

Yin 2 : Plein l'écran, jour milieu, voir l'étoile polaire, aller chercher maladie suspecte, avoir sincère ouvert comme favorable

Yang 3 : Plein le copieux, jour au milieu, voir les étoiles, briser la bonne douleur, pas de blâme

Yang 4 : Plein l'écran, jour au milieu, voir étoile polaire, rencontrer l'hôte étranger, favorable

Yin 5 : Venir brillance ont la renommée cérébrale, favorable

Yin 6 : Plein l'écran de la maison, la maison regarde la famille calme, le non les gens, trois ans ne voient pas défavorable

Hexagramme 5:5 • La luminosité • ䷝

1—Texte général

Séjour bénéfique à travers, élever femme vache favorable

2—Texte des lignes

Yang 1 : Etape divers salue, son pas de blâme

Yin 2 : Luminosité jaune, très favorable

Yang 3 : Le soleil fixe sa luminosité, pas de tambour pot et chante alors le grand vieux son soupir défavorable

Yang 4 : Soudain comme son venir comme bruler comme mourir comme abandonner comme

Yin 5 : Sur les larmes torrentielles que l'inquiétude soupire comme favorable

Yang 6 : L'utilisation du roi sur l'expédition ont la tête de coupure de récompense, obtenir l'autre, le genre, aucun blâme

Hexagramme 5:6 • Le changement • ䷰

1—Texte général

Sixième jour puis sincère très à travers, séjour bénéfique., regretter, disparaitre

2—Texte des lignes

Yang 1 : Cravate avec bœuf jaune, son cuir

Yin 2 : Sixième jour puis changez son expédition favorable sans blâme

Yang 3 : Expédition défavorable, séjour, danger, changer le mot trois, compromettre, avoir sincère

Yang 4 : Regretter, disparaitre, ont sincère, changer de vie favorable

Yang 5 : Grand homme, tigre, changer, aucune divination, avoir sincère

Yin 6 : Gentilhomme léopard, changement petit, l'homme change, faire face à l'expédition défavorable résider, séjour favorable

Hexagramme 5:7 • La coalition • ䷇

1—Texte général

Alliance sur le champ à travers le bénéfice, traverser la grande rivière bénéfique, le gentilhomme reste

2—Texte des lignes

Yang 1 : L'alliance à la porte ne blâme pas

Yin 2 : L'alliance sur le clan signifie

Yang 3 : Cacher la troupe dans le buisson, grimper la haute colline trois ans ne montent pas

Yang 4 : Escalader le mur, ne pas surmonter attaque favorable

Yang 5 : L'alliance d'abord, crier, pleurer et puis sourire grand, l'armée surmonte rencontre mutuelle

Yang 6 : Alliance sur le rural, pas de regret

Hexagramme 6:Ø • L'approche • ䷒

1—Texte général

Très à travers séjour bénéfique, puis sur huit mois, avoir favorable

2—Texte des lignes

Yang 1 : Approche consciente, séjour favorable

Yang 2 : Approche consciente favorable, aucun avantage

Yin 3 : Approche douce, aucun certain avantage, déjà inquiet, aucun blâme

Yin 4 : Arriver approche, pas de blâme

Yin 5 : Savoir approcher, grand roi, son propre favorable

Yin 6 : Recommander une approche favorable sans blâmer

Hexagramme 6:1 • La perte • ䷨

1—Texte général

Avoir sincère très favorable, aucun blâme ne peut rester bénéfique, avoir certains allers, ce que son utilisation, deux baskets, peut utiliser, offrir

2—Texte des lignes

Yang 1 : Finir chose rapide, aller, sans blâme, perte adéquate, son

Yang 2 : séjour bénéfique, expédition défavorable, pas de perte, gagner son

Yin 3 : Trois hommes marchent puis perdent un homme, un homme marchent puis obtient l'ami

Yin 4 : Perdre la maladie, laisser vite avoir le bonheur sans blâme

Yin 5 : Ou gagner ses dix paires sa tortue, pas vaincre, violer très favorable

Yang 6 : Pas de perte de gain, son pas de blâme, séjour favorable avantageux ont certains aller, chercher un serviteur, pas de maison

Hexagramme 6:2 • La limitation • ䷻

1—Texte général

À travers limitation amère peut ne pas rester

2—Texte des lignes

Yang 1 : Pas dehors, cour de la chambre, pas de reproches

Yang 2 : Pas de porte dehors, cour défavorable

Yin 3 : Pas de limitation comme alors soupir comme aucun blâme

Yin 4 : La limitation de la paix, bonne

Yang 5 : Douce limitation favorable, va avoir une belle

Yin 6 : Limitation amère, séjour défavorable, regretter disparaitre

Hexagramme 6:3 • La sincérité • ䷼

1—Texte général

Porc, poisson favorable bénéfique, traverser grande rivière, séjour bénéfique

2—Texte des lignes

Yang 1 : Stable favorable, avoir l'autre, pas la paix

Yang 2 : Chanter grue à l'ombre de son fils écho son, j'ai bon gobelet moi et vous partagez son

Yin 3 : Obtenir l'ennemi ou le tambour ou quitter ou déchirer ou chanter

Yin 4 : Lune presque pleine, pièce de cheval, disparaitre, sans blâme

Yang 5 : Avoir une cravate sincère comme aucun blâme

Yang 6 : Le son du faisan s'envole sur le ciel, séjour défavorable

Hexagramme 6:4 • Se marier • ䷵

1—Texte général

Expédition défavorable, aucun avantage

2—Texte des lignes

Yang 1 : Se marier comme concubine citron peut marcher expédition favorable

Yang 2 : L'œil unique peut voir l'avantage de l'homme isolé, son séjour

Yin 3 : Se marier comme besoin, inverser, se marier comme concubine

Yang 4 : Se marier sur la date du retard, se marier, avoir du temps

Yin 5 : L'empereur du classique des changements épouse la soeur, la dame, son vêtement pas comme la concubine, son vêtement, bonne lune presque complète favorable

Yin 6 : Femme tenir panier sans fruits, homme tue moutons sans sang pas un certain avantage

Hexagramme 6:5 • Observer • ䷿

1—Texte général

Petite chose favorable

2—Texte des lignes

Yang 1 : Regretter, disparaitre, perdre cheval, pas chasser retour automatique, voir méchant homme pas de blâme

Yang 2 : Rencontrer le maitre sur la rue sans blâme

Yin 3 : Voir la remorque du charriot, le remorqueur de bœuf, l'homme couper les cheveux et le nez, aucun début n'a de fin

Yang 4 : Regard solitaire, rencontrer grande personne, traiter sincère danger, sans blâme

Yin 5 : Regretter, disparaitre, le clan mord la peau, aller pourquoi blâmer

Yang 6 : Regard solitaire, voir cochon dos sale, porter fantôme, un charriot d'abord, ouvrir son arc tard, perdre son arc, prétendant rencontre la pluie alors favorable

Hexagramme 6:6 • Le plaisir • ䷒

1—Texte général

À travers séjour bénéfique

2—Texte des lignes

Yang 1 : Paix, plaisir favorable

Yang 2 : Sincère Plaisir, regret favorable, disparaitre

Yin 3 : Venir, plaisir défavorable

Yang 4 : Plaisir commercial, pas de paix, résoudre maladie ont heureux

Yang 5 : Sincère sur l'exploitation, ont danger

Yin 6 : Tirer plaisir

Hexagramme 6:7 • Fouler • ䷉

1—Texte général

Marcher queue de tigre ne mange pas l'homme à travers

2—Texte des lignes

Yang 1 : Simple foulage, ne blâme pas

Yang 2 : Marche à plat, appartement isolé de l'homme, séjour favorable

Yin 3 : Un seul œil peut voir boiteux, peut marcher, fouler la queue du tigre, manger l'homme défavorable audacieux, l'homme traite sur le grand seigneur

Yang 4 : Fouler queue de tigre, peur, effrayer, fin favorable

Yang 5 : Menace de marche, séjour danger

Yang 6 : Voir, fouler, examiner détail, le tour très favorable

Hexagramme 7:Ø • La paix •

1—Texte général

Petit aller grand, venir favorable à travers

2—Texte des lignes

Yang 1 : Tirez l'herbe de roseau par le genre d'expédition favorable

Yang 2 : La calebasse utilise traverser la rivière pas loin, perdre paire, disparaitre, obtenir agréable à mi-chemin

Yang 3 : Pas de plaine, pas de pente, ne pas aller, pas de retour, pas de retour, séjour difficile, pas de blâme, pas de soucis, le sincère sur la nourriture a le bonheur

Yin 4 : Voler légèrement, pas riche par le voisin, ne pas alerter par sincère

Yin 5 : L'empereur du classique des changements épouse sœur par bonheur très favorable

Yin 6 : L'effondrement de mur sur les douves, ne pas utiliser l'armée de la ville, dire la vie, rester méchant

Hexagramme 7:1 • Construire •

1—Texte général

Séjour bénéfique, pas à la maison, manger, avantage favorable, traverser la grande rivière

2—Texte des lignes

Yang 1 : Avoir danger, arrêt bénéfique

Yang 2 : Perte du charriot, l'essieu

Yang 3 : Belle chasse au cheval, avantage difficile, séjour jour, sophistiquer la défense du charriot, avantage avoir un peu aller

Yin 4 : Bébé veau sa tête de lit très favorable

Yin 5 : Sanglier castrer ses défenses favorables

Yang 6 : Comment le paradis son chemin à travers ?

Hexagramme 7:2 • L'espérance • ䷄

1—Texte général

Avoir sincère lumière à travers, séjour favorable bénéfique, traverser la grande rivière

2—Texte des lignes

Yang 1 : Les attentes sur bénéfice de banlieue, utiliser la persistance, pas de blâme

Yang 2 : Attente sur sable, petit a mot fin favorable

Yang 3 : L'attente sur la boue fait venir le voleur

Yin 4 : L'attente sur le sang de l'écueil

Yang 5 : Les attentes sur le vin restent favorables

Yin 6 : Entrez sur écueil n'a pas rapide, son invité trois hommes viennent courtois, sa fin favorable

Hexagramme 7:3 • L'accumulation • ䷈

1—Texte général

À travers des nuages denses, il ne pleut pas de la banlieue ouest

2—Texte des lignes

Yang 1 : Retour propre chemin, pourquoi le blâme favorable

Yang 2 : Remorquage, retour favorable

Yang 3 : Le charriot perdre a parlé mari épouse opposer les yeux

Yin 4 : Avoir du sang sincère, aller vigilance à l'extérieur, pas de blâme

Yang 5 : Avoir sincère ensemble comme riche par le voisin

Yang 6 : Déjà la pluie, déjà arrête, belle morale, porter femme, séjour danger, lune presque pleine, gentilhomme expédition défavorable

Hexagramme 7:4 • Téméraire • ䷡

1—Texte général

Séjours favorables

2—Texte des lignes

Yang 1 : Fort sur l'expédition d'orteil défavorable ont sincère

Yang 2 : Séjour favorable

Yang 3 : Petit homme utilise gentilhomme fort, utiliser, ne pas rester danger, bélier mouton, fesse, clôture emmêlent la corne

Yang 4 : Séjour favorable, regretter, disparaitre, violation de clôture, ne pas emmêler fort sur grand charriot, son essieu

Yin 5 : Perdre des moutons sur le classique des changements, pas de regret

Yin 6 : Fesses de bélier, mouton, clôture ne peut pas se retirer, ne peut pas avancer, pas d'avantage bénéfique puis favorable

Hexagramme 7:5 • L'acquisition • ䷍

1—Texte général

Très à travers

2—Texte des lignes

Yang 1 : Pas d'interaction dommage, ne blâme pas difficile alors pas de blâme

Yang 2 : Grand charriot par porter, avoir certains ne vont pas blâmer

Yang 3 : Seigneur utilise l'offrande sur le ciel fils petit homme pas surmonter

Yang 4 : Pas le grand nombre, pas de blâme

Yin 5 : Le sincère interagit comme le pouvoir comme favorable

Yang 6 : Du ciel bénissez-le favorable aucun ne bénéficie

Hexagramme 7:6 • La menace • ☰

1—Texte général

Publicité sur la cour du roi, sincère appel a le danger, dire sa propre ville, aucun avantage sur le combat, bénéfice avoir un certain aller

2—Texte des lignes

Yang 1 : Fort sur l'avant-pied, aller, ne va pas gagner à blâmer

Yang 2 : Appel de vigilance, soir, nuit, ont combattu ne vous inquiétez pas

Yang 3 : Fort sur la joue ont la menace défavorable du gentilhomme, menace marche solitaire, rencontrer la pluie comme humide ont fâché aucun blâme

Yang 4 : Les fesses pas de peau la marche difficile tire le regret de la chèvre, disparaitre, entendre le mot ne pas croire

Yang 5 : Terre amarante menace, menace au milieu de la marche, pas de blâme

Yin 6 : Aucun appel, la fin ont défavorable

Hexagramme 7:7 • Le ciel • ☰

1—Texte général

Très à travers séjour bénéfique

2—Texte des lignes

Yang 1 : Cacher le dragon ne pas utiliser

Yang 2 : Voir le dragon sur le terrain, vue bénéfique, le grand homme

Yang 3 : Gentleman fin de journée, paradis, ciel, nuit, vigilance comme danger pas de faute

Yang 4 : Ou sauter sur un abime pas de blâme

Yang 5 : Mouche dragon sur le ciel, vue bénéfique, grand homme

Yang 6 : Dragon arrogant ont des regrets

Utilisez yang : Voir troupeau de dragon, pas d'abord favorable

Comprendre les numéros binaires

Le système numérique que nous utilisons normalement est le système décimal, où 9 est le chiffre le plus grand. Le système de numération binaire est similaire au système de numération décimale, mais au lieu de dix chiffres, Ø à 9, il n'utilise que deux chiffres : Dans le système de nombres décimaux, si vous ajoutez 1 à 9, le résultat est 1Ø :

$$9 + 1 = 1\emptyset \text{ (décimale)}$$

Dans le système de nombres binaires, 1 est le chiffre le plus grand. Si vous ajoutez 1 à 1, le résultat est 1Ø :

$$1 + 1 = 1\emptyset \text{ (binaire)}$$

Ci-dessous se trouve une séquence de quatre nombres binaires augmentant par l'addition de 1, correspondant aux nombres décimaux Ø à 3 :

```
    Ø         Ø         1        1Ø
+   Ø    +    1    +    1    +    1
   ───       ───       ───       ───
    Ø         1        1Ø        11
```

Vous pouvez continuer indéfiniment dans cette séquence, en ajoutant un à chaque fois, comme vous pouvez le voir par les représentations binaires des nombres décimaux 4 à 7 :

```
   11       1ØØ       1Ø1       11Ø
+   1    +   1    +    1    +    1
  ───      ───       ───       ───
  1ØØ      1Ø1       11Ø       111
```

Ces huit nombres binaires peuvent être utilisés pour représenter les huit trigrammes. Les nombres décimaux correspondants sont utilisés pour les numéros d'identification des trigrammes. Si vous connaissez le numéro d'identification d'un trigramme, vous pouvez déterminer sa forme sans avoir à consulter un tableau. Par exemple, si vous voulez connaître la forme des trigrammes 6, le nombre binaire correspondant est 11Ø. Lorsque vous utilisez 1 pour représenter une ligne yang et Ø pour indiquer une ligne yin, et que vous les dessinez de bas en haut, 1,1, Ø yang, yang, yang, yin, votre résultat est le trigramme ☱, le lac.

 Vous pouvez également utiliser cette méthode pour reconnaitre un hexagramme à partir de son numéro d'identification. Un hexagramme se compose de deux trigrammes. Son numéro d'identification est la combinaison des numéros d'identification des deux trigrammes de composants. Par exemple, si vous savez que le numéro d'identification d'un hexagramme est 6:3, comme vous l'avez compris ci-dessus, son trigramme sujet est le trigramme 6, ☱. Le nombre binaire correspondant à 3 est 11, que vous pouvez calculer en Ø11 pour obtenir le nombre de lignes nécessaires. En utilisant la même méthode, vous représentez ces chiffres sous forme de lignes, Ø,1,1,1 égale yin, yang, yang, yang, et votre résultat est trigramme 3, ☴, le vent, l'objet trigramme.

Lorsque vous placez le trigramme objet sur le trigramme sujet, vous obtenez ☷☱, qui est l'hexagramme 6:3.

Pourquoi est-il utile d'apprendre le système de nombres binaires pour identifier les trigrammes et les hexagrammes ? Cela augmentera considérablement votre familiarité avec les 64 configurations possibles, de sorte que vous n'avez pas à vous arrêter et à rechercher chaque trigramme et hexagramme lorsque vous travaillez avec le classique des changements.

Les Éditions **Discovery** est un éditeur multimédia dont la mission est d'inspirer et de soutenir la transformation personnelle, la croissance spirituelle et l'éveil. Avec chaque titre, nous nous efforçons de préserver la sagesse essentielle de l'auteur, de l'enseignant spirituel, du penseur, guérisseur et de l'artiste visionnaire.

Lorsque vous placez le trigramme objet sur le trigramme sujet, vous obtenez ䷶, qui est l'hexagramme 6:3.

Pourquoi est-il utile d'apprendre le système de nombres binaires pour identifier les trigrammes et les hexagrammes ? Cela augmentera considérablement votre familiarité avec les 64 configurations possibles, de sorte que vous n'avez pas à vous arrêter et à rechercher chaque trigramme et hexagramme lorsque vous travaillez avec le classique des changements.

Les Éditions **Discovery** est un éditeur multimédia dont la mission est d'inspirer et de soutenir la transformation personnelle, la croissance spirituelle et l'éveil. Avec chaque titre, nous nous efforçons de préserver la sagesse essentielle de l'auteur, de l'enseignant spirituel, du penseur, guérisseur et de l'artiste visionnaire.

www.ingramcontent.com/pod-product-compliance
Lightning Source LLC
Chambersburg PA
CBHW081126170426
43197CB00017B/2767